SDGsとパーパスで読み解く責任経営の系譜

長谷川直哉［著］

文眞堂

社　会					環　境				共　通
4	5	7	11	16	6	13	14	15	17
○			○	○		○		○	○
○			○	○		○		○	○
○			○	○					○
○			○	○		○		○	○
○	○		○	○					○
		○	○	○					○
									○
									○
○	○	○	○	○					○
○	○		○	○					○
○				○					○
○				○					○

提唱した「SDGs ウェディングケーキ」の分類に基づいている。

「SDGs ウェディングケーキ」に基づく分類			経　済						
【SDGs　17 の目標】			8	9	10	12	1	2	3
第Ⅰ部 理念経営の実践	第 1 章	伊庭貞剛	○	○	○	○			○
	第 2 章	鈴木馬左也	○	○	○	○			○
第Ⅱ部 経済と道徳の融合	第 3 章	岡田良一郎	○	○	○	○	○		
	第 4 章	金原明善	○	○	○	○			○
	第 5 章	W・M・ヴォーリズ	○		○	○			○
第Ⅲ部 ナレッジを活用した戦略的価値創造	第 6 章	高峰譲吉	○	○		○			○
	第 7 章	豊田佐吉	○	○		○	○		○
	第 8 章	鈴木道雄	○	○		○	○		○
第Ⅳ部 無形資産を通じた価値創造	第 9 章	大原孫三郎	○	○	○	○	○		○
	第 10 章	波多野鶴吉	○	○	○	○	○		○
第Ⅴ部 レジリエントな社会を築く	第 11 章	矢野恒太	○	○	○	○			○
	第 12 章	各務鎌吉	○	○	○	○			○

（注）ストックホルム・レジリエンス・センターのヨハン・ロックストローム所長が
（出所）筆者作成。

はじめに

２０１５年はグローバル社会が進むべき方向を決める二つの出来事があった。国連持続可能な開発サミットで採択されたＳＤＧｓ「Sustainable Development Goals（持続可能な開発目標）」とＣＯＰ21「第21回国連気候変動枠組条約締約国会議」で合意されたパリ協定である。

ＳＤＧｓはグローバル社会が目指すべき理想の社会像として位置づけられ、２０３０年が目標達成期限とされている。グローバル社会には、貧困問題をはじめ、気候変動、生物多様性、エネルギーなど、持続可能な社会を築くための課題が山積している。こうした課題を乗り越え、持続可能な社会を築いていく担い手として企業には大きな期待が寄せられている。

パリ協定は温室効果ガス排出削減の長期目標として、産業革命前からの気温上昇を2℃より十分下回る水準に抑制するとともに、理想的には１・5℃未満に抑えるという目標を掲げている。この目標を達成するには、資源エネルギー多消費型ビジネスから脱却し、今世紀の早い段階で温室効果ガス排出量を実質ゼロまで引き下げる必要がある。ＳＤＧｓとパリ協定によって、サステナビリティを目指す世界的な潮流が加速しており、ビジネスの脱炭素化は現代企業にとって大きな課題となっている。

パリ協定やＳＤＧｓは、これまで日本企業の競争優位を支えてきた資源エネルギー多消費型経営モデルに「ＮＯ」を突きつけている。いま、日本企業に求められているのは企業の存在意義であるパーパス（存在意義）を明確にし、Ｅ（環境）、Ｓ（社会）、Ｇ（ガバナンス）の視点から経営構造や事業ドメインを再構築することなのである。

ＳＤＧｓやパリ協定をリスクと捉える経営者は少なくない。ＳＤＧｓはグローバル社会が解決すべき困り事リストであるが、そこにはリスクとオポチュニティの双方が含まれている。そもそも、ビジネスの本質とは世の中の困り事を解決することにある。企業家にはＳＤＧｓが提起したさまざまな課題の中からオポチュニティを見出し、それを新たなビジネスに育て上げる経営構想力が求められている。ビジネスの多くが、社会課題の解決というプロセスから生まれてきた。社会課題とはルールや秩序が未整備なケースや、ルールは存在するものの機能不全に陥ったまま放置されているケースなどである。こうした社会課題の中から潜在的な市場性を見極めて、課題解決に向けて一見不可能と思われる挑戦を試みることによって新たなビジネスが生まれる。社会価値を高めようとする企業の姿勢が求心力となって、ステークホルダーの共感が呼び起こされるのである。

しかし、自社の事業とＳＤＧｓを紐づけすることに腐心する企業も少なくない。ＳＤＧｓは経営者に対して「なぜ、この会社は社会に存在しているのか」と問いかけている。ＳＤＧｓは企業が乗り越えるべき課題ではなく、企業のパーパスを明確にするための指針と捉えるべきであろう。サステナビリティや脱炭素に表象される事業環境の変化に適応するには、パーパスの再構築は欠かせない。パーパスを起点にした経営構造の変革（パーパス・トランスフォーメーション）なくして、社会からの信頼と共感は獲得しえないといえよう。

最近、日本企業はグローバル市場での存在感を失いつつあるが、サステナビリティを牽引するビジネスの創出が日本企業の再生につながるのではないだろうか。気候変動に起因する事業環境の変化に適応していくには、既存のビジネスモデルに固執しないしなやかさが必要といえるだろう。企業にはこれまで繁栄をもたらしてきたビジネスの意義を問い直し、幅広い視点に基づく事業戦略の再構築と効率的な資源配分が求められている。今こそ、企業家はアウトサイドイン・アプローチの視点を持つべきだろう。

わが国企業の歴史を紐解くと、ビジネスを通じて社会課題の解決に挑んだ事例は少なくない。本書で取り上げた企業家たちは、そのような代表的な事例である。彼らの理念や事業精神にはＳＤＧｓと共通する要素が数多くみられる。人々の「幸せ」を生み出すというパーパスを掲げて、社会慣習や技術の壁を乗り越えて新たなビジネスを創造し、経済価値と社会価値をともに生み出すことに成功した企業家たちの事跡は、「不連続な社会を生き抜く実践知」の宝庫である。

本書では明治から昭和にかけて、社会の変化を的確に捉えて新たなビジネスを創造し、現代に至る持続的な成長の基盤を築いた企業家たちを紹介する。ＣＳＲ「Corporate Social Responsibility（企業の社会的責任）」やＳＤＧｓという概念がない時代に生きた彼らは、優れた収益力を持つビジネスを起点にして、公益の実現というパーパスの実現にチャレンジした。

サステナビリティとはサバイバビリティと言い換えることもできよう。環境や社会の変化に呼応して、企業は常に変革し続け、社会が求める価値を創出していかねばならない。社会からの信頼と共感の獲得、生き甲斐を生み出す働き方改革、経営の透明性を担保するコーポレートガバナンスの実践など、先人たちの「創造力」と「構想力」から学ぶべき事は多いのである。本書で取り上げた企業家たちは、「責任ある経営とは何か」という問いに対する大きな示唆を与えてくれるだろう。

本書は法政大学人間環境学部および大学院公共政策研究科サステイナビリティ学専攻における講義・研究の成果を取りまとめたものである。本書がＳＤＧｓに取り組む企業家、ビジネスマン、学生の活動や研究に資することができれば望外の喜びである。

つぎに本書全体の構成について説明を加えておきたい。第Ⅰ部「理念経営の実践」では住友財閥総理事の伊庭貞剛（第1章）と鈴木馬左也（第2章）を取り上げる。彼らは「自利利他公私一如《じりりたこうしいちにょ》」と「以徳招利《いとくしょうり》」というパーパスを掲げて別子銅山の煙害問題の根本解決に取り組み、社会と企業がともに歩むことを目指す経営を行った。

第Ⅱ部「経済と道徳の融合」では、経済と道徳を統合したパーパスを経営の中核に位置づけることを提唱・実践した企業家・思想家を紹介する。二宮尊徳の最後の弟子である岡田良一郎（第3章）は経済合理性の追求が企業家の道徳的完成に通じるという考えを提唱し、この教えは豊田佐吉、大原孫三郎、波多野鶴吉などの企業家活動のバックボーンとなった。

金原明善（第4章）は岡田良一郎と同時期に活躍した企業家であり、天竜川の治水事業、植林事業、出獄人保護事業などのソーシャルビジネスで大きな成果を挙げた。「真の慈善とは何か」をパーパスと位置付け、営利事業・非営利事業を問わず社会を利することを目的とした活動を行った。

ウィリアム・メレル・ヴォーリズ（第5章）は、近江ミッション（近江兄弟社）を創設してキリスト教の伝道活動を展開した。スチュワードシップ（社会に対する奉仕の精神）を大切にし、ビジネスは隣人との取引を内容とする社会制度と捉え、教育・医療・伝道などの社会奉仕活動と営利事業の本質は変わらないと説いた。

第Ⅲ部「ナレッジを活用した戦略的価値創造」では、研究開発を通じて獲得した知的財産を起点にビジネスを立ち上げた企業家を取り上げる。バイオベンチャーの先駆けである高峰譲吉（第6章）はタカジアスターゼとアドレナリンの発見に成功して特許を取得し、研究開発の成果を活用した知財ビジネスをグローバルに展開した。

豊田佐吉（第7章）は報徳思想やイギリス産業革命期の企業家に触発され、自動織機の開発に挑んだ。革新的な技術シーズを生み出す研究開発力と知的財産を活用してビジネスを生み出す経営構想力を武器に、欧米企業を凌駕する製品を生み出すことに成功した。

鈴木道雄（第8章）は、ユーザーに寄り添った経営姿勢とオリジナリティに溢れる技術革新によって、豊田佐吉とは異なる自動織機の新たな領域を切り開き、戦後はオートバイ・軽自動車開発に挑んだ。社会の変化にプロアクティブに対応する姿勢と強いリーダーシップが、他に類を見ない事業ドメインの変革を成功に導いた。

第Ⅳ部「無形資産通じた価値創造」では、質の高い教育とジェンダー平等を実践することで働きがいと経済成長をともに実現した企業家を紹介する。

大原孫三郎（第9章）は労働理想主義をパーパスとして掲げ、労働環境の改善や従業員教育に注力し、物心両面で従業員の幸せを目指した。会社に対する共感と信頼が従業員のモチベーションを高め、企業の持続的な成長に寄与することを示したのである。

波多野鶴吉（第10章）は作り手の人格が品質に反映すると考え、企業内に学校を設立して従業員の意欲やモラルを高める努力を続けた。キリスト教や報徳思想の利他心を背景とした経営を実践し、ステークホルダーの物心両面での幸せを実現することをパーパスとした。

第V部「レジリエントな社会を築く」では、安心安全な社会を築くために近代的な生命保険業と損害保険業の基盤を確立した企業家を取り上げる。

矢野恒太（第11章）は生命保険とは相互扶助の精神に基づく経済システムであると説き、非営利主義を掲げて相互会社形式の生命保険会社を設立した。「最大たるより最良たれ」をパーパスとして掲げ、保険数理とデータに基づく科学的な生命保険の開発を推進した。

各務鎌吉（第12章）は社会からの信用を重視した経営を実践し、わが国損害保険の基盤を築いた。優れた語学力と精緻な分析力を駆使してロンドンで再保険ネットワークの構築に成功し、日本企業のリスクマネジメントに多大な貢献をした。

編集にあたりご尽力いただいた文眞堂・前野弘太氏にお礼を申し上げるとともに、法政大学人間環境学会より刊行助成を受けたことを記しておく。

目次

第Ⅰ部　理念経営の実践

第Ⅱ部 経済と道徳の融合

第4章 金原明善―ソーシャルビジネスの先駆者―

第Ⅳ部　無形資産を通じた価値創造

第Ⅴ部　レジリエントな社会を築く

序　章

社会から選ばれる企業とは

1　ＳＤＧｓが求めているもの

誰一人取り残さない世界を目指して

ＳＤＧｓ「Sustainable Development Goals（持続可能な開発目標）」は、２０１５（平成27）年に達成期限を迎えたＭＤＧｓ（ミレニアム開発目標）の成果と教訓を踏まえて、国連サミットで採択された「持続可能な開発のための２０３０アジェンダ」の中核をなす国際社会の共通目標である。ＳＤＧｓは、「地球上の誰一人取り残さない世界」を実現することを目指している。

ＭＤＧｓは途上国の人間開発（貧困・教育・保健）がメインテーマだった。一方、ＳＤＧｓは経済の持続的成長、格差問題、気候変動など経済、社会、環境の各分野で取り組むべき課題が、17の目標と１６９のターゲットにバランスよくまとめられている。ＳＤＧｓは途上国のみならず、先進国を含むすべての国に適用されるという普遍性が特徴なのである。

最近、サステナビリティ（持続可能性）という言葉をよく耳にするようになった。１９８７（昭和62）年に発表されたブルントラント委員会の報告書で、持続可能な開発という概念が示されてから広く使われるようになった世界の共通言語である。

持続可能な開発とは、将来の世代の欲求を満たしつつ、現在の世代の欲求も満足させるような開発という意味である。「次世代への責任をどう果たすのか」という視点が、ＳＤＧｓと向き合う企業家

MDGs と SDGs

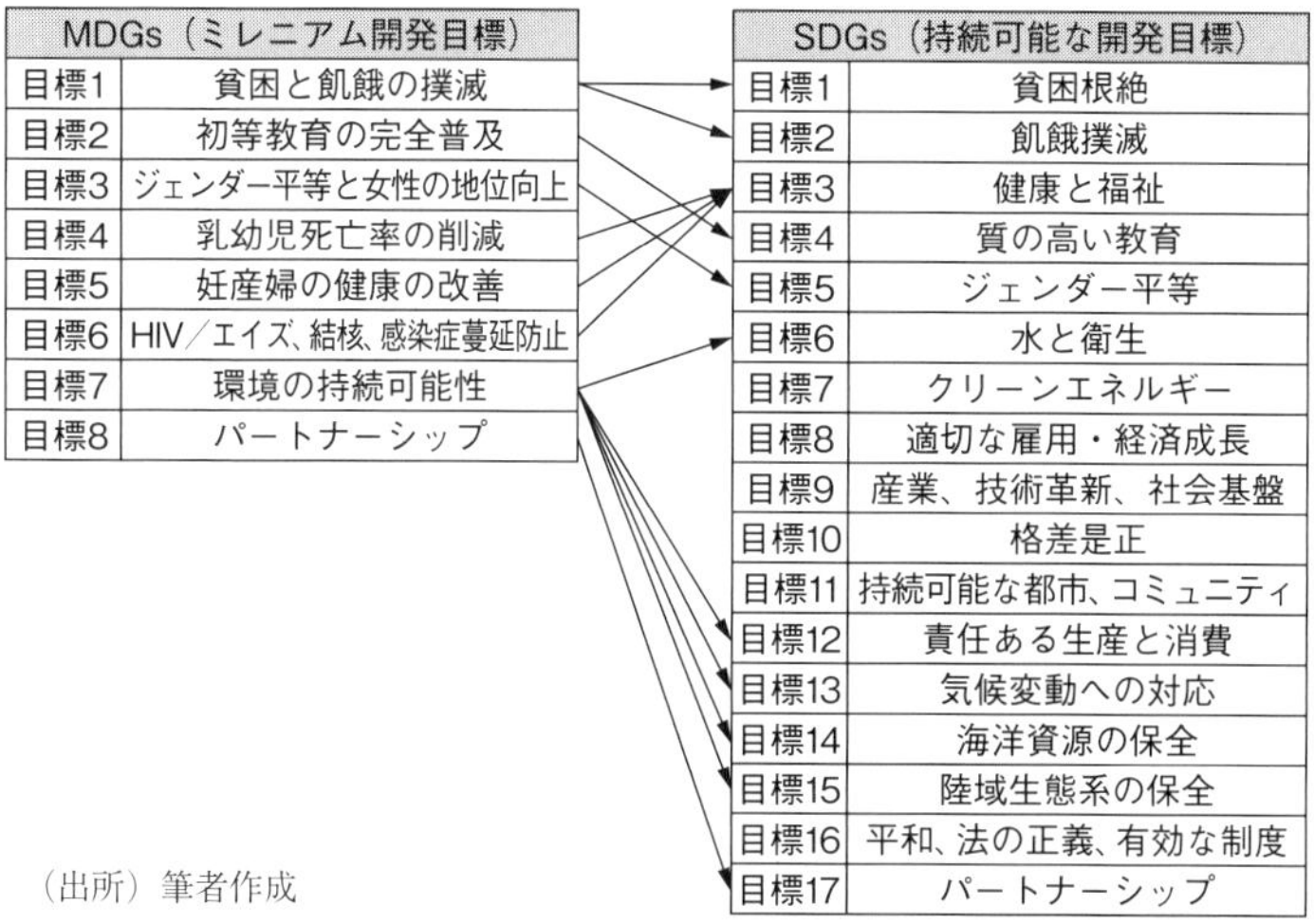

（出所）筆者作成

にとって欠かせない論点なのである。

グローバル社会の困り事リスト

１９７２（昭和47）年に発表されたローマクラブの『成長の限界』は、食糧不足、資源枯渇、環境汚染の増大が経済破綻を引き起こし、人類はやがて破局へ向かうと予測し、世界に衝撃を与えた。

地球の生態や資源が無尽蔵であることを前提にした経済には限界があるという主張は、ＳＤＧｓが提起した論点と重なる部分が少なくない。地球環境の現状を踏まえると、このメッセージは未だに色褪せていないのである。

ＳＤＧｓは、手つかずとなっている「グローバル社会の困り事リスト」でもある。中でも経済の持続的成長は、ＳＤＧｓの重要課題となっている。

前国連事務総長潘基文は「企業はＳＤＧｓを達成する上で重要なパートナーである。企業は、そ

SDGs ウェディングケーキモデル

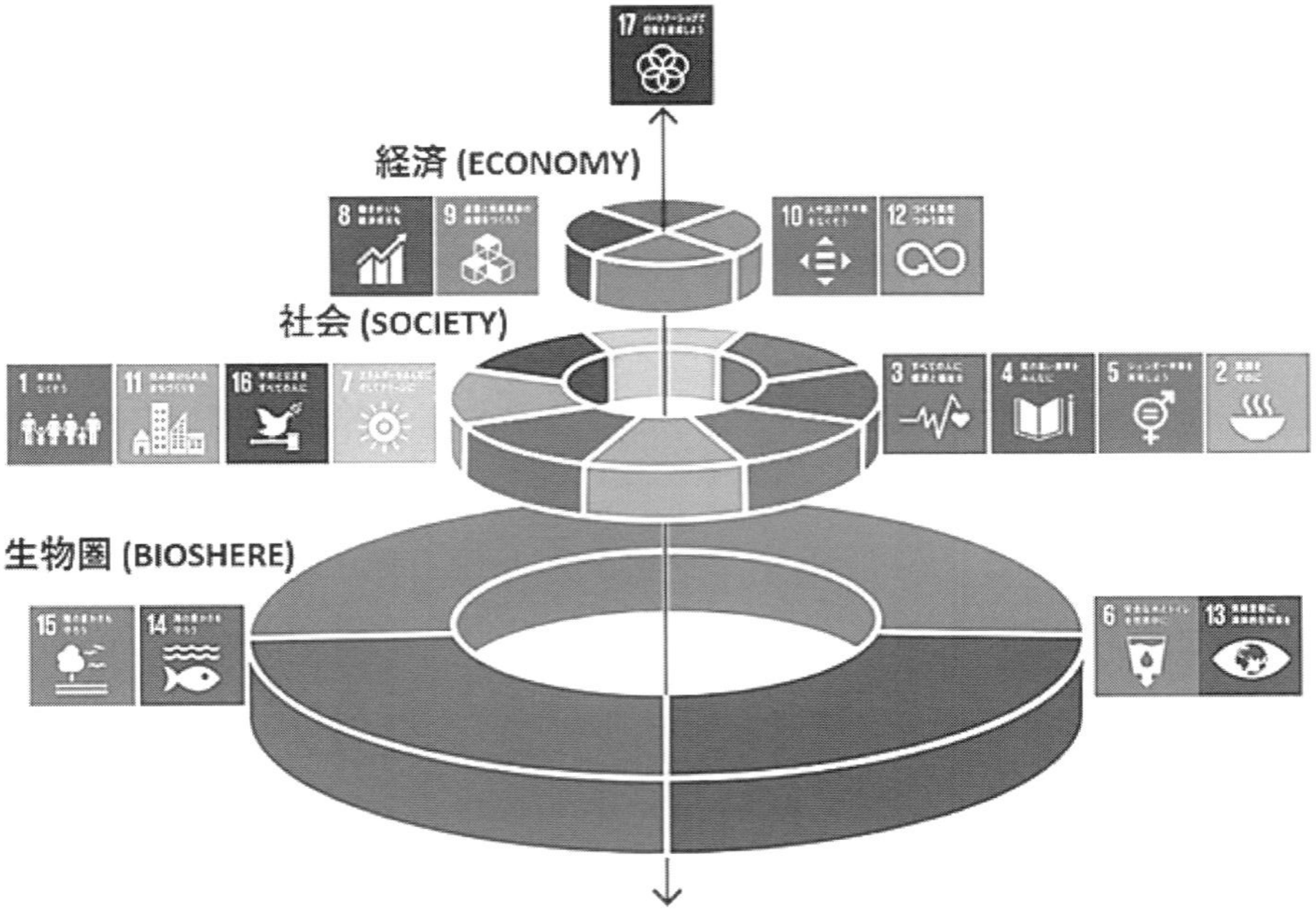

（出所）ストックホルム・レジリエンス・センター

れぞれの中核的な事業を通じてこれに貢献することができる」と述べている。

しかし、企業は17の目標すべてにコミットする必要はない。それぞれ得意とする分野、実績がある領域で力を発揮することが期待されている。ＳＤＧｓを起点としてビジネスと向き合うことが、新たなオポチュニティの創出につながるのである。

「ＳＤＧｓウェディングケーキ」は、ストックホルム・レジリエンス・センターのヨハン・ロックストローム所長が提唱した概念である。私たちが築いてきた社会経済システムは、地球環境が安定していなければ維持できない。将来に渡って持続的な成長続けていくには、ＳＤＧｓのパラダイムをビルトインした、社会経済システムの再構築が必要なのである。

本書では、「ＳＤＧｓウェディングケーキ」の枠組みを活用して、企業家たちの活動の軌跡を振り返ってみようと思う。

2　責任経営を巡る世界の潮流

企業の社会的責任（ＣＳＲ）が生まれた背景

ＳＤＧｓに至る企業と社会の関係を振り返ってみよう。80年代のイギリスでは、保守党のサッチャー政権（79〜90年）が、規制緩和や自由競争を重視する政策を展開していた。いわゆるサッチャリズムは、英国病の克服に成功したが、貧富の格差に起因する社会的排除という新たな問題を生み出した。社会的排除とは失業や貧困などを理由に、あらゆる社会システムへの参加が閉ざされた状態である。

保守党に代わって登場した労働党のブレア政権（97～07年）は、格差を是正するための政策として、社会的包摂（social inclusion）を掲げた。社会的包摂とは、社会のあらゆる場で、誰もが自分の力を発揮し、働きがいのある人間らしい仕事ができることを意味している。ＳＤＧｓが目指している、地球上の誰一人取り残さない持続可能な社会の実現と共通する考え方である。

90年代の欧州では、若者の失業問題や社会的排除が深刻化し、企業にはこれまで以上に社会的な役割を担うことが求められた。このような社会情勢の中で注目されたのが、ＣＳＲ「Corporate Social Responsibility（企業の社会的責任）」である。

責任経営の推進

社会的包摂政策を進めるブレア政権は、ＣＳＲの推進に積極的な姿勢を示した。ＣＳＲ担当大臣を新設して、政策とＣＳＲの統合を推進したのである。ＣＳＲを事業方針に組み入れた責任経営を浸透させることで、企業に社会課題の解決に向けた取り組みへの関与を促したのである。

２０１１（平成23）年、ＥＵはＣＳＲの定義を「企業が社会および環境への配慮を自主的に事業活動およびステークホルダーとの関係構築の中に組み入れること」から「企業の社会への影響に対する責任」に刷新した。

ＥＵは企業活動から生じる負の影響を軽減しつつ、株主とステークホルダー間の共通価値を拡大していく政策を展開していったのである。ＣＳＲの新たな定義に込められた意図は、ビジネスとＣＳＲの統合である。社会課題に対応しつつ、企業価値を向上させるという戦略的アプローチは、ＳＤＧｓの先駆的な取り組みなのである。

3　ＣＳＲからサステナビリティへ

世界共通の価値観となったサステナビリティ

１９９２（平成４）年にブラジルのリオデジャネイロで開催された地球サミットを機に、サステナビリティは「地球環境の持続可能性」と「社会の持続可能性」という、二つの意味で使われるようになった。地球サミット以降、サステナビリティは世界共通の価値観となったのである。

地球サミットではサステナビリティを具体化するための方策として、「気候変動枠組条約」、「生物多様性条約」、「森林原則声明」、「アジェンダ21」が採択された。気候変動枠組条約を起点として、京都議定書からパリ協定に至る、温室効果ガス排出削減の世界的な合意が形成されてきた。

国際ＮＧＯナチュラルステップは、サステナビリティの必須条件として、①自然の中で地殻から掘り出した物質の濃度が増え続けない、②自然の中で人間社会が作り出した物質の濃度が増え続けない、③自然が物理的な方法で劣化しない、④人々が自らの基本的なニーズを満たそうとする行動を妨げる状況を作り出してはならないという、四つの要件を挙げている。

ＣＳＲの限界

２０１２（平成24）年に開催された国連持続可能な開発会議（リオ＋20）では、グリーン経済の強化とＳＤＧｓの策定に向けた議論が開始された。グリーン経済は、私たちが享受する生態系サービスを適切に保全しつつ、持続可能な成長を後押しする経済システムである。

２００３年（平成15）年は、日本のＣＳＲ経営元年と言われている。この年以降、日本企業はＣＳＲ担当役員の任命や、ＣＳＲ担当部署の設置を加速させていった。国内ではＣＳＲという言葉が広く使われてきたが、欧州ではサステナビリティが一般化している。ＣＳＲとサステナビリティに本質的な違いはないが、ＳＤＧｓに対する取り組みの広さと深さを表現する言葉としては、サステナビリティが相応しいといえよう。

マイケル・ポーターは「競争優位のＣＳＲ戦略」の中で、企業戦略と無関係なＣＳＲは社会的に意義のある成果を生み出せず、長期的な企業競争力にも貢献しないと、ＣＳＲに厳しい目を向けている。組織名称をＣＳＲからサステナビリティに変更する企業も増えつつあり、ＳＤＧｓの実現に向けて、従来のＣＳＲとは一線を画した取り組みが拡がりをみせている。

4　求められる社会価値の創造

共通価値の創造

ＳＤＧｓは、①持続的な経済成長、②誰一人取り残さない世界の実現、③気候変動対策を中心とする環境保全という三つの側面を、バランスよく統合された形で達成することを強調している。ＭＤＳｓに比べて、先進国が取り組まなければならない課題は格段に増えており、企業に期待される役割は大きくなった。

多くのビジネスは、社会課題の解決というプロセスから生まれている。社会課題とはルールや秩序が未整備な状態や、社会システムは存在するものの機能不全に陥ったまま放置されている場合が多い。こうした社会課題の中に潜んでいるオポチュニティを掴み取ることから、新たなビジネスが生まれるのである。２０１１（平成23）年、マイケル・ポーターはＣＳＶ「Creating Shared Value（共通価値の創造）」という概念を提唱した。社会課題の中から潜在的な市場性を見極め、課題解決に資するソリューションの開発を試みることによって、新たなビジネスが創出されるという考え方である。

ＣＳＲと異なり、ＣＳＶは本業を起点としていることがポイントである。持続可能な社会を目指すＳＤＧｓと、ビジネスを起点に社会課題を解決し、併せて収益性の向上を追求するＣＳＶには共通する要素が多い。

社会課題に挑んだ日本企業

１９７０（昭和45）年、アメリカでは自動車排気ガスの規制を目的としたマスキー法が制定された。しかし、アメリカの三大自動車メーカーは、規制への対応は技術的に不可能であると反対した。厳しい基準をクリアしたのは、四輪事業に参入して間もない本田技研工業が開発したＣＶＣＣエンジンだった。環境問題の解決とコアビジネスのイノベーションを結び付けた同社の取り組みは、ＳＤＧｓやＣＳＶを先取りしたケースといえるだろう。

富の再配分という意味合いが強かったＣＳＲとは異なり、ＳＤＧｓは社会価値と経済価値のパイの拡大を目指している。しかし、経済価値を生み出すための仕組みである企業にとって、社会価値の創出は容易ではない。

この課題を克服する有効な手段は、ＳＤＧｓの目標17に記載されている、多様な主体が連携するマルチステークホルダー・パートナーシップなのである。いつまでも自前主義に固執しているようでは、ＳＤＧｓの達成は難しいのである。

5　脱炭素時代に求められるビジネスとは

低炭素社会から脱炭素社会へ

２０１５（平成27）年は、グローバル社会にとって大きな意味を持つ二つの出来事があった。国連持続可能な開発サミットで採択されたＳＤＧｓと、ＣＯＰ21「第21回国連気候変動枠組条約締約国会議」で合意されたパリ協定である。パリ協定は、世界の平均気温上昇を産業革命以前に比べて、２℃より十分下回る水準に抑制するとともに、１・５℃未満に抑える努力をするという内容である。この目標を達成するには、今世紀後半までに温室効果ガス排出量を実質ゼロにまで引き下げる必要がある。

気候変動に関する政府間パネル（ＩＰＣＣ：Intergovernmental Panel on Climate Change）によれば、ＣＯ２の累積排出量が３兆トンを超えると、地球の平均気温は２℃上昇するとみられている。環境省の資料によれば、人類は既に約２兆トンのＣＯ２を排出しており、パリ協定を達成するには、ＣＯ２の累積排出量を１兆トン以内に抑えなければならない。現行のペースで進むと、約30年でＣＯ２排出量は１兆トンに達すると予想されている。

地中に埋蔵されている化石燃料をすべて掘り出して使用すると、約２兆８６００億トンのＣＯ２が排出されると試算されている。しかし、人類が排出できるＣＯ２は１兆トンのみであり、残り約１兆７４００億トン相当の化石燃料は、もはや掘り出して使用することができない。

2℃目標達成を前提としたCO2許用排出量

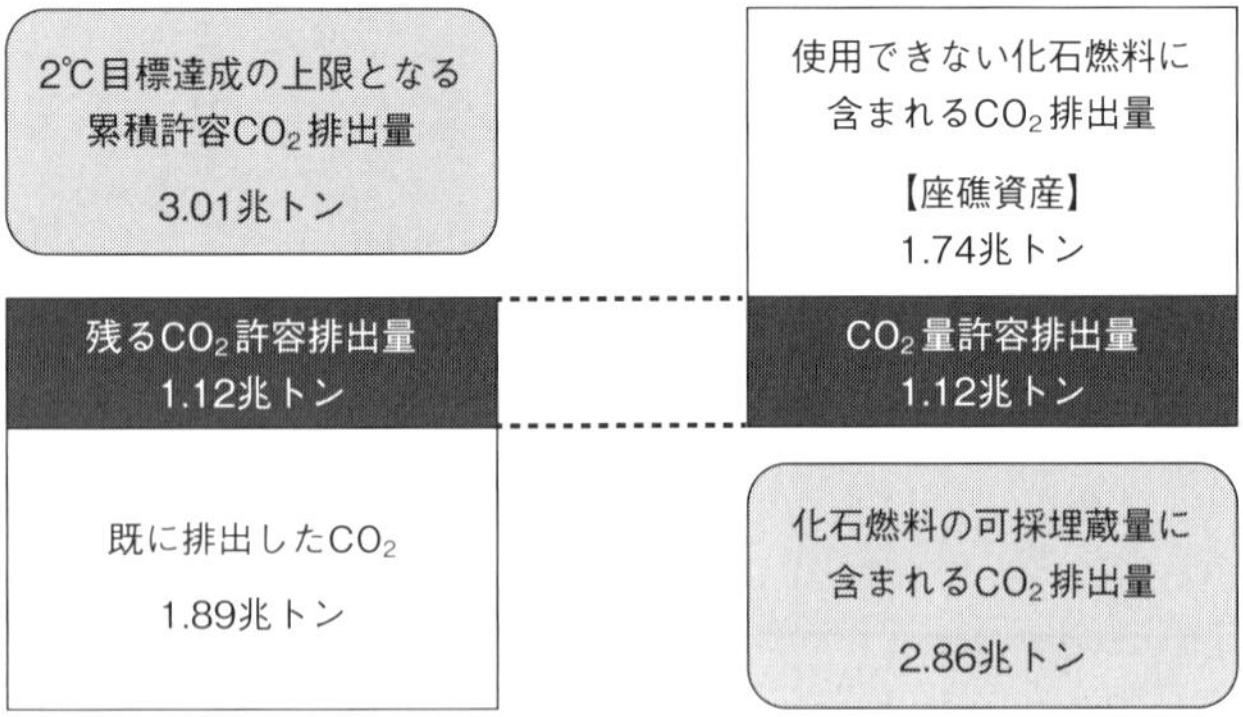

（出所）環境省

企業評価の新しい尺度

掘り出すことができない化石燃料は、座礁資産（Stranded Assets）と呼ばれている。座礁資産とは、市場環境や社会環境の変化によって、価値が大きく毀損した資産のことである。座礁資産を抱えることになった石炭・石油産業に対して、投資を引き上げる動きが徐々に広がりを見せている。

ビジネスの脱炭素化が加速する中で、ＣＯ２を削減しつつ成長を維持していく「デカップリング」や、ＣＯ２排出量と営業利益を比較する「炭素利益率（ＲＯＣ：Return On Carbon）」が、企業評価の新たな基準として注目されている。

これらの基準で優れた実績を示すには、化石燃料の消費抑制やＣＯ２の排出削減はもちろんのこと、ビジネスモデルの変革を通じて、収益性を高めていくことが欠かせない。

経営指標として「自己資本利益率（ＲＯＥ：Return on Equity）」が一般化しているが、炭素利益率の登場によって、企業価値は利益の量と質の両面から評価される時代が到来している。資源エネルギー多消費型ビジネスから脱却し、ビジネスの脱炭素化や炭素利益率の向上を加速させることが持続的成長への鍵を握っているといえよう。

6　重要性を増す非財務情報

責任投資原則の登場

世界的なＣＳＲの潮流を背景に、日本では１９９９～２００２年にかけてエコファンドが設定された。エコファンドは「社会責任投資（ＳＲＩ：Socially Responsible Investment）」の一種で、事業の成長性に加えて環境への取り組みが優れた企業に投資を行っている。ＥＳＧ投資の中では、サステナビリティ・テーマ投資に分類されている。

１９９９（平成11）年に設定された損保ジャパングリーンオープン（愛称ぶなの森）は、運用期間が20年を越えたエコファンドである。環境に特化したソーシャルスクリーニングを活用して、環境要因が中長期的な事業活動において、どのようなリスクとなって現れるのか、あるいはどのような事業機会を生み出すのかを評価している。設定来の運用実績は、ベンチマーク（ＴＯＰＩＸ）を41・58％（２０２０年12月30日現在）上回っている。

「責任投資原則（ＰＲＩ：Principles for Responsible Investment）」（２００６年）と「責任ある機関投資家の諸原則（日本版スチュワードシップ・コード）」（２０１４年）は、機関投資家に対してショートターミズム（短期的な利益追求）を改め、長期投資を通じて投資先企業の持続的成長をサポートすることを求めている。責任投資原則は、「利益の量」と「利益の質」の双方の視点から、企業価値を評価することを求めているといえよう。

求められる非財務情報の開示

責任投資原則が求めているのは、財務要素だけではなく、環境（Ｅ）・社会（Ｓ）・ガバナンス（Ｇ）という非財務要素を、投資先企業の選定プロセスにビルトインさせることである。責任投資原則の理念に沿った投資をＥＳＧ投資と呼ぶが、ＳＲＩと本質的な差異はない。

財務情報は短期的な業績予測には役立つが、長期的な視点で投資先企業を選定するＥＳＧ投資では、長期ビジョン、事業戦略、リスクなどの非財務情報の重要性が高くなる。こうした背景から、財務情報と非財務情報を統合して、経営の実態と将来ビジョンや事業展開の方向性を開示した統合報告書を発行する企業が増えている。価値創造の道筋を示すサステナブルストーリーは、ＥＳＧ投資に欠かせない情報なのである。

企業を取り巻く社会課題は、経営上のリスクと見做される傾向が強かった。しかし、ＳＤＧｓに取り組むことが当たり前となった現代社会では、ＳＤＧｓと事業戦略の統合から生み出される新たな事

長期投資における非財務情報の重要性

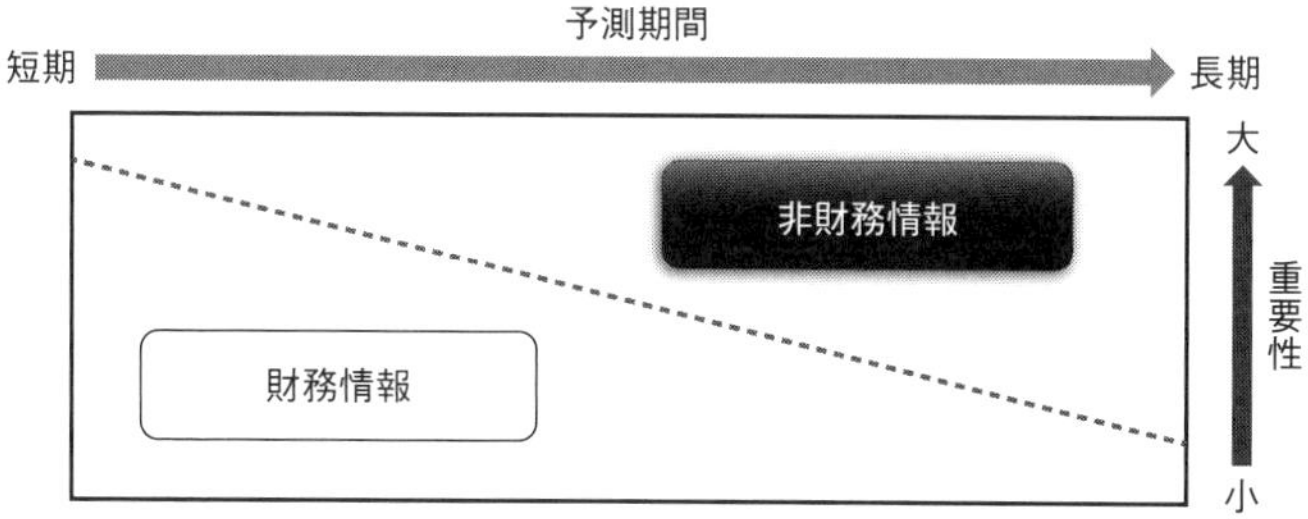

（出所）ニッセイアセットマネジメント（2014）をもとに筆者作成

業機会に関心が集まっている。長期スパンで価値創造に取り組む企業をサポートしていくことが、投資家に求められているのである。

7　メインストリーム化するＥＳＧ投資

拡大するＥＳＧ投資

ＳＤＧｓやパリ協定の登場によって、機関投資家はＥＳＧ投資へ取り組みを加速させている。責任投資原則の理念に沿ったＥＳＧ投資には、グリーン経済を後押しする役割が期待されているからである。

ＥＳＧ投資を責任投資やサステナブル投資と呼ぶこともある。日本サステナブル投資フォーラム（ＪＳＩＦ：Japan Sustainable Investment Forum）は、投資分析や投資先企業の選定プロセスでＥＳＧ課題を勘案し、投資先企業の持続性を考慮する投資をサステナブル投資と定義している。

ＪＳＩＦの調査によると、国内機関投資家による２０１８年度のサステナブル投資残高は、約２３２兆円（前年度比＋１・７倍）となった。中でもＥＳＧインテグレーション[1]の投資残高は、前年度比２・８倍の約１２２兆円に達した。また、ネガティブ・スクリーニング[2]の投資残高が、約21％増となっていることも注目に値する。

公的年金を運用する年金積立金管理運用独立行政法人（ＧＰＩＦ：Government Pension Investment Fund）のＥＳＧ投資残高は、２０１８年度末で３・５兆円（前年度比＋２・３倍）に達した。株式市場に影響力を持つＧＰＩＦの投資動向は、機関投資家のＥＳＧ投資を加速させる要因となっている。

気候変動とＥＳＧ投資

２０１９（令和元）年、イギリスでは機関投資家の行動原則をまとめたスチュワードシップ・コードが改訂され、投資に際して気候変動を含むＥＳＧ要素を考慮することが義務づけられた。

一方、国内では金融庁が２０２０年３月に、日本版スチュワードシップ・コードの再改訂案を公表した。再改訂版では、①債券等の上場株式以外の資産に投資する場合にも適用できること、②機関投資家は運用戦略に応じて、サステナビリティに関する課題を考慮した上で、スチュワードシップ責任を果たすための方針を明確に示すべきことが明記された。

最近、グリーンボンドが注目されている。グリーンボンドとは、環境プロジェクトに要する資金を調達するために発行される債券である。資金使途が環境に限定されていることや、株式投資との価格連動性が低いため、機関投資家にとってはリスク分散の有効な手段となると考えられている。

8　投資家・銀行・保険が後押しする持続可能な社会

加速するダイベストメント（投資撤収）

ＥＳＧ投資には、ポジティブ・スクリーニングとネガティブ・スクリーニングという二つの手法がある。前者は投資家が設定した基準に対して評価の高い企業を投資対象とし、後者は特定の基準に適合しない企業や業種を投資対象から除外する手法である。

ネガティブ・スクリーニングの手法では、ダイベストメントが注目されている。ダイベストメントとは投資撤収という意味だ。既に石炭関連企業や石炭火力発電を行っている電力会社が、ダイベストメントの対象となっている。

２０１５（平成27）年、ノルウェー政府年金基金は、石炭関連事業から収入の30％以上を得ている企業を、ダイベストメントの対象企業に指定した。この中には、石炭火力発電を行っている日本の電力会社も複数含まれている。

ＳＤＧｓやパリ協定によって、気候変動対策を巡る流れは大きく変わった。今後、気候変動リスクが企業経営に与える影響は拡大すると予想されている。欧州の機関投資家は気候変動リスクを低減させるため、ダイベストメントを有効に活用している。

２０１７（平成29）年、ドイツの環境ＮＧＯウルゲバルト（Urgewald）は、石炭採掘から石炭火力発電に至る石炭関連産業を網羅した、「脱石炭リスト（Global Coal Exit List）」を公表した。このリストに掲載された企業は、ダイベストメント予備軍ともいわれている。リストに含まれている日本企業の中には、石炭関連事業からの撤退を表明する企業も現れている。

問われる銀行・保険会社の姿勢

２０１９年9月に発足した「責任銀行原則」は、銀行に対してＳＤＧｓやパリ協定と整合した投融資行動を求めている。日本の三大メガバンクや一部信託銀行は、「責任銀行原則」に署名している。

２０１２（平成24）年に策定された「持続可能な保険原則」は、保険会社に対してＥＳＧ課題を考慮に入れたリスク管理を求めている。仏アクサ、独アリアンツ、スイス再保険は、企業に対して石炭依存度の低減を求めるエンゲージメントを強化するとともに、石炭火力発電所に対する損害保険の引き受けや投融資を停止している。

機関投資家、銀行、保険会社によるＥＳＧを軸としたエンゲージメントの拡がりは、ビジネスの脱炭素化の流れを加速し、社会にとって長期的に好ましい結果をもたらすと期待されている。

お金の流れで持続可能な社会を創る

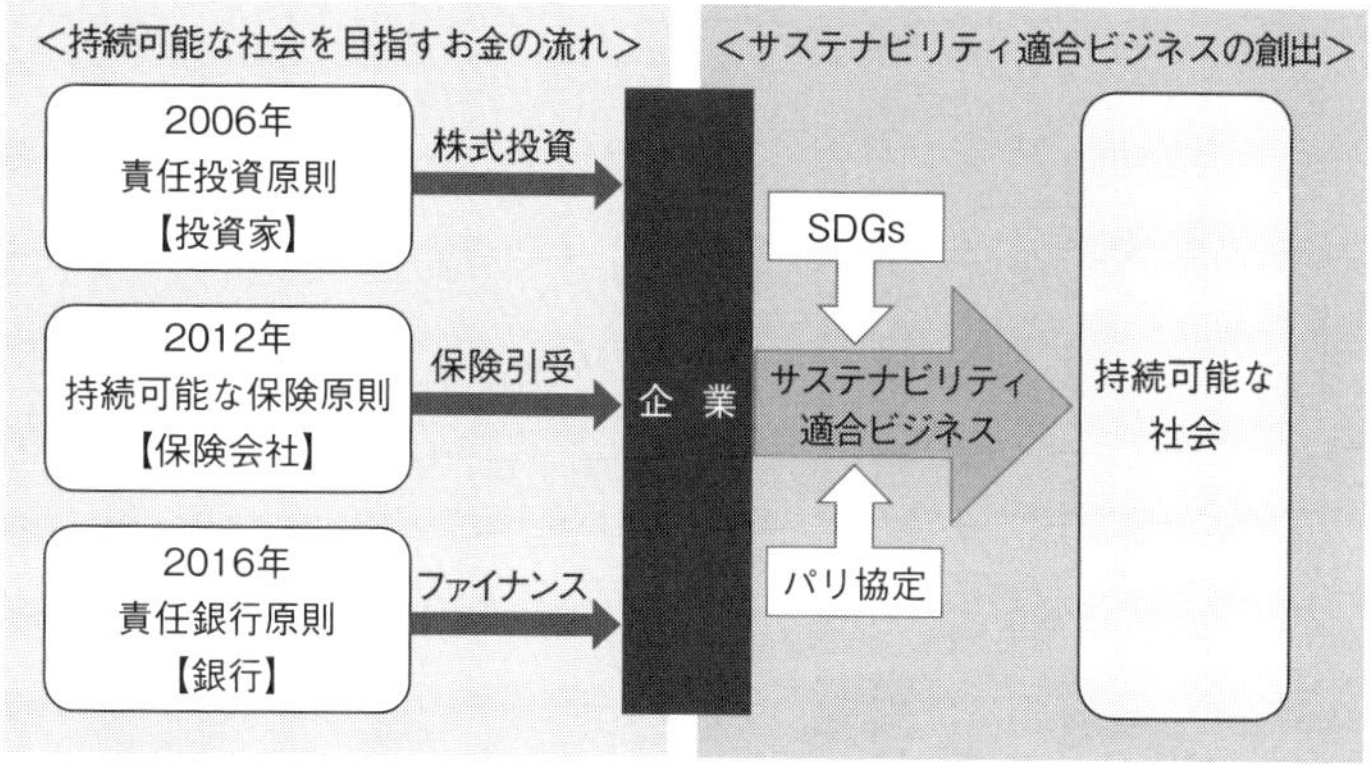

（出所）筆者作成

9　持続可能な社会が求める企業像

社会から選ばれる企業

地球温暖化が年々深刻化する中で、企業を取り巻く事業環境は大きく変化している。投資家やステークホルダーは、財務情報では開示されない、長期的な価値創造プロセスに強い関心を持つようになった。

２０１３（平成25）年、国際統合報告評議会（ＩＩＲＣ：The International Integrated Reporting Council）が、国際統合報告フレームワークを公表したことを機に、統合報告書を発行する企業が増えている。統合報告書とは企業の価値創造プロセスを、財務情報と非財務情報の両面から説明するコミュニケーションツールである。

ＩＩＲＣによれば、アメリカのＳ＆Ｐ５００に含まれる企業の市場価値に占める無形資産の割合は、８割を超えているという。[3]

企業価値に占める財務要素と非財務要素の関係（S&P500）

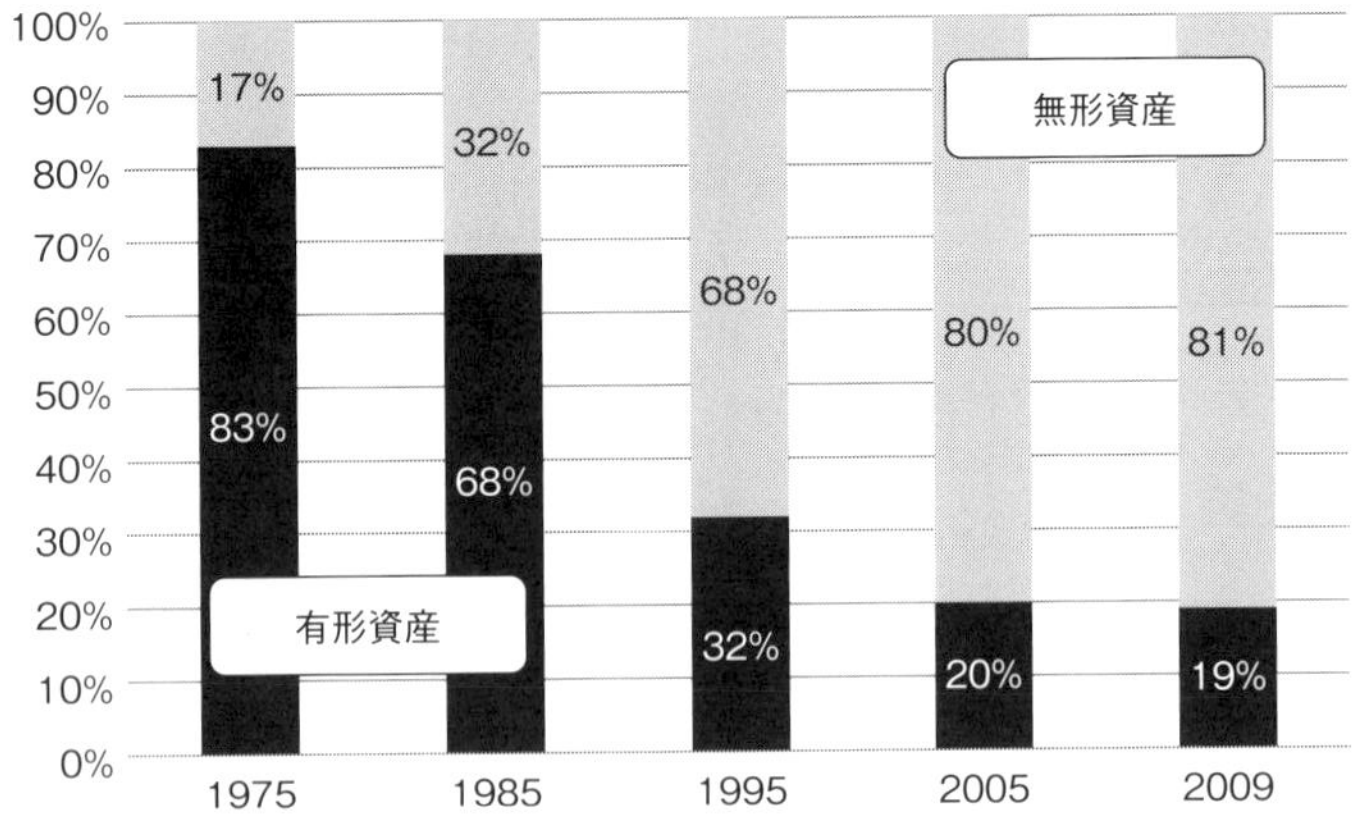

（出所）The International Integrated Reporting Council（IIRC）"TOWARDS INTEGRATED REPORTING－Communicating Value in the 21st Century," Discussion Paper, 2011.

企業理念、経営者の資質、従業員の能力やモチベーション、事業戦略とSDGsの関係など、非財務要素が企業価値を左右するファクターとして存在感を高めている。財務情報に基づく経営分析だけでは、企業の長期的な価値創造プロセスを読み解くことが難しくなったといえよう。

SDGsの理念は未来志向である。企業に求められているのは、2030年の「あるべき姿」から、いま取り組むべき課題と戦略を考えるバックキャスティング思考なのである。

サステナブルストーリーを語る

財務情報だけでは、企業の未来像を説明することはできない。そこで注目されているのが、長期的な価値創造ストーリーを伝える、サステナブル・ストーリーテリングなのである。ビジネスシーンで利用されているストーリーテリングを応用したもので、ユニリーバやマークス&スペンサーは、投資家やステークホルダーに対するエンゲージメントに活用している。

　サステナビリティは、企業とスタークホルダーを結ぶ世界の共通言語となった。財務情報と非財務情報を一体化した情報コミュニケーションは、企業の将来価値に期待する投資家や、ＳＤＧｓネイティブといわれるミレニアル世代の共感を得ることにつながると考えられている。統合報告書を活用した建設的な対話を通じて、多様なステークホルダーから共感と信頼を得ることが、長期的な価値創造には欠かせないのである。

10　求められる信頼の再構築

別子銅山（住友）と足尾銅山（古河）の教訓

　明治時代、愛媛県の別子銅山では銅の製錬から生じる亜硫酸ガスによって煙害が生じた。日本版ＣＳＲの先駆者と称される住友第二代総理事伊庭貞剛（第1章）は、「自《じ》利《り》利《り》他《た》公《こう》私《し》一如《いちにょ》」という理念を掲げ、無人島への製錬所移転や大規模な植林を行い、社会と企業がともに繁栄する経営を実践した。

　伊庭貞剛の後を継いだ鈴木馬左也（第2章）は有害物質を排出しない方針を掲げ、煙害の原因となった亜硫酸ガスから化学肥料を製造することに成功し、煙害の解決と農業振興という課題を克服し

拡大する「ビリーフ・ドリブン（信念にこだわる）」消費者

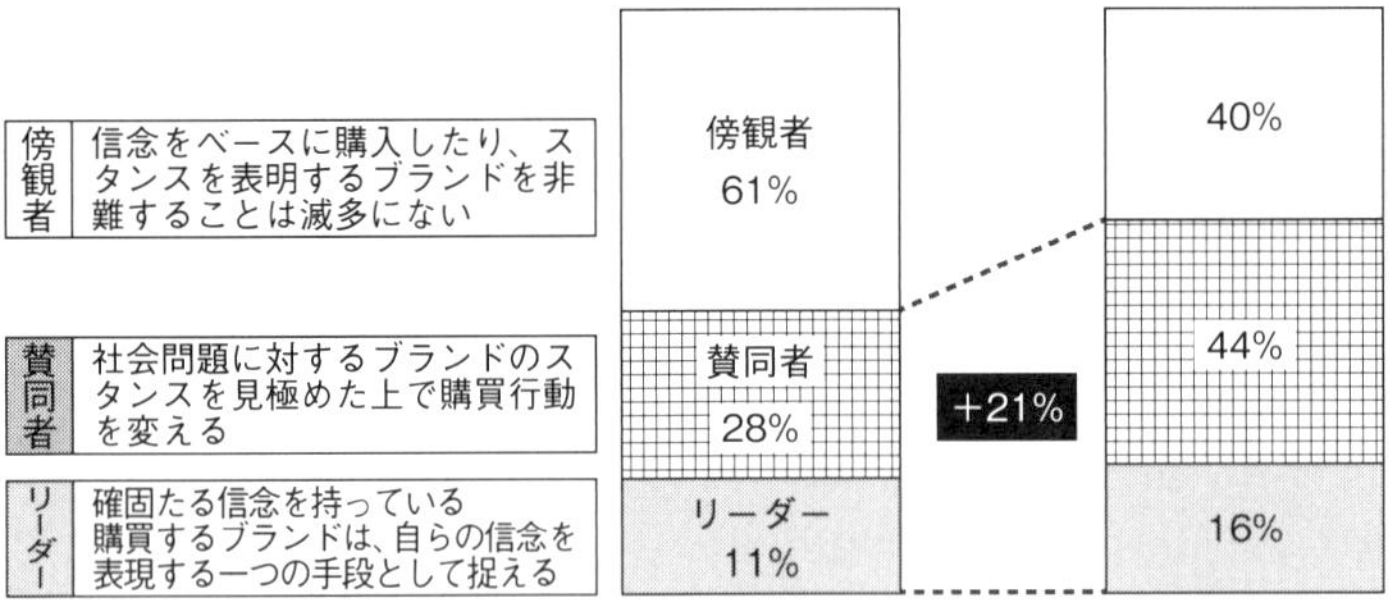
傍観者
信念をベースに購入したり、スタンスを表明するブランドを非難することは滅多にない
賛同者
社会問題に対するブランドのスタンスを見極めた上で購買行動を変える
リーダー
確固たる信念を持っている
購買するブランドは、自らの信念を表現する一つの手段として捉える
傍観者
61%
賛同者
28%
リーダー
11%
+21%
40%
44%
16%

（出所）2018 Edelman Earned Bland. Belief-driven buying segments. 日本

ている。

足尾鉱毒事件を明治天皇に直訴した田中正造は、古河鉱業の経営者である古河市兵衛の姿勢を厳しく追及した。一方、別子銅山における住友の対応を高く評価し、帝国議会で次のような演説を行った。

「住友は社会の道理や人の気持ちをよく分かっており、自分たちだけが金を儲ければいいというような、間違った考えを持っていない[4]」

公益との調和を目指した伊庭貞剛と鈴木馬左也の事業精神には、学ぶべき点が多いのである。

エデルマン・ジャパンの調査によると、日本では社会問題に対する企業の姿勢によって購入を決める人々の割合が6割を超えている。このような人々は、「ビリーフ・ドリブン（信念にこだわる）」消費者と呼ばれている。多様性や個性を重視するミレニアル世代を中心に、「ビリーフ・ドリブン」消費者はあらゆる世代に浸透しつつある。

本書で取り上げた企業家の言葉の一例

伊庭貞剛（第１章）	自己の利益と他者の利益、公と私はすべて一体である
岡田良一郎（第３章）	経済なき道徳は寝言、道徳なき経済は罪である
豊田佐吉（第７章）	いくら儲けたいの、いくら儲けねばならんのと、そんな横着な考えでは人間は生きてゆけない
石橋正二郎（第９章）	社会への貢献が大きければ大きいほど事業は繁栄する
各務鎌吉（第13章）	信用は無形財産であるが、有形財産の蓄積は無形財産から生み出された結果である

（出所）各資料をもとに筆者作成

本書で取り上げた企業家から学ぶべきこと

ＳＤＧｓやパリ協定とどのように向き合うべきか。その姿勢が社会から問われる時代が到来したのである。

残念ながら、過去の成功体験や目先の利益に固執し、小手先の対応でＳＤＧｓやパリ協定をかわそうとしている日本企業は少なくない。

社会からの共感と信頼こそが、企業の持続的成長を支える源泉なのである。いま企業に求められているのは、ＳＤＧｓにプロアクティブに取り組むことを通じて、社会との関係性を再構築することであろう。

本書で取り上げた企業家たちには二つの共通点がある。一つは「公益の実現」と「収益の追求」という、相反する目標を高い次元で実現したことである。彼らが残した言葉の中に、「企業の本質とは何か」という、問いに対するヒントが数多く含まれている。

もう一つの共通点は、「アウトサイド・イン」の視点を持っていたことである。「アウトサイド・イン」とは、企業の外側から企業と社会の関係を俯瞰的に見ることで、社会課題を起点としたビジネスを構想する手法である。あるべき未来社会の姿を提示しているSDGsは、「アウトサイド・イン」アプローチによる課題の解決を強く推奨している。

本書で取り上げた企業家たちは、「社会課題」と「企業の知」を結びつけることで、新たなビジネスを創出してきた。如何なる状況においても社会から目を背けず、独創的な発想と稀に見る想像力と行動力で課題の解決に挑んだ企業家たちの軌跡は、私たちに多くの示唆を与えてくれる。私たちの未来を託したい企業の理想像がここにあるといえよう。

第 I 部

理念経営の実践

第1章

伊庭貞剛

―「自利利他公私一如」の事業精神―

1847〜1926年

（出所）住友グループ広報委員会

【SDGsで読み解く伊庭貞剛の軌跡】

	活動の内容	関連するSDGs目標
経済	・理念経営（自利利他公私一如）の実践 ・住友財閥の経営近代化 ・別子銅山のマネジメント改革	8 働きがいも経済成長も 9 産業と技術革新の基盤をつくろう 10 人や国の不平等をなくそう 12 つくる責任つかう責任
社会	・地域社会の自然環境と農業の復興 ・地域社会と連携した煙害の根本解決 ・大阪商業講習所（現・大阪市立大学）の設立	3 すべての人に健康と福祉を 4 質の高い教育をみんなに 11 住み続けられるまちづくりを 16 平和と公正をすべての人に
環境	・四阪島への製錬所移転 ・別子銅山での大規模植林の実施 ・林業事業の組織的展開	13 気候変動に具体的な対策を 15 陸の豊かさも守ろう
共通	・事業精神の継承を目的とした後継者の指名 ・合議制の導入など経営の透明性の向上 ・外部人材の積極登用	17 パートナーシップで目標を達成しよう

（出所）筆者作成。

【本章のポイント】

住友財閥は、別子銅山の経営をコアビジネスとして成長し、わが国産業の近代化に多大な貢献をした。第二代総理事として活躍した伊庭《いば》貞剛《ていごう》は、事業と組織の近代化に注力し、住友グループ発展の基盤を築いた人物である。

住友財閥の中核事業である別子銅山では、銅の製錬工程から生じる亜硫酸ガスによって、深刻な煙害が生じ、地域の自然環境と農業に多大な被害をもたらした。

貞剛は自ら本店支配人を辞し、別子銅山支配人として現地に赴き、煙害の完全なる解決を目指した取り組みを実践した。銅の製錬所を新居浜沖の無人島（四阪島）へ移転して、煙害の解決を図るとともに、別子銅山では大規模な植林事業を主導し、自然環境の復元に取り組んだ。

自社の利益と社会の利益は一体であるという事業精神（自利利他公私一如《じりりたこうしいちにょ》）を掲げ、次世代への責任を果たすことを企業家の使命とした貞剛は、日本版ＣＳＲの先駆者と称されている。

貞剛が住友の事業精神を承継し得る人物として後継者に指名したのが、第2章で紹介する鈴木馬左也であった。

Ⅰ　評伝

1　はじめに

別子銅山の煙害問題

「西の別子、東の足尾」と言われた、銅山開発に伴う公害事件をご存知であろうか。東の足尾とは、古河市兵衛が経営した足尾銅山である。足尾鉱毒事件は、日本社会がはじめて直面した産業公害であり、深刻な社会問題となった。1901（明治34）年、反対運動のリーダーだった田中正造が、明治天皇に直訴を試みたことでも知られている。

古河は水力発電所を建設して電力を動力源とする洋式製錬法を導入し、生産量を飛躍的に増大させた。洋式製錬法は銅鉱石を溶鉱炉で溶かして銅を取り出す手法であるため、製錬時に発生する亜硫酸ガスや排水に含まれる鉱毒が、山林や農作物に甚大被害をもたらしたのである。

一方、西の別子とは愛媛県新居浜市に所在する別子銅山である。1690（元禄3）年に開発が始まり、1973（昭和48）年まで一貫して住友によって経営されてきた。1884（明治17）年、新居浜に洋式溶鉱炉が新設され、銅の製錬工程から生じる亜硫酸ガスが煙害を引き起こした。被害農民は溶鉱炉の移転や有害物質の完全な除去を求めて政府や県に請願を繰り返したのである。

煙害問題の根本解決に取り組む

煙害対策の陣頭指揮をとったのは、住友本店支配人伊庭貞剛《いばていごう》である。貞剛は煙害問題の根本解決を図るため、長期ビジョンを掲げて、銅製錬所の無人島移転や大規模な植林活動を行った。

足尾鉱毒事件で事業主の古河鉱業と鋭く対立した田中正造は、第15回帝国議会において次のような演説を行っている。

「伊予ノ国ノ別子銅山ハ、第一鉱業主ハ住友デアル、ソレ社会ノ事理人情ヲ知テ居ル者デ、己ガ金ヲ儲ケサヘスレバ宜イモノダト云フヤフナ、サフ云フ間違ノ考ヲ持タナイ」[1]。

田中は古河市兵衛と対比させつつ、煙害問題の完全なる解決を目指した、貞剛の決断と行動を高く評価したのだった。

持続可能な社会を目指して

別子銅山の煙害問題から100年以上が経過した今、現代社会は収益至上主義による行き過ぎた経済活動が招いた、地球温暖化や資源の枯渇に苦しんでいる。グローバル社会はＳＤＧｓ「Sustainable Development Goals（持続可能な開発目標）」やパリ協定（脱炭素）などを通じて、気候変動対策と持続可能な経済成長の両立を目指した取り組みを加速させている。

Ｈ・メドウズ（１９７２）が提起した「人類による地球、自然への負荷は、経済活動のあり方を変えないかぎり地球が吸収できる限度を超えてしまう」という課題は未だ解決されておらず、むしろ深刻化しつつある。

貞剛は「あくまで現実を重んずるも、現実に囚われず、常に理想に臨んで現実に先んずること唯一歩なれ」[2]と説いた。目先の利益に囚われず、長期的な視点で社会とビジネスの最適化を目指した貞剛の理念には共感すべき点が多い。

貞剛は、わが国のCSR（Corporate social responsibility：企業の社会的責任）の先駆者といわれている。自然環境や地域社会の営みと企業活動の両立を志向したその経営姿勢は、現代社会が求めるサステナビリティ（持続可能性）を先取りしていたといえよう。

2　官界での活躍を目指して

漢学と剣術を学ぶ

1847（弘化4）年、貞剛は伊庭貞隆の長男として、滋賀県近江八幡市に生まれた。伊庭家は近江源氏の流れを汲む佐佐木氏の末裔であり、父貞隆は伊庭家25代目の当主だった[3]。

貞隆は泉州伯太藩《はかたはん》の代官を務め、その謹厳な人柄によって、地域の人々から一目を置かれる存在であった。代官の傍ら屋敷内で私塾を開き、近隣の子弟に読み書きを教えていた。貞隆は教育を天職と考え、道徳観や倫理観を涵養する教育を実践していた。貞剛は父から漢学の基礎と剣術を学んだ[4]。母田鶴の実弟は、住友の初代総理人広瀬《ひろせ》宰平《さいへい》である。

貞剛の人柄を示す逸話を紹介しよう。貞剛は道場の行き帰りに通った畦道で、行商の老婆達によく出会った。帯刀した青年と重い荷を背負った老婆達が狭い畦道をすれ違うのは難しい。貞剛は老婆達に出会うたびに、畦道を降りて道を譲ったのである。こうした彼の行いは村内で評判になったという。

新政府の官吏へ

やがて貞剛は、尊皇派の思想から強い影響を受けるようになった。母に対して「五十歳になるまで私にお暇を戴かして下さい。命さえ無事であれば、成功しても、成功しなくとも、その時はきっと帰宅してご孝養をいたします[5]」と告げて京都に赴く決意を固めた。

1868（明治元）年、会津城が落城すると京都市内も落ち着きを取り戻し、貞剛は京都御所禁衛隊の任を解かれ帰郷した。実家に戻った貞剛は、帰郷していた叔父広瀬宰平と出会った。この時、広瀬は別子銅山支配人の職にあったが、新政府から鉱山司として出仕を命じられていた。

1869（明治2）年、貞剛は再び京都に赴き、刑法官小監察[6]の職を得た。その後、官制改革によって刑法官は廃止され、弾正台巡察属に任命された。弾正台は風紀の乱れを取り締まることが任務であり、剛直清廉の士が任ぜられたという。

裁判官としての期待と失望

１８７１（明治４）年、参議広沢真臣《さねおみ》が暗殺され、貞剛は犯人捕縛のために九州に赴いた。貞剛は事件解決後も長崎での勤務を命じられ、外国事情やキリスト教文化を積極的に学んだ。

１８７３（明治６）年に司法省が発足すると貞剛は権少判事に昇進し、新設された函館裁判所に赴任した。函館裁判所に赴任するまで、明治政府の法律顧問を務めていたボアソナード[7]の下で民法や刑法を学んでいる。

一年限りの約束だったが、函館裁判所での勤務は三年半に及んだ。１８７７（明治10）年、貞剛は大阪上等裁判所判事を命ぜられた。貞剛が大阪に赴任した頃、西郷隆盛が鹿児島で非業の死を遂げた。西南戦争後の官界には、新興国家建設の気概や自由闊達な気風が失われつつあった。薩摩と長州出身者による藩閥政治によって、保身と栄達のみに汲々とする人間が増えていたのである。

貞剛にとって、官界に蔓延る萎縮した気風は耐え難いものであった。しかし、月額１００円の俸給を得る身分を簡単に捨て去ることはできない[8]。熟慮を重ねた末、年老いた父母の介護を名目に辞表を提出した。貞剛は32歳にして再び故郷に戻ることとなったのである。

3　住友への入社

広瀬宰平と別子銅山

判事を辞した貞剛は、初代住友総理人の地位にあった叔父広瀬宰平を訪ねた。1828（文政11）年、広瀬は貞剛の母の実家である北脇家の次男として生まれた。1834（天保5）年、叔父の北脇治右衛門の養子となり、養父が勤務していた別子銅山に赴き、11歳から住友で奉公をしていた。

住友家と銅のかかわりを振り返っておこう。住友の歴史は、17世紀に京都で薬舗を営んだ住友政友《まさとも》（1585〜1652年）に遡る。政友が残した文殊院旨意書《もんじゅいんしいがき》には、商売の心得として正直・慎重・確実を重んじることが説かれている。商売とは金儲けのみが目的ではなく、事業に携わる人の人格を磨き道義心に基づく取引を実践するという教えである。

政友の姉婿である蘇我理右衛門《そがりえもん》（1572〜1636年）は、京都で泉屋を営み、銅精錬と銅細工を家業としていた。蘇我は南蛮吹き（南蛮絞り）[9]といわれる精錬技術を開発した人物である。[10]

広瀬宰平

（出所）住友グループ広報委員会

蘇我の長男で住友政友の娘婿となった住友友以《ともも ち》（１６０７〜１６６２年）は、理右衛門が開発した南蛮吹きの技術を住友の家業とし、やがて住友・泉屋は「南蛮吹きの宗家」としての地位を確立していった。１６９１（元禄４）年、幕府から別子銅山の開発許可を受けた泉屋は、銅の採掘事業へ進出し、１９７３（昭和48）年までの２８３年間にわたって、日本の近代化に貢献することとなるのである。

別子銅山を守った広瀬宰平の活躍

明治維新によって、別子銅山は新政府に接収されることとなった。接収を担当したのは、土佐藩の川田小一郎[11]である。広瀬は別子銅山にかける住友の姿勢や鉱山経営の難しさを説き、住友が別子銅山の経営を担うことが国益に叶うものであると訴えた。川田は広瀬の主張に共感し、住友による別子銅山の経営継続を新政府に願い出た。広瀬の行動が功を奏し、新政府は住友に対して別子銅山の経営を認めたのである。

しかし、幕末から維新にかけて、住友の経営は深刻な状況に陥っていた。住友内部では銅山売却派が多数を占めつつあった。広瀬は自身が所有する土地を担保にして、別子のみで流通できる木札を発行し、鉱夫の賃金の支払いに充てた。こうした広瀬の自己犠牲を厭わない行動によって、別子銅山の売却は免れたのであった[12]。

住友への入社を決断

裁判官を辞めた貞剛に対して、広瀬は迷うことなく住友への入社を勧めた。広瀬は住友の事業内容や国内産業の動向を説明し、実業界において国家に尽くすことの意義を説いたのである。思いもよらぬ申し出に貞剛は困惑したが、広瀬の説得に根負けして、住友への入社を決断した。貞剛は公利公益に尽くすという、住友の経営理念に共感したのであった。

1880（明治13）年、貞剛は大阪本店支配人に就任した。破格の待遇である。この人事には、貞剛の経験と能力に寄せる広瀬の強い期待があった。1894（明治27）年に煙害対策のため別子銅山に単身で赴任するまで、貞剛は広瀬の下で住友の事業全般を学んだ。

この間、大阪紡績株式会社（東洋紡の前身）（1882年設立）、有限責任大阪商船会社（商船三井の前身）（1884年設立）、大阪商業講習所（大阪市立大学の前身）（1880年設立）の設立・運営にも携わった。貞剛は会社経営について次のように述べている。

「事業はすべて人物本位のもので、四囲の情勢は刻々変化する。社長が誠心誠意会社のためを思い、経営の根本方針にくるいがない以上、われわれはそれに力を添えて、その方針を中途で挫折させないようにしてやるのが、会社にも株主にも、結局利益になるのだ[13]」

スチュワードシップ・コードを先取りした貞剛の見識

大阪商船の経営が不振に陥った時、同社の経営から撤退を促す社内の声に対して、貞剛は次のように述べて諌めている。

「会社の内容が現在そんなに不良になっているというのなら、一層努力してよくなるようにしてやるのが道である。もしまた現在の経営のやり方が悪いというのならば、適当な経営者を選んでやり変えさせればよい。それが自由に出来るところに、はじめて株式会社の妙用というものがある。経営がうまくいっていれば、株をもって配当を取っていよう。悪いと思えば逃げ出す。それでは株式会社を論ずる資格はない[14]」

２０１４（平成26）年、金融庁は「責任ある投資家の諸原則（日本版スチュワードシップ・コード）」を公表した。スチュワードシップ・コード（Stewardship Code）とは、機関投資家を対象にイギリスで提唱された投資行動に関する規範である。機関投資家には投資先企業の長期的な成長を社会全体の発展へとつなげる責務があり、この目的の実現に向けて機関投資家は積極的に役割を果たすべきという考えに基づいている。

機関投資家には、投資収益の最大化を図ることが期待されている。しかし、投資先企業の長期的な成長よりも、短期的な株価上昇を期待する機関投資家は少なくない。こうした傾向は、ショートターミズム（Short-termism: 短期志向）と言われ、企業の健全な発展や社会全体の持続可能な成長を阻害すると考えられている。

イギリスでは機関投資家によるショートターミズムを是正するため、２０１０年にスチュワードシップ・コードが導入されたのである。株主としての責任を説いた貞剛の考えは、スチュワードシップ・コードが希求する株主としてのあるべき姿を表現したものといえよう。長期的な視点で企業の成長を支援することが、株主本来の責務なのである。

４　広瀬宰平による別子銅山の改革

近代的鉱山技術の導入

別子銅山は長年にわたる濫掘によって荒廃が進んでいた。広瀬は住友の基幹産業である銅山経営を再生するため、近代技術の導入を急いだ。

１８７４（明治７）年、フランス人技師ルイ・ラロックを雇い入れ、二年間に及ぶ別子銅山の科学的調査行い、①東延斜坑の開鑿、②別子〜新居浜間の運搬車道建設、③洋式溶鉱炉の建設、④湿式収銅技術の開発を実施している。

湿式収銅技術とは、銅を含む水溶液から沈殿銅を回収する手法である。微量の銅や硫酸成分が含まれている排水は、下流域の農作物や人体に被害をもたらす鉱毒水となる。この技術を実用化できれば、排水から有害な鉱毒成分を除去することが期待できる。広瀬はこの技術に着目し、１８７６（明治９）年に沈澱銅の試作に成功している。

新設された溶鉱炉の稼動によって洋式製錬が導入されると、大幅な生産コストの圧縮と労働生産性

図表１　製錬法改良によるコスト削減

	旧式製錬	洋式製錬	削減率
木炭使用量	1,555 貫	667 貫	▲ 57.1%
焼礦装入量	3,555 貫	2,766 貫	▲ 22.2%
工夫数	30 人	12 人	▲ 60.0%
操業時間	88 時間	40 時間	▲ 54.5%

（出所）武田（1987）28 頁。

図表２　主要銅山の産銅量

（単位：トン）

年	別子銅山		足尾銅山		全国計
	産銅量	シェア	産銅量	シェア	産銅量
1868	422	26.5%	0	0.0%	1,592
1870	474	29.2%	0	0.0%	1,621
1874	491	28.1%	0	0.0%	1,748
1875	558	31.1%	0	0.0%	1,793
1876	514	31.1%	0	0.0%	1,652
1877	809	37.4%	56	2.6%	2,161
1878	1,029	44.2%	50	2.1%	2,326
1879	991	41.3%	91	3.8%	2,396
1880	1,094	42.9%	92	3.6%	2,552
1881	745	28.5%	173	6.6%	2,616
1882	1,178	34.5%	293	8.6%	3,421
1883	1,025	23.8%	654	15.2%	4,311
1884	1,036	16.8%	2,308	37.5%	6,161
1885	1,507	17.4%	4,132	47.7%	8,660
1886	1,407	17.5%	3,631	45.2%	8,042
1887	1,466	19.3%	2,992	39.4%	7,593
1888	1,589	22.3%	2,464	34.5%	7,138
1889	1,642	17.6%	4,115	44.2%	9,304
1890	1,834	15.6%	5,844	49.7%	11,754

（出所）武田（1987）31 頁を基に筆者作成。

の向上が実現した（図表1参照）。図表2は、国内主要銅山の産銅量の推移を示したものである。1884（明治17）年、足尾銅山に首位の座を明け渡すまで、別子銅山はわが国最大の生産量を誇る銅山であった。

経営理念の制定

1891（明治24）年、広瀬はこれまでの住友家法を修正し、新たに営業要旨として住友家事業の経営理念を次のように示した[15]。

> 第一条　我営業ハ信用ヲ重シ、確実ヲ旨トシ、以テ一家ノ鞏固隆盛ヲ期ス
> 第二条　我営業ハ時勢ノ変遷、理財ノ得失ヲ計リ、弛張興廃スルコトアルベシト雖モ、苟モ浮利ニ趨リ、軽進スベカラズ
> 第三条　予州別子山ノ鉱業ハ、我一家累代ノ財本ニシテ、斯業ノ消長ハ実ニ我一家ノ盛衰ニ関ス、宜シク旧来ノ事蹟ニ徴シテ将来ノ便益ヲ計リ、益盛大ナラシムヘキモノトス

第一条では信用を厳守する方針が示された。広瀬は信用は会社資産の多寡によるものではなく、経営理念と社員の人格および行動から生まれると考えたのである。

第二条は役職員の行動規範を示しており、住友の社員は浮利を追ってはならないとされた。浮利を追うことは、利己心の発露であり、それは世のため、国のためという住友の精神に反する行為なのである。社会全体の公益を高めることを事業の目的とすることで、はじめて社会からの信用が醸成される。その信用が事業発展の礎となるというのである。

第三条は、住友における別子銅山の位置づけを再確認したものである。いうまでもなく、別子銅山

は住友の経営基盤（財本）を支える中核事業であった。別子銅山なくして、住友の持続可能な発展はありえないのである。

貞剛は広瀬が掲げた経営理念に深く共感した。浮利を追わず公利公益のために事業を行うという理念は、住友に入社した貞剛が一貫して堅持した理念であった。広瀬が確立した近代住友の経営理念と、これを受け継いだ貞剛の経営構想力が、別子銅山を巡るさまざまな問題を解決する上で大きな力となったのである。

煙害問題の発生

別子銅山では、山中にある高橋製錬所で銅の製錬を行っていた。１８８９（明治22）年、新居浜に新設された惣開《そうびらき》製錬所が本格的な稼働を開始した。１８９３（明治26）年に別子鉱山鉄道が開通すると、製錬作業の中心は山中から臨海部へ移った（図表3参照）。製錬量の増加に伴い、排出される亜硫酸ガスによる煙害被害が急速に拡大し、周辺の田畑山林に大規模な被害を及ぼすようになったのである。

１８９３（明治26）年、農民が煙害を県当局に提訴したため、新居浜村役場は新居浜住友分店に原因調査を依頼した。住友分店は被害の原因を煙害ではなく虫害《ちゅうがい》であると報告し、県当局もこの報告を認めて公表したため、農民の激しい反発を買うこととなった[16]。１８９４（明治27）年、住友大阪本店では別子支配人久保盛明を更迭し、大阪本店支配人の職にあった貞剛を別子銅山支配人とする人事

図表3　別子・新居浜製錬所粗銅生産高

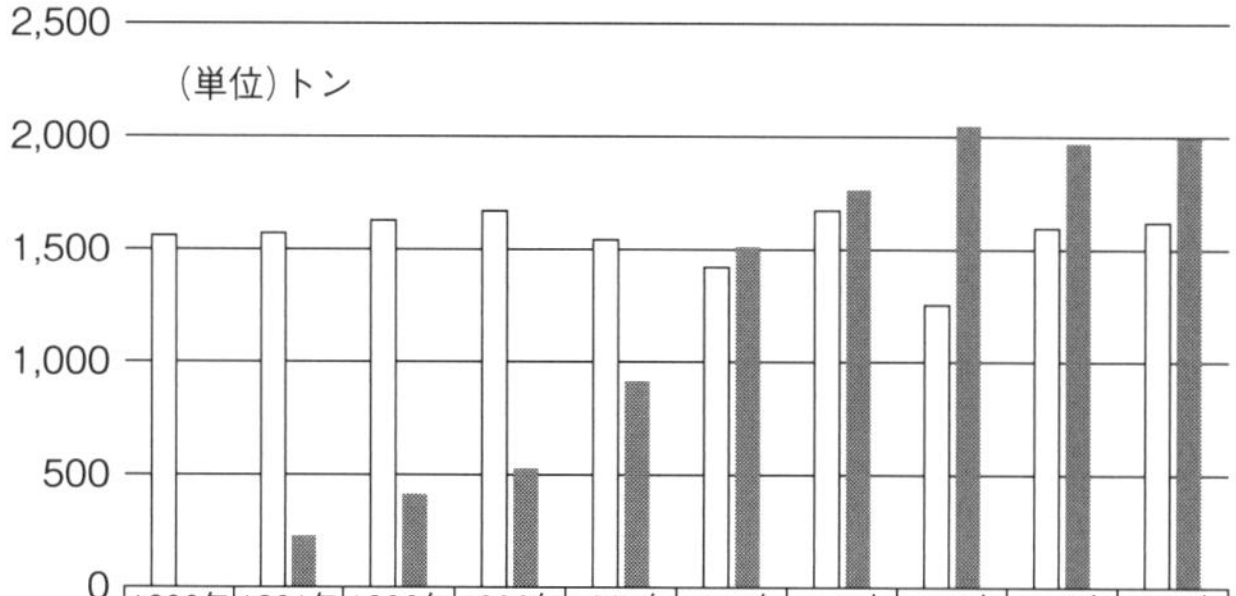

	1890年	1891年	1892年	1893年	1894年	1895年	1896年	1897年	1898年	1899年
□別子[高橋製錬所]	1,561	1,571	1,628	1,670	1,543	1,419	1,673	1,253	1,595	1,621
■新居浜[惣開製錬所]		230	415	529	916	1,514	1,767	2,049	1,972	1,993

（出所）末広（2000）73頁をもとに筆者作成。

が決定した。自ら進んで降格人事を決断した貞剛は単身で別子銅山に赴任し、煙害問題の解決に立ち向かったのである。

II　企業家活動の真髄

1　煙害の根本解決に挑む

単身別子銅山に乗り込む

別子に赴任した貞剛は、ひたすら銅山の採掘現場や製錬所に赴き、そこで働く人々に会うことを日課としていた。銅山の人々との触れ合いを通じて、貞剛は住友本社と別子銅山の間には、意識のズレがあることを感じ取った。

人は法や理で動くのではなく、情や徳で動くことを貞剛は見抜いていた。経営者が従業員を理詰めで従わせたとしても、従業員が経営者の思いに共感しているとは限らない。むしろ、人を理で追い詰めれば、情は反対方向を向いてしまう。貞剛は従業員の心に共感と信頼を植えつけることが、自分の使命であると考え、採掘現場や製錬所を巡り、そこで働く人々との対話を繰り返した。

貞剛は妻に対して、「月に三回鉱山に登り、鉱石の採掘を見て歓び、数千人の鉱夫が油汗を流して働くのを見ては気の毒に思い、銅の製錬高を聞いて歓ぶ」と語り、さらに「われながら馬鹿な仕事だと思っている。しかしながら自分は馬鹿な仕事が好きなのだ。いまは賢い人が沢山いるから、私は人の嫌う馬鹿な仕事をするのだよ。馬鹿な仕事も時には役立つこともある。世の中には馬鹿も必要なのだ[17]」と別子における自身の役割を語っている。

当時、別子銅山に勤務していた貞剛の甥は、叔母の田鶴（貞剛の母）に次のような手紙を送っている。「御伯父様は何分聖人に御座候に付、人にかゝる正しき方に見ていたゞけば、われわれ安心して仕事ができる[18]」

別子銅山が抱える難題

貞剛が解決すべき課題は、①焼鉱[19]・製錬から生じる亜硫酸ガスによる煙害の解決、②山林伐採によって破壊された自然環境の復元、③新居浜臨海部の製錬施設の移転による煙害の解決の三点であった。

洋式技術の導入によって産銅量が急増し、それ伴って焼鉱・製錬用の木材需要も急増した。別子銅

図表4　別子銅山における産銅量と燃料消費量推移

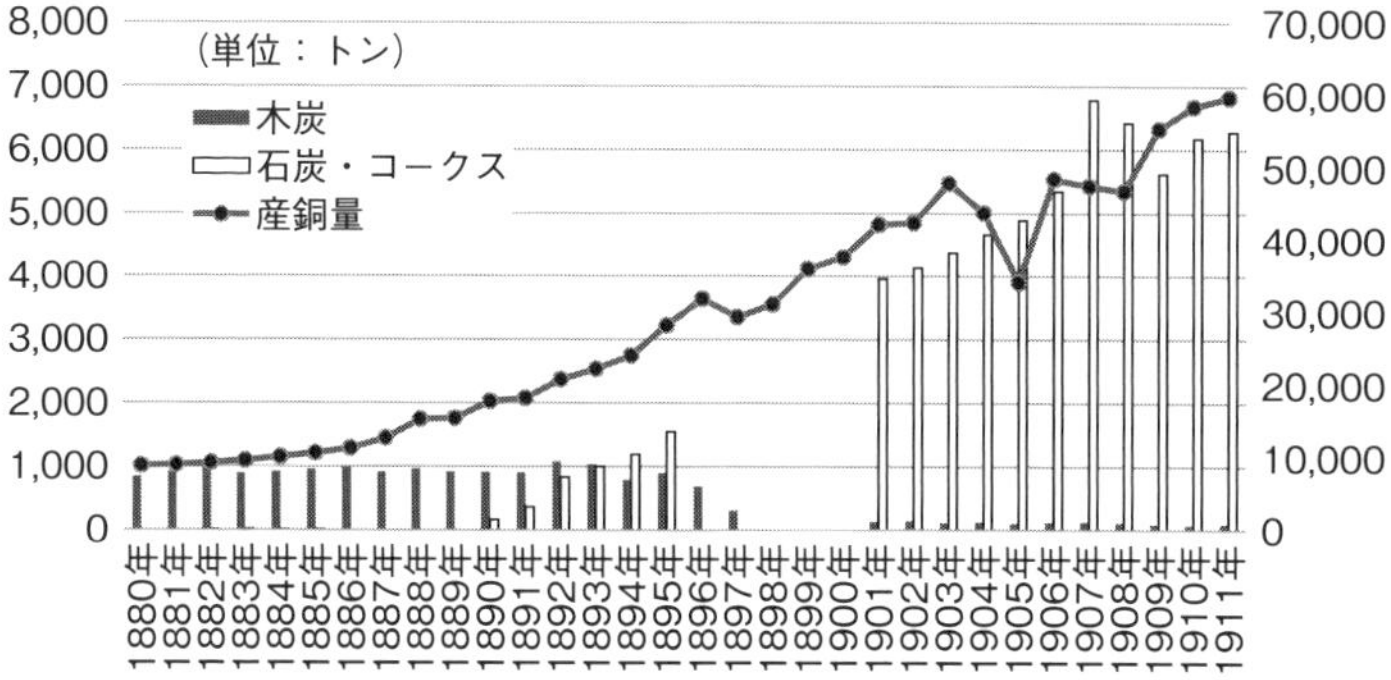

（注）木炭（1898～1900年）、石炭・コークス（1886～1890年）についてはデータなし。
（出所）末広（2000）81頁。

山では計画的な山林管理がなされておらず、薪、木炭、杭木の需要増に応じて、場当たり的な伐採が行われてきた（図表4参照）。

貞剛は次のように述べ、環境破壊を食い止め失われた自然を復元する決意を固めたのである。

「このまま別子の山を荒蕪するにまかしておくことは、天地の大道に背くのである。どうかして濫伐のあとを償い、別子全山を青々とした姿にして、之を大自然にかえさなければならない[20]」

四阪島への製錬所移転を決断

貞剛はこの状況を打開するため、惣開《そうびらき》製錬所の全面移転を決断した。その候補地は新居浜沖20kmに位置する無人島の四《し》阪島《さかじま》であった。1895（明治28）年、貞剛は四阪島を密かに自分名義で買い取り、製錬所移転の準備を進めた。

住友家総理人を退いていた広瀬は、四阪島移転計画

煙害で荒廃した別子銅山

（出所）末広（2005）34頁。

を知るや猛然と反対した。広瀬は煙害の存在を認めて被害民に対する損害賠償法を制定し、適切な損害賠償によって煙害問題を解決すべきという考えをもっていた。

一方、貞剛が目指したのは煙害の根本的な解決だった。そのためには、新居浜の惣開《そうびらき》製錬所の移転は避けて通れない。残された選択肢は、四阪島への移転しかなかったのである。

住友家当主友純《ともいと》は貞剛の方針を認め、四阪島への移転工事は１８９７（明治30）年に開始された。しかし、１８９９（明治32）年、台風による大洪水と土砂崩れで、山中の施設は壊滅的な被害を受け、多数の犠牲者を出した。森林の濫伐と煙害によって禿山となったことが、被害を拡大させたのである。

１９０５（明治38）年、四阪島は操業を開始した。貞剛は「これぞ吾精神を凝して勇断せし最後の最後の事業なり」[21]と語るほど、四阪島製錬所によせる期待は大きかった。誰もが四阪島移転によって煙害は解決へ向かうと信じていた。

しかし、その期待は完全に裏切られた。四阪島製錬所から排出された亜硫酸ガスは濃厚な帯状となって海上で拡散せず、気象状況によっては、惣開《そうびらき》製錬所よりも広い範囲で煙害を発生させたのである。

しかし、貞剛は諦めなかった。住友の事業精神を理解する人物を後継者に選んだのである。貞剛を継いで第三代総理事となった鈴木馬左也は、被害民の救済や煙害解決に向けた技術改良に積極的に取り組んだ。住友が亜硫酸ガスの中和脱硫に成功するのは、1939（昭和14）年であった。四阪島移転から実に34年の歳月が流れていた。

大規模な植林活動に取り組む

貞剛は濫伐・煙害による森林破壊を食い止めるため、大規模な植林事業を展開した。彼は林業が鉱山事業のインフラのみならず、治水などの国土保全や農水産業にとって欠かせない産業であることを理解していた。貞剛が植林事業に取り組んだ背景には、親交のあった品川弥二郎の存在があった[22]。

品川は明治政府の山林局長を務めた、林学のエキスパートである。宮内省御料局長官に就任すると、全国の御料林の整備を進めた。天竜川流域の治山治水事業で功績のあった金原明善（第4章）を御料局顧問に登用し、伊豆天城御料林での植林事業を行った。

図表5　別子銅山における植林実績

伊庭貞剛着任前		伊庭貞剛着任後	
実施年	植林本数	実施年	植林本数
1877	27,560	1897	1,217,001
1878	238,801	1898	1,353,605
1879	220,211	1899	1,450,930
1880	52,195	1900	NA
1881	123,396	1901	2,270,000
1882	20,888	1902	1,941,267
1883	64,528	1903	2,454,330
1884	35,113	1904	2,194,104
1885	23,610	1905	2,439,945
1886	80,166	1906	1,969,469
1887	77,064	1907	2,051,195
1888	82,350	1908	2,484,500
1889	41,500	1909	1,784,292
1890	41,800	1910	1,521,428
1891	26,800	1911	1,552,162
1892	61,620	総数	26,684,228
1893	32,520		
1894	117,150		
1895	275,000		
1896	406,200		
総数	2,048,472		

（出所）末広（2005）98頁をもとに筆者作成。

貞剛は品川の紹介で雇い入れた、帝国大学農科大学出身の林学士籠手田彦三[23]に計画的植林事業を託した[24]。貞剛が別子支配人に就任した当時、別子では年平均6万本の植林が行われていた。貞剛は新たに年間200万本の植林計画を策定し、実行に移したのである。

本格的な植林事業を開始した矢先に発生した別子銅山の大水害では、山林の濫伐と煙害による枯木が被害を拡大させたことが明らかだった。貞剛から別子支配人を引き継いだ鈴木馬左也（第三代総理事）は、この水害を教訓として、植林事業に注力したといわれる。

晩年、貞剛は別子での植林事業を回顧して「わしの、ほんとうの事業といってよいのは、これだ。

ほかの事業はなくともかまわぬ」と語っていた。[25] 貞剛が目指したものは、住友という私企業の枠を越えて、社会全体を利することにあったといえよう。

2　事業戦略と組織統治

事業戦略の刷新

1894（明治27）年、初代総理人の広瀬宰平が引退すると、総理事は長らく空席となっていた。この間、貞剛は実質的な総理事として住友の事業を統括した。彼が総理事に就任したのは、1900（明治33）年であった。[26] 1904年には鈴木馬左也に総理事の座を譲っており、総理事心得からの在職期間は僅か7年という短さであった。

広瀬の跡を継いだ貞剛は鉱山事業、製造業、金融業の基盤整備を行い、住友の事業戦略と組織の刷新を図った。住友の事業は別子銅山から派生的に展開したものが多く、新事業を支えたのは別子銅山から生み出される収益であった。[27]

貞剛は森林破壊を食い止めるため、別子銅山の基幹エネルギーを薪炭から石炭・コークスに変えた。石炭・コークスの自給を目指して、忠隈《ただくま》炭鉱（福岡県飯塚市）を麻生太吉[28]から買収している。忠隈炭鉱は70年間にわたり操業を続けた富鉱であった。

銅関連事業として、住友伸銅場（1897年）と住友鋳鋼場（1901年）が相次いで設立された。両社は1935（昭和10）年に合併し住友金属工業（現・日本製鉄）となった[29]。

1895（明治28）年、懸案であった銀行業への進出が決定された。住友本店は潤沢な資金を保持しており、各種事業は本店の積立金で賄われていた。第四代総理事中田錦吉は「住友家の銅山其他経営費は、総本店から借り出した無利子の金である。（中略）銀行の方から一文も貸与していないのである」[30]と述べている。

外部人材の登用とガバナンスの強化

貞剛は広瀬のようなトップダウン的経営を好まなかった。住友における意思決定は、総理事および理事で構成される役員会で行われた。

1895（明治28）年、第一回重役会議（尾道会議）が召集され、①住友銀行の創設、②本店の新築、③海外貿易の拡張、④炭鉱事業の方針、⑤神戸茶業の方針、⑥蔵目喜《ぞうめき》銅山の改革、⑦家長名・住友家信用の濫貸禁止、⑧本家年中行事の改革、⑨雇人の等級・給与改正が決議された。

改革を推進するには、見識と技量を兼ね備えた人材の登用・育成が不可欠である。貞剛は1895（明治28）年頃から、外部人材の招聘を積極的に行うようになった。貞剛が招聘した人材には、後に住友総理事を務める鈴木馬左也と中田錦吉[31]、住友本店理事として住友銀行の発展に貢献した河上謹一[32]などがいる。

日銀理事の職にあった河上を招聘する際、貞剛は河上の活動に支障が出ないように、自ら総理事心得の職を退いたほどであった。一連の人材登用と組織改革によって、住友の経営は新たな時代を迎えたのである。

Ⅲ　経営思想

1　共感の経営

「自利利他公私一如《じりりたこうしいちにょ》」を掲げた貞剛は、社会に貢献することを事業活動の一義的な目標とした。さらに、「君子財を愛す、これを取るに道有り」と説き、道義に叶った方法で獲得した利益のみを是としたのである。道義心に基づく経営とは、収益性の高い事業であっても、それが社会の役に立たないのならば、富を捨てて信義を優先するという理念に基づく経営である。

大日本報徳社の岡田良一郎（第3章）は、「経済なき道徳は寝言であり、道徳なき経済は罪である」と語った。この言葉には、事業の目的は利益の追求ではなく、社会的に意義のある事業を通じて得られた公正な富を使って公益を実践することにあるという、岡田の主張が込められている。

アダム・スミスは『道徳感情論』（1759年）および『国富論』（1776年）において、「公平な観察者」によって「共感」される経済活動こそが、公共の利益を実現すると述べた。スミスは「公平な観察者」の「共感」が得られる場合にのみ、経済活動は自由に放任されるべきであり、そうした状況において、神の見えざる手に導かれるように、公共の利益が実現されると説いた。

貞剛の経営観は、①富を追求してやまない利己心を道義心や利他心によって制御すること、②社会からの共感が経営の是非を判断する唯一の基準であるという点で岡田やスミスの思想と一致している。

貞剛は事業上の決断を下す際に、熟慮、祈念、放下、断行が必要であると述べている。「大事に臨む場合、わしは熟慮断行だけでは足らぬと思う。熟慮の末、いよいよ断行しようとする時に、わしは神にその断行の可否を取捨せられんことを祈念し、その後すべての思量を断ち、熟慮して得た考えをも捨て去って、念頭には何物も止めない機会を持つ。こうして胸中がさながら明鏡止水の如くなったとき、再び事の当否を考え、いよいよこれが最善の策であるという確信を得て、それがほんの少しも揺るがないと知ったとき、ここで始めて敢然と実行に移した[33]」

人間には利己心があり、ましてや経営者となれば利益を獲得して、組織を繁栄させることが使命である。しかし、過度な利益の追求は社会からの信頼を失い、組織の存続さえも危うくしかねない。

貞剛には「富の追求」と「社会への貢献」のどちらか一方を選ぶという発想はなかった。彼は両者を実現する方法を見出そうとしたのである。貞剛は理想のために富を犠牲にしたのでもなく、富のために理想を犠牲にしたのでもない。「自利利他公私一如」には、相反する要求を同時に実現する道を追い求める貞剛の思いが込められているといえよう。

2　経営者にとって大切な仕事とは

後継者を得ること

貞剛は「人の仕事のうちで一番大切なことは、後継者を得ることと、そうして、仕事を引き継ぐ時機を選ぶことである」と述べている。1896（明治29）年、内務省の官僚だった鈴木馬左也は、貞剛の招きに応じて住友に入社した。鈴木は住友の事業精神を受け継ぎ、貞剛から託された煙害問題の解決に取り組んだのである。

組織の倫理的価値観というものは、トップマネジメントの人格の反映にほかならない。貞剛は初代総理人広瀬宰平の経験と精神を尊重したが、決して盲従はしなかった。一方、後継者に指名した鈴木に事業の全権を委ね、自らの経験を振りかざすようなまねはしなかった。経営の第一線を退いた後も、組織への影響力を維持しようと腐心する者は数えきれないが、貞剛のように鮮やかな出処進退を決断した経営者は極めて稀な存在といえよう。

時代を超える企業家の責任

社会の困りごとを解決し、持続可能な社会の実現に貢献する。これが、時代を問わず企業に与えられた使命ではないだろうか。

図表６　伊庭貞剛の経営観

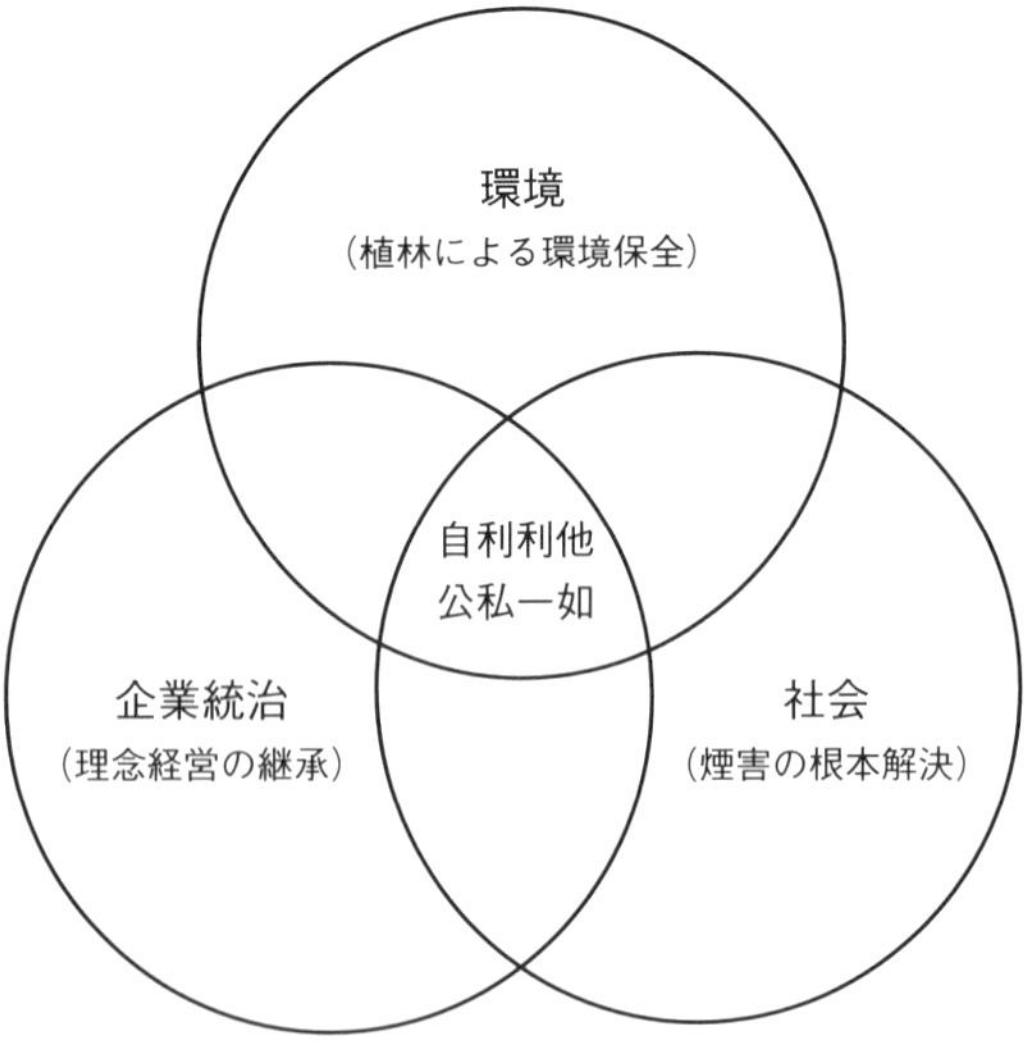

（出所）筆者作成。

貞剛が生きた時代とは比べものにならないほど、技術は進歩し社会は豊かになった。しかし、現代社会は新たな課題に直面している。資源エネルギー多消費型ビジネスの進展は、経済成長を加速させたものの、地球温暖化という深刻な課題を生み出した。

地球規模の環境問題や経済格差に起因する諸問題に対処し、社会経済システムを再構築するためには新たな価値規範が必要となった。これがＳＤＧｓなのである。ＳＤＧｓの17の目標は、企業と社会の関係性を問い直すためのベンチマークといえるだろう。

貞剛が掲げた「自利利他公私一如」には、企業と社会が一体となって「幸せ」を享受するという意味が込められている。企業活動から生じる負の側面と引き換えに、企業のみが繁栄を手に入れることを貞剛は許さなかった。

煙害問題の解決によって人々が安心して暮らせる地域社会を取り戻し、大規模な植林によって破壊された自然環境を取り戻そうとした。貞剛は人も自然も何一つ取り残さないことを、企業家の使命と位置付けて実践したのであった。ＳＤＧｓは誰一人取り残さない世界の実現を掲げているが、貞剛の経営観はＳＤＧｓの理念を先取りしていたといえよう。

3　伊庭貞剛の言葉

貞剛を理解するには、彼が残した言葉を読み解くことが欠かせない。１９０４（明治37）年、当時58歳の貞剛は、鈴木馬左也を後継者に指名して住友を去った。この年、雑誌「実業の日本」に「老成と少壮」[34]を寄稿している。そこで述べられた数々の言葉の中から、彼の経営観や行動原理を紹介しよう。

＊　＊　＊　＊　＊　＊　＊　＊　＊

「経験に重きをおきすぎないこと」

老人は経験という刃物を振り回して、少壮者を従わせようとする傾向がある。少壮者は経験から生み出される命令に盲従することが多いが、これは大変な間違いである。

＊　＊　＊　＊　＊　＊　＊　＊　＊　＊

「経験にもいろいろある」

商業上の経験でも有時の経験と平時の経験では異なる。時勢は日々進歩しており、その移り変わりは速い。10～20年前の経験を何も考えずに押し付けようとするのは大変間違っている。

＊　＊　＊　＊　＊　＊　＊　＊　＊　＊

「少壮者に必要なものは敢為《かんい》の気力」

老人は経験がある代わりに万事が保守的となる。少壮者は老人に盲従しているようでは、到底事業は出来ず、真実の経験も得られない。少壮者は何事に対しても自ら進んで挑戦するという敢為の気力が必要である。

＊　＊　＊　＊　＊　＊　＊　＊　＊　＊

「少壮者の過失はなるべく寛大に」

少壮者が老人の経験を学ぶ姿勢は大切であるが、老人の保守と少壮の進取が衝突しては如何なる事業も発達しない。両者の調和を図るのは老成者の責任である。

＊　＊　＊　＊　＊　＊　＊　＊　＊　＊

「老人は少壮者の邪魔」

老成者は少壮者を助け導いていく責任があるにもかかわらず、自らの経験を振りかざして盲従させようとする。これによって、少壮者は敢為の気力を挫かれ進路が閉ざされてしまう。事業の進歩発達に最も害するものは、青年の過失ではなくて老人の跋扈《ばっこ》である。

＊　＊　＊　＊　＊　＊　＊　＊　＊　＊

「青年への忠告」

経験に盲従してはならないが尊敬すべきものである。少壮者は鋭気に任せて成功を急いではならない。一つの目的をしっかり定めて、一代で出来なければ二代、三代をかけても実行するくらいの決心を持ち、一生懸命に人事を尽くすならば、成功は転地の理法として自然に来るものである。

【伊庭貞剛　年譜】

1847（弘化4）年　滋賀県野洲郡中主町に生まれる。
1872（明治5）年　司法少検事となる。
1873（明治6）年　函館裁判所に権少判事として赴任。
1877（明治10）年　大阪上等裁判所判事となる。
1879（明治12）年　広瀬宰平の勧めで住友に入社し大阪本店支配人となる。
1890（明治23）年　第一回衆議院議員選挙で当選。
1893（明治26）年　製錬所の亜硫酸ガスによる煙害が発生。
1894（明治27）年　別子銅山支配人となり単身で赴任。
1895（明治28）年　四阪島を自分名義で買い取る。
1897（明治30）年　総理事心得となる。四阪島製錬所の建設が始まる。

1898（明治31）年　別子銅山に山林課（住友林業の前身）を設置。
1899（明治32）年　住友本店に戻る。
1900（明治33）年　第二代総理事となる。
1904（明治37）年　総理事を辞任し活機園（滋賀県大津市）に隠棲。
1926（大正15）年　病気のため死去（享年80歳）。

第2章

鈴木馬左也

―「以徳招利」の経営―

1861～1922年

（出所）住友グループ広報委員会

【SDGsで読み解く鈴木馬左也の軌跡】

<table>
<tr><th></th><th>活動の内容</th><th>関連するSDGs目標</th></tr>
<tr><td>経済</td><td>・農工並進の推進
・事業の多角化
・別子銅山の近代化推進
・煙害対策からの事業創造（住友肥料製造所）</td><td>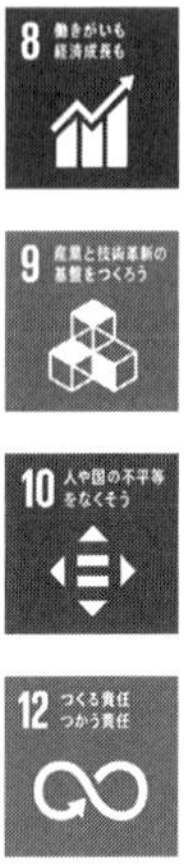
</td></tr>
<tr><td>社会</td><td>・地域社会と連携した煙害の根本解決
・地域社会と連携した農業振興の推進
・社員教育の強化
・住友私立職工養成所の設立</td><td>
</td></tr>
<tr><td>環境</td><td>・煙害の解決に向けたイノベーションの推進
・別子銅山の植林事業の継承
・山林事業の全国展開</td><td>
</td></tr>
<tr><td>共通</td><td>・事業精神の継承を目的とした後継者の指名
・合資会社への改組
・外部人材の登用</td><td>
</td></tr>
</table>

（出所）筆者作成。

【本章のポイント】

鈴木馬左也は伊庭貞剛の後継者として、住友財閥の第三代総理事を務めた。馬左也は伊庭の理念を受け継ぎ、①別子銅山煙害問題の完全なる解決、②事業精神の組織への浸透、③事業の多角化、④組織の近代化に取り組んだ。

馬左也は浮利を追わず、社会を利する事業を追求し、道義的責任を果たすことができない事業は、廃止することも厭わないという強い姿勢を示した。役職員に対しても、道義的な価値観に基づく行動を強く求めている。

煙害の原因である硫黄を原料とする化学肥料の開発に成功し、住友肥料製造所（現・住友化学）を設立した。馬左也は「環境問題の解決」と「農工業の振興（農工並進）」に取り組み、社会の信頼に応えることを目指して事業に取り組んだ。

馬左也が国土を護っていく仕事と位置づけた山林事業は、住友林業というビジネスを生み出している。

Ⅰ　評伝

1　生い立ちと青年期

四哲と讃えられた四兄弟

１８６１（文久元）年、鈴木馬左也は現在の宮崎県児湯《こゆ》郡高鍋町で生まれた。父秋月種節《たねよ》[1]は高鍋藩で家老を務めた人物である。高鍋藩は小藩ながら名君として知られる、米沢藩主上杉鷹山[2]を輩出している。

長男の弦太郎は藩校明倫堂に学び、藩侯の侍講となるほどの逸材だった。勤皇の志士として活躍していたが、幕府に捕らえられ25歳の若さで獄死した。次男の長平はキリスト教の信仰を持ち、養蚕業を中心に郷土の産業振興に尽力した。三男の左都夫[3]は司法省法学校（東京大学法学部の前身）を卒業し外交官となった。スウェーデン公使、ベルギー公使、オーストリア特命公使を歴任し、１９１９（大正８）年のパリ講和会議では全権顧問を務めた。高鍋の実家跡には、秋月家の四兄弟の業績を讃えた「四哲之碑」が残っている。

１８６９（明治２）年、９歳の馬左也は縁戚関係にあった鈴木家の嗣子となった。この年、馬左也は藩校明倫堂に入り、学制改革によって廃校となるまでの４年間、国学、漢学、英語を学んだ。

１８７３（明治６）年、藩校明倫堂が廃止されると、馬左也は兄左都夫とともに鹿児島県の医学校[4]に入学している。しかし、郷里の宮崎に県立中学校が新設されると、馬左也は医学校を退学して高鍋に戻った。

１８７５（明治８）年、宮崎県直轄宮崎学校（旧制宮崎中学）の中学部予科生として入学した。同校卒業後は宮崎県学務課に勤務していたが、１８７６（明治９）年に金沢の県立啓明学校に入学している。

当時、宮崎学校校長と県学務課長を兼務していた野村綱は、馬左也を高く評価していた。県学務課への就職も野村の斡旋によるものであった。一方、馬左也が入学した啓明学校では、野村の弟彦四郎が校長を務めていた。入学の経緯は明らかではないが、野村の勧めがあったと思われる。

啓明学校入学の翌年、西南戦争が勃発した。馬左也は啓明学校を退学したが、西南戦争の混乱で高鍋に帰郷することもままならず、司法省法学校に在学していた兄左都夫を頼って上京した。

東京帝国大学へ進学

１８８３（明治16）年、東京帝国大学予備門を修了した馬左也は、東京帝国大学に進学した。大学の同級生には早川千吉郎（三井財閥）[5]、一木喜徳郎（文部大臣・内務大臣）[6]、内田康哉（外務大臣）など錚々たる人物がいた。

１８８７（明治20）年、東京帝国大学法科大学政治学科を卒業すると、馬左也は同級生の一木喜徳郎とともに内務省に採用された。

一木は大学時代の馬左也について、「早川千吉郎君その他七八名の同窓の中で、最も尊敬された人である。君は在学中、年齢も比較的長じて居り、随って老成の風がある、自然同学中より一般に尊重され、予の如き年少者は、何となく兄に対するが如き感を懐いた」[7]と述べている。

2　内務省時代

愛媛県に赴任する

入省時の内務大臣は山県有朋であった。馬左也は、当時文書課長を務めていた白根専一[8]の知遇を得た。1888（明治21）年、白根は愛媛県知事として転出し、馬左也は白根の後を追うように愛媛県書記官を拝命し、地方行政官として歩み始めた。愛媛に赴任した馬左也は、白根の親友である陸軍少将品川氏章[9]の長女安子と結婚している。

1890（明治23）年、住友が経営する別子銅山の開坑200年祭が、新居浜で盛大に催された。当時、愛媛県庁に勤務していた馬左也も来賓として招かれた。これが住友関係者との初めての出会いであった。

同年、馬左也は大阪府に転出し参事官の職に就いた。大阪の住友本店では、改めて別子銅山開坑2

00年祭が開催された。再び来賓として招かれた馬左也は、「住友家の伊予の銅山経営は政にはあらざるも、徳を以てせらるるが故に県民は之に悦服せるなり」[10]と、自身の体験に基づく祝辞を述べた。馬左也の大阪勤務は三年に及んだが、この間、馬左也は住友家と公私にわたり関係を深めていった。

住友家と馬左也

別子銅山開坑200年祭を祝った住友家では不幸が相次いだ。静養中だった先代住友友親《ともちか》が48歳で、家長友忠《ともただ》が19歳で相次いで病死したのである。当時、初代総理人の職にあった広瀬宰平《さいへい》と本店支配人伊庭貞剛《いばていごう》は、徳大寺公純《とくだいじきんいと》[11]の六男隆麿を養嗣子として迎え入れ、徳大寺隆麿は住友家第15代家長住友友純《ともいと》となったのである。

1893（明治26）年、馬左也は岐阜県に転出した半年後、農商務省参事官兼同省特許局審判官を拝命した。農商務省在職中、馬左也は総理大臣伊藤博文から諭された言葉を深く心に刻んでいたようである。

伊藤は「凡ソ総理トナラバ何事モ思フガ儘《まま》ナルベシトハ、経験ニ乏シキ少壮血気ノ士ノ浅見ナリ。人生ノ事ハ斯《かか》ル容易ノモノニアラズ。政務ハ頗《すこぶ》ル複雑ニシテ、種々ノ関係支障アリテ、先ヅ十中自分ノ善シト確信スルモノハ其二三ニシテ、聊《いささ》カニ支障ナカラン思フモノ四五、疑ハシと思フモノ二三、反対ノモノ一二アリ。吾子年ヲ積ンデ其地位ニ達セバ吾言ノ誣《し》イザルヲ察セン」[12]と語ったという。

住友の総理事に就いた馬左也は、伊藤の語った言葉を引用して人を諭したという。

１８９４（明治27）年、初代総理人の広瀬宰平が退任した。広瀬は57年の長きにわたり住友家に尽くし、明治新政府による接収の危機から別子銅山を救った。広瀬の跡を継いだ伊庭貞剛は、「自利利他公私一如」という住友家の理念の下、別子銅山の煙害問題と真摯に向き合った。経営者としての伊庭の軌跡は、わが国ＣＳＲの先駆者と評価されている。浮利を追わず、公益と私益のバランスを常に意識した経営を実践した伊庭が、住友の未来を託す人材として白羽の矢を立てたのが馬左也その人であった。

3　住友への入社

伊庭貞剛との出会い

馬左也の赴任地であった愛媛県と大阪府は、奇しくも住友にとっても関係の深い場所であった。馬左也は別子銅山の経営を通して、住友の事業精神についての理解を深めていくとともに、広瀬宰平や伊庭貞剛と交誼を結んだ。第二代総理事の職に就いた伊庭は、住友の事業精神を理解した上で、新たな事業にチャレンジする見識と技量を兼ね備えた人材の登用・育成を積極化していった。

伊庭は馬左也との交流を深める中で、住友の経営理念を理解し、多角化する事業のマネジメントと、その持続的成長を牽引する担い手として、馬左也に対する信頼を深めていった。伊庭からの招きに応じて、馬左也が大阪本店副支配人として住友に入社したのは、1896（明治29）年である。この時、馬左也は36歳であった。

「自利利他公私一如」の事業精神

馬左也が住友への入社を決意したのは、「自利利他公私一如」の理念に基づく社会への奉仕と、道義に基づく経営観に共感したからである。一方、官界に蔓延る派閥主義と情実主義に対する反発も少なからず影響したようである。

馬左也は「若し官吏であったならば、山縣公の配下に在るべきであった。山縣公は至誠ただ一意君国に尽す人と思った。しかるに近来（山縣）公に対して失望を感ずることも少なくない。自分がもしあの時、住友に入らずして、依然官吏であったならば、多分今は日向（宮崎）の片田舎で百姓をして余生を送っていたかもしれない。あの時住友に入った故に、自分は幸に自己を枉《ま》げることなくやってこられた[13]」と述べている。

伊庭貞剛

（出所）住友グループ広報委員会

馬左也は伊庭に対して、「以徳招利（徳を以って利を得る）」の精神を堅持してもよいのであれば、住友に入社するという意思を伝えた。馬左也の精神は、公利公益の追求目指した住友の事業精神そのものであった。

馬左也に白羽の矢を立てた伊庭は、かつて裁判官であった。官吏の世界の情実主義や公平さを欠く人事政策に嫌気がさして裁判官を辞した伊庭は、伯父である初代総理人の広瀬宰平から住友への入社を強く勧められた経験を持っていた。

伊庭が住友への入社を決断したのは、公利公益を基軸とした住友の経営理念に共感したからに他ならない。官を辞し、住友への入社を決断した伊庭と馬左也には、共通点が多いといえよう。伊庭は馬左也に、全幅の信頼を置き後事を託した。馬左也も伊庭の期待に応えて、別子銅山の煙害問題の解決はもとより、住友の事業精神を高揚させつつ事業の近代化をリードしていったのである。

4　別子銅山へ赴任

煙害の発生

1896（明治29）年、住友に入社した馬左也は第一次欧米視察の旅に出た。この年、住友家は組織改革を実施した。総理事は空席であったが、伊庭が事実上の総理事として組織を束ねていた。[14]広瀬が押し進めた近代化によって、別子銅山の産銅量は著しい伸びをみせた。新居浜に建設された洋式の惣開《そうびらき》製錬所[15]は、1888（明治21）年から本格的に稼動した。

1893（明治26）年に別子鉱山鉄道[16]が新居浜まで開通すると、輸送能力が飛躍的に向上し製錬量

惣開《そうびらき》製錬所

（出所）新居浜市広瀬歴史記念館編（2007）

も大幅に増加した。惣開製錬所と鉄道の完成によって、製錬作業の中心は別子山中から新居浜の臨海部へ移転している。

製錬量の急速な増加は、一方で煙害を発生させた。銅の製錬工程から大量の亜硫酸ガスが発生し、これが地域の農作物に甚大な被害を与えたのである。別子銅山の煙害は、足尾銅山の鉱毒水とならんで、わが国がはじめて経験する本格的な産業公害となった。

別子銅山支配人となる

1894（明治27）年、煙害問題に対処するため、住友家では本店支配人の伊庭貞剛を別子銅山支配人とする異例の人事が決定した。伊庭は単身で別子鉱業所に赴任し、別子銅山を巡る諸課題の解決に立ち向かった。

当時は排煙脱硫技術が完成されておらず、亜硫酸ガスを除去することは困難であった。そのため伊庭は、新居浜沖20㎞に位置する無人島の四阪島を買い取り、同地に製錬所を移転することを決めた。

事態が緊迫する中、1898（明治31）年に馬左也は予定を切り上げで帰国し、理事兼本店副支配人に就任した。翌年、伊庭の後任として別子銅山支配人を兼務することになり、1902（明治35）年までの約三年間を新居浜で過ごすこととなった。

5　総理事への就任

伊庭貞剛の引退

1904（明治37）年、理事本店支配人を務めていた馬左也は、伊庭の引退を受けて総理時に就任した。この時、伊庭は58歳、馬左也は44歳であった。

伊庭は引退後に雑誌『実業の日本』に寄稿した「少壮と老成」の一文の中で、「老成者は少壮者を助け導いていく責任があるにもかかわらず、自らの経験を振りかざして盲従させようとする。これによって、少壮者は敢為の気力を挫かれ進路が閉ざされてしまう。事業の進歩発達に最も害するものは、青年の過失ではなくて老人の跋扈である[17]」と述べ、若い馬左也に住友の舵取りを委ねた。

馬左也が掲げた長期ビジョン

総理時として取り組んだ主な課題は、①煙害問題の根本的な解決、②理念経営の深化、③事業の多

歴代総理事の変遷

	在任期間		在任年数	歴代総理時
初代	1877（明治10）年	就任	17年	広瀬宰平
	1894（明治27）年	退任		
空白期間	1894（明治27）年	—	（6年間）	（伊庭貞剛）
	1900（明治33）年			
第二代	1900（明治33）年	就任	4年	伊庭貞剛
	1904（明治37）年	退任		
第三代	1904（明治37）年	就任	18年	鈴木馬左也
	1922（大正11）年	退任		
第四代	1922（大正11）年	就任	3年	中田錦吉
	1925（大正14）年	退任		
第五代	1925（大正14）年	就任	5年	湯川寛吉
	1930（昭和5）年	退任		
第六代	1930（昭和5）年	就任	11年	小倉正恆
	1941（昭和16）年	退任		
第七代	1941（昭和16）年	就任	5年	古田俊之助
	1946（昭和21）年	退任		

（出所）筆者作成

角化、④組織の近代化の四点である。

伊庭の英断による四阪島移転によって、煙害問題の根本解決を誰もが期待した。しかし、皮肉にも四阪島移転は、煙害を拡大させる結果を招来したのである。

馬左也が最も心を痛めたのは、地域住民に被害を与えることであった。地域住民の犠牲の上に利益を得ることは、自利利他公私一如を標榜する住友の事業精神にもとることとなるからであった。

馬左也は煙害の根本的な解決のためには、あらゆる犠牲を厭わないという方針を掲げた。被害住民とは製錬量の制限、被害が発生しやすい夏季の操業制限、損害賠償金の支払を主な内容とする協定案を締結し、紛争は落ち着きをみせた。

１９３９（昭和14）年、四阪島製錬所に中和工場（ペテルゼン式硫酸工場[18]）が完成した。１８９３年９月に発生した煙害問題は、46年の時を経て漸く完全なる解決に至ったのである。馬左也は既にこの世に無く、六代目総理事小倉正恆《まさつね》の時代となっていた。

6　理念経営の深化

総理事に就任した馬左也は、「住友の事業に従事するものは、条理を正し、徳義を重んじ、世の人の信頼を受くるにあり。営利の事業と雖《いえど》も、必ず条理と徳義の経緯においてすべきなり。住友の事業に於て、苟《いやしく》もこの徳義の範囲において経営不可能なりとするものあらば、この事業は廃止することも吝《やぶさ》かではない」[19]と述べた。もはや住友は単なる私会社ではなく、国家の一機関（社会の公器）として責務を果すことを事業精神の根幹に位置づけたのである。

住友家の歴史は、17世紀に京都で薬舗を営んだ住友政友（１５８５～１６５２年）から始まる。政友が残した「文殊院旨意書《もんじゅいんしいがき》」に記されていた住友の事業精神は、商売とは金儲けのみが目的ではなく、事業に携わる人の人格を磨き、道義心に基づく商売を実践するというものであった。この教えを住友家の事業精神として確立したのが、初代総理人の広瀬であった。この事業精神は、伊庭から馬左也に受け継がれ、さらに深化していったのである。

7　事業の多角化と組織の近代化

住友は亜硫酸ガスから肥料を生産する技術革新に成功した。馬左也は完成した肥料を農家に無償で提供している。1931（大正2）年、住友肥料製造所（住友化学の前身）が設立され、化学工業への進出を果した。この年は、大阪湾の築港事業拡大と臨海工業地帯の開発を目的とする大阪北港株式会社（住友商事の前身）も設立されている。

住友家では創業以来、技術を重視する家風が強く、近代的な鉱山技術をいち早く導入した別子銅山では大きな成果を挙げた。こうした家風を受け継いだ馬左也は、海外の最新技術の導入に積極的な姿勢を示した。近代技術を核とした生産性の向上と事業の多角化が、馬左也時代の特長だったといえよう。

1921（大正10）年、馬左也は、個人形態の住友総本店を法人化し、住友合資会社に改組した。三菱財閥では、1893（明治26）年に三菱合資会社（資本金500万円）を設立して、岩崎家の家産と事業が分離され、三井財閥でも、1909（明治42）年に持株会社三井合名会社（資本金500

0万円）が設立され、事業と家政の統括組織が分離されている。

事業の多角化と業容の拡大によって、住友総本店では組織の再構築が必要となり、住友合資会社が資本金1億5000万円で設立された。経営権を持つ無限社員には、住友友純《ともいと》、住友忠輝、鈴木馬左也（総理事）、中田錦吉（理事）、湯川寛吉（同）の5名が就いた。一方、友純の3人の子どもは、発言権のない有限責任社員となった[20]。

住友合資会社は住友家出身ではない理事3名が過半数を占める、先進的なガバナンス構造を有していた。こうしたリベラルな組織体制が実現できた背景には、馬左也に対する家長友純《ともいと》の信頼があったといえよう。

8　林業は住友を守る城郭である

1922（大正11）年、住友銀行の支店に向かう車中、馬左也は脳溢血を発症して左半身が不随となった。馬左也が神戸御影の自宅に戻ったのは4ヵ月後のことであった。同年11月、病躯をおして林業課事業所主管会議に出席したが、ここでの訓示が最後となった。山林事業に最後まで情熱を注いだ馬左也は次のように語っている。

「林業を盛大ならしめ他事業が万一衰退した場合、之を以て最後まで踏み留まるべき城郭たらしむべし[21]」

病に倒れた馬左也は総理事から身を引く決意を固めた。住友での実働期間は26年に及んだが、そのうち18年の長きにわたり総理事として経営責任を担ってきた。伊庭が住友の将来を託した馬左也は、その期待に見事に応えたといえよう。

Ⅱ　企業家活動の真髄

1　煙害の根本解決に挑む

四坂島製錬所の誤算

製錬所の排煙から亜硫酸ガスを除去する技術が確立していなかった当時、煙害問題に対処するには、農地からできるだけ離れた場所に製錬所を移転するしか方法はなかった。専門的な知見に基づいて、伊庭は四阪島に製錬所を移転することを決断したのだった。

1899（明治32）年、伊庭の後任として別子銅山支配人に就任した馬左也は、四阪島製錬所の建設を急いだ。しかし、移転工事が完成したのは、1905（明治38）年であった。この間、1902（明治35）年に馬左也は本店支配人を命ぜられ帰阪している。

四阪島製錬所

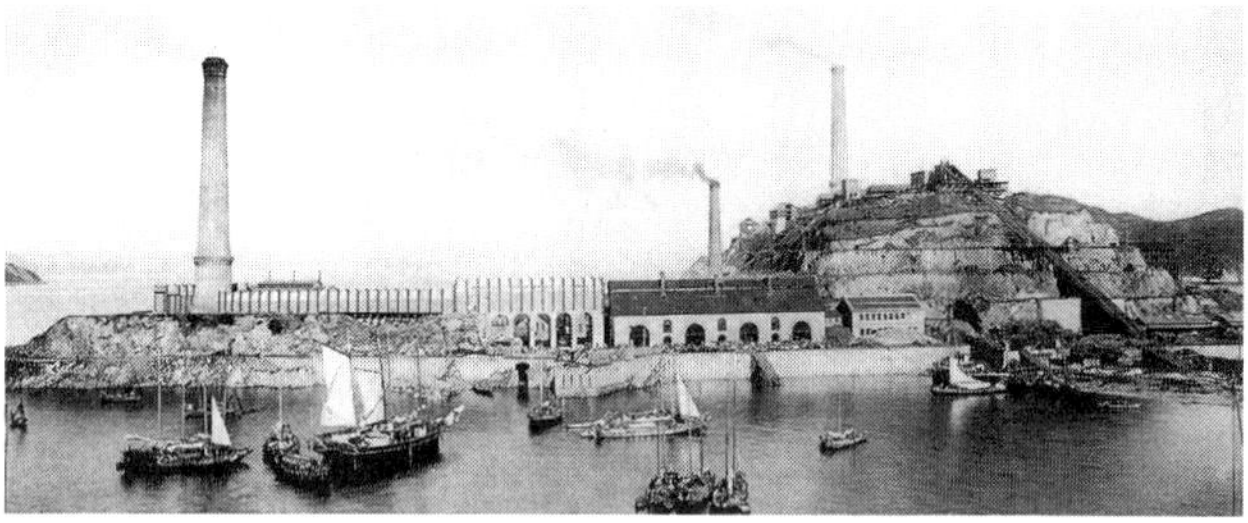

（出所）新居浜市広瀬歴史記念館編（2007）、18頁

四阪島での試験操業が始まると、対岸の村から煙害発生の報告が入った。本格操業に入ると、さらに煙害を訴える声が高まったのである。当初、農作物被害の原因は煙害ではなく虫害によるものであるとして、住友は農民らの訴えを退けてきた。しかし、住友から調査を依頼された東京帝国大学は、四阪島製錬所から排出される亜硫酸ガスが煙害の原因であると結論づけた。

1909（明治42）年、被害農民は煙害救済に関する請願書を帝国議会に提出し、足尾銅山、小阪銅山、日立鉱山などの鉱毒問題とともに、別子銅山の煙害問題は政治問題化したのであった。

賠償交渉のゆくえ

1909（明治42）年、馬左也は煙害問題の解決を図るべく、被害農民の代表と交渉を行った。馬左也は個人の損失補填ではなく、煙害に強い作物の開発等に賠償金を使用することを提案した。しかし、住友が算定した被害額が過小であったため、交渉は決裂してしまった。

1910（明治43）年、煙害問題は再び政治問題化した。この

煙害の実態

（出所）新居浜市広瀬歴史記念館編（2007）、18頁

年、農商務省において第一回煙害賠償契約協議会が開催され、「四阪島製錬所煙害事件賠償契約書」が締結された[22]。

1939（昭和14）年に亜硫酸ガスを完全に除去する技術が確立されるまで、煙害賠償契約の更改は11回に及んだ。巨額の賠償金のみならず、生産量も制限されていたため、住友にとっては大きな痛手となった。

馬左也が提案した賠償方法によって、賠償金はすべて愛媛県が管理し、農林業の改良費に充当することとなった。県当局の指導と農民の努力によって、耐煙性の高い米と麦が作付けされ、山林には亜硫酸ガスに耐性を持つ苗木が植えつけられ、顕著な効果を挙げた[23]。

個人への賠償を拒否した背景には、馬左也が掲げた農工並進という理念があった。馬左也は地域社会と企業が連携して、win-win の関係を築くこと目指したのである。

煙害対策から生まれた化学肥料の生産は、農工並進を実現した取り組みの一例である。製錬所の技術者から、煙害対策の一環として硫酸及び化学肥料（過燐酸石灰）の生産が提案された。欧米での調査結果を踏まえ、馬左也は化学肥料の生産を決断した。

１９１３（大正２）年、住友総本店に肥料製造所（住友化学の前身）が設置された。住友にとって、これが化学工業の分野に進出する第一歩となったのである。一方、生産された化学肥料は、農家に無償で提供されたのであった。

ＳＤＧｓ（持続可能な開発目標）やＣＳＶ（共通価値の創造）の登場によって、現代企業はビジネスを通じて、社会の困りごとに対するソリューションを提供することが求められている。煙害の解決プロセスから、新たなオポチュニティを生み出すことに成功した馬左也の取り組みは、ＳＤＧｓやＣＳＶを先取りしていたといえよう。

２　理念経営の継承

事業精神の継承

伊庭が馬左也を後任に指名した最大の理由は、住友の事業精神を継承し、社会に対する責任を全うし得る人物と見込んだからである。

初代総理人の広瀬は、住友家法を修正した新たな経営理念を制定し、信用の大切さを説いた。利益という有形資産は、信用という無形資産から生み出されることを忘れてはならないという教えが、住友の事業精神を貫いている。

浮利を追うことは、利己心の発露であり、それは世のため、国のためという住友の精神に反する。事業とは社会全体の公益を高めることを目的として、はじめて社会からの信用が生まれる。信用こそが事業発展の礎となるのである。

広瀬を継いだ伊庭は「自利利他公私一如」を経営理念として掲げ、煙害対策や事業と組織の近代化を進めていった。馬左也は、広瀬と伊庭が築いた住友の理念をさらに深化させていった。主管者会議（1915年）では、「進歩改易はやらなければならないが、其大原則にいたっては先ず千古不磨と思います[24]」と述べ、経営理念の堅持を強調している。

馬左也は家法の改訂を行った。1913（大正2）年、甲（一般規程）と乙（店部規程）の二部で構成される「住友家法及諸規則類纂」が制定された。しかし、馬左也が最も力を入れたのは、人材の登用と育成であった。

いかに高邁な精神が込められた家法を制定しても、それを理解し実践するのは人間である。徳義と道義を兼ね備えた人間を育成することが、住友の事業精神の具現化に通じると考えたのである。

山林事業を住友の城郭とする

住友の事業精神の発露として忘れてはならないのが山林事業であろう。広瀬は「百年の謀は徳を積

現在の別子銅山

（出所）住友グループ広報委員会

むにあり、十年の謀は樹を植えるにあり」という先哲の教えに従って、植林を始めた。[25] 伊庭は別子の山々に緑を復活させるため、大規模な植林事業を展開した。

馬左也は、広瀬、伊庭の植林事業を発展させ、1921（大正10）年、住友合資が発足すると、旧林業課を林業所に改組し本社直轄事業とした。

馬左也時代、住友の山林事業は北海道、九州、朝鮮半島へ拡大している。林業課事業所主席者会議（1920（大正9）年）で、馬左也は次のような訓示を行っている。

「鉱山は色々な害を惹起する原因になっているから、この償いをしなければならない。即ち鉱山は国土を損する仕事故、国土を護って行く仕事をする必要がある。言い換えれば罪滅ぼしのため、又総て物事は差引勘定なる故、国土を損する一方には国土の保安をやる必要あり。それには山林事業が最も適当で、且つ山林は人々に嫌われ、又世の中に紛議を起すような事なく、土地を保護し治水上亦大なる利益ありと思う」[26]

さらに馬左也は他の事業が万一衰退しても、山林事業を住友の城郭として最後まで踏みとどまりたいとも述べているが、この言葉から山林事業に込めた馬左也の強い思いを感じ取ることができよう。

III　経営思想

1　事業は人なり

住友の人間は条理を正し、徳義を重んじ、世の人の信頼を受けねばならない。これが馬左也の信念であった。彼が力を入れたのは、住友の事業精神を継承していく人材を育てることであった。

伊庭は「人の仕事のうちで一番大切なことは、後継者を得ることと、仕事を引き継ぐ時機を選ぶことである」[27]と述べた。広瀬は伊庭を、伊庭は馬左也を、馬左也は中田錦吉[28]と小倉正恆[29]をそれぞれ外部から招聘し住友の将来を託した。

馬左也が求めた人物像は「正直」、「勤勉」、「学芸」、「健康」という四つの資質を兼ね備えた人材であった。学芸（能力）がずば抜けていても、他の要素が欠けていては社員として用いるには物足りないというのである。

彼は採用試験に立会い、一人の学生に対して三時間も面接することがあったという。採用面接の時期は重役が大挙して上京するため、大阪本店では決済業務が滞ることもあったが、「たとえ一週間留守にしたために事務に差し支えたり損失を受けたりすることがあっても構わない、それは一時の損失に過ぎない、然しもし一人でも天下の人材を取り逃がすようなことがあれば、その損失は永久であり測り知ることができない[30]」と述べたという。

馬左也は社員教育にも力を注いだ。若手社員向けに寧静寮《ねいせい》と時及寮《じきゅう》を設置し、たびたび寮を訪れた。若手社員に対して「住友の方針は決して学歴のみに偏倚《へんい》することなく、人材の登用は最公平である[31]」と語り励ました。

貧困救済を目的とした社会事業の一環として、1915（大正4）年に財団法人住友私立職工養成所[32]が設立された。馬左也は詰め込み教育では実社会で役立つ人材が育たないと感じていた。そこで、貧困者の子弟に職業教育を施すことが、最善の策であると考えたのである。学校教育に強い不満を抱いていた馬左也は、あえて学校という名称を避けて養成所としたのである。

2　報徳思想への共鳴

馬左也と報徳思想との出会いは、花田仲之助[33]との出会いから始まる。内務省時代の馬左也は早川千吉郎や平沼騏一郎らとともに、たびたび鎌倉円覚寺にて参禅をしていた。当時陸軍軍人であった花田とは参禅を通じて交流が始まった。

陸軍を退職した花田は、1901（明治34）年に報徳会を設立し、「知恩報徳・感恩報謝」を理念とする実践教化運動を展開した。花田の思想に共鳴した馬左也は、報徳会活動に協力を惜しまなかった。１９１２（大正元）年、別子銅山では報徳思想に基づく精神修養の場として「自彊舎《じきょうしゃ》」[34]を設置し、住友内部にも報徳会を設けて活動を推進した。

友人の早川千吉郎と一木喜徳郎らが設立した中央報徳会にも参加した。馬左也は中央報徳会の監事として運営に関与していた。馬左也の亡き後も、住友と中央報徳会の緊密な関係は途絶えることはなかった。

3　鈴木馬左也の言葉

馬左也の人生観や経営観の本質に迫るには、彼が発した言葉を読み解くことが欠かせない。さまざまな文献に記された馬左也の言葉の中から、彼の経営観や行動原理を端的に示している言葉を紹介しよう。

＊　＊　＊　＊　＊　＊　＊　＊　＊

自分は正義公道を踏んで、皆と国家百年の仕事をなす考えである。[35]

＊　＊　＊　＊　＊　＊　＊　＊　＊

我々が住友家に為にする努力は、やがて国家の為にする努力であり、又同時に世界文化の発達に対する貢献であると信ずるのでありまして、此公明正大なる精神を以て日々の事務に従事して行ってこそ、我々の仕事に張合があり其仕事に生命があるのであります。然るに只管《ひたすら》眼前の利害をのみ視て居る様では、動《やや》もすれば其方向を誤り社会に著しく面目を失墜してしまう様なことになるのであります。[36]

＊　＊　＊　＊　＊　＊　＊　＊　＊　＊

自分は今度欧米を廻ってみて、住友は商売をやってはいけないという信念を固めた。[37]三井・三菱には商いにかけては達人が幾らも居る。駆け出しの住友は到底追いつけるものではない。[38]

＊　＊　＊　＊　＊　＊　＊　＊　＊　＊

朝鮮・北海道其他で専ら造林を企てて居るが、是等の仕事の実績を見るのは今後五十年、六十年の後である。自分が生を長らえ住友に職を奉ずるのは長くとも十年であろうと思うが、自分の在職中は勿論、存命中にはとてもこの実績を見ることが出来ない。（略）自分の在職中存命中に成績の現れるものには熱心であったが、然らざるものには冷淡であったとなると、これは鈴木と云う人間の価値に関する問題である。[39]

＊　＊　＊　＊　＊　＊　＊　＊　＊　＊

総ての事、愛が基である。愛とは仏教の慈悲である。住友の諸事業の中には成績の思わしからぬものがあっても、之を愛し慈しまねばならぬ。何事にも景気不景気はあるものであるから、一時の不況の時のみを見て、我が住友が其事業を始めたる由来因縁、並に今日迄の経過を明らかにして深く其利害得失を極めず、直ちに其廃止を論じ、又は其計画の無謀を鳴らす如きは、思わざるの甚だしきものである。彼の林業の如き、北港[40]の如き、病院[41]の如き、今後、広大無辺の慈悲心を以て之を育て上ぐるを要するものなるに、目前の有様のみを見て、ガヤガヤと騒ぎ廻るならば遂に其生命を断つに至るのである。[42]

＊　＊　＊　＊　＊　＊　＊　＊　＊　＊

人を用いるの要は、正直を第一とし、二は勤勉、三は学芸、四は健康であって、いかに学芸優秀でも、行ないが正直でなければ用い難く、正直でも勤勉でなければ事を成し難く、正直・勤勉・学芸優秀でも、身体強健でなければ負荷に耐えない、およそこの四つが具備して、始めて用いるに足る。[43]

【鈴木馬左也　年譜】

１８６１（文久元）年　宮崎県高鍋に生まれる。
１８６９（明治２）年　鈴木家の養子となる。
１８７６（明治９）年　宮崎中学を卒業し金沢の啓明学校に入学。
１８８７（明治20）年　東京帝国大学法科大学を卒業し内務省に入る。
１８８９（明治22）年　愛媛県書記官として赴任。
１８９０（明治23）年　別子開坑２００年祭に参加。大阪府書記官として赴任。
１８９６（明治29）年　住友に入社し大阪本店副支配人となる。
１９０４（明治37）年　第三代総理事となる。
１９０５（明治38）年　四阪島製錬所が本格操業を開始。
１９０９（明治42）年　被害農民との協議会の席上、煙害の根本解決を宣言。

1911（明治44）年　住友電線製造所（現・住友電工）を設立。
1912（明治45）年　住友伸銅所（現・日本製鉄）を設立。
1913（大正２）年　住友肥料製造所（現・住友化学）を設立。
1921（大正10）年　個人商店の住友総本店を住友合資会社に改組。
1922（大正11）年　病気のため死去（享年62歳）。

第 II 部

経済と道徳の融合

第3章

岡田良一郎

―経済と道徳の両立を目指して―

1839～1915年

（出所）島田掛川信用金庫

【SDGsで読み解く岡田良一郎の軌跡】

	活動の内容	関連するSDGs目標
経済	・大日本報徳社による勧業推進 ・遠州二俣紡績会社の設立 ・資産金貸附所の設立 ・企業家人材の育成	8 働きがいも経済成長も 9 産業と技術革新の基盤をつくろう 10 人や国の不平等をなくそう 12 つくる責任つかう責任
社会	・冀北学舎の設立 ・掛川農学社の設立 ・静岡県立掛川中学の初代校長	1 貧困をなくそう 4 質の高い教育をみんなに 11 住み続けられるまちづくりを 16 平和と公正をすべての人に
共通	・西欧啓蒙思想の受容 ・中村正直との連携 ・英学教育の導入 ・国会議員や行政官としての活動	17 パートナーシップで目標を達成しよう

（出所）筆者作成。

【本章のポイント】

岡田良一郎は、報徳思想を生み出した二宮尊徳の弟子の一人である。良一郎は経済合理性の追求が社会的責任や企業倫理の実践に通じるという財本徳末主義を提唱した。財本徳末主義は社会価値と経済価値の向上を、高次元で実現させようとする実践的経営モデルであった。

良一郎の経済思想は、社会的公正さと経済効率のバランスがとれた社会の構築を目指す、ＳＤＧｓ（持続可能な開発目標）の理念と共通する要素が多い。

自ら金融機関や紡績会社を経営する傍ら、私塾を開講して原書による西洋史や経済学の教育を行った。「至誠」「労働」「分度」「推譲」という報徳思想の理念を基本としつつも、グローバルな視野を持つ、次世代リーダーを育成することを目指していた。

本書で取り上げた豊田佐吉（トヨタグループ）、大原孫三郎（倉敷紡績・クラレ）、波多野鶴吉（グンゼ）など、報徳思想に共感する企業家の共通点は、企業家としての社会的使命を自覚し、人々の「幸せ」を量産する経営を実践したことである。

Ⅰ　評伝

1　生い立ち

二宮尊徳のもとで学ぶ

1839（天保10）年、岡田良一郎は豪農であった岡田佐平治[1]の長男として、現在の静岡県掛川市倉真《くらみ》で生まれた。佐平治は二宮尊徳の教えを安居院《あぐい》庄七《しょうしち》[2]から学び、荒廃した村々で報徳仕法を実践し、荒地開墾、負債整理、窮民救済に尽くした人物である。幼い良一郎は、父から徹底した早期教育を施されたという。

1875（明治8）年、佐平治は大日本報徳社の前身である遠江国報徳社を設立し、初代社長に就任した。1877（明治10）年、報徳社の活動が評価され明治天皇に謁見を許されたが、翌年67歳で没した。

佐平治は後継者である良一郎にも、報徳活動を継承させようと考えていた。そこで、1854（安政元）年、栃木県の日光で活動していた二宮尊徳のもとへ良一郎を送り込んだ。入門当時16歳だった良一郎は、尊徳から「遠州の小僧」[3]と呼ばれ可愛がられたという。

実学を重視した尊徳は、知識の習得のみに走ることを厳しく禁じたため、良一郎は破綻した農村の経済復興に取り組んだ。一方、尊徳が執筆した仕法書を筆写し、仕法の理論的体系を習得していった。1856（安政3）年に尊徳は亡くなったが、良一郎は1859年まで日光にとどまり報徳仕法の習得に励んだ。

二宮尊徳

（出所）報徳博物館

大日本報徳社正門・大議堂

（出所）筆者撮影

大講堂内部

（出所）大日本報徳社

鈴木藤三郎

（出所）静岡県森町教育委員会

遠江国報徳社社長を継ぐ

１８７６（明治９）年、良一郎は病気の父佐平治に代わって、遠江国報徳社第二代社長に就任し、尊徳の教えを社会経済の変化に応じて具現化すべく取り組んだ。報徳活動がとかく倹約貯蓄運動と受け取られることに対し、良一郎は「当時わが国は先進諸外国に比し、国民総貧乏の状態にあることを慨嘆し、もし毎戸１万円の分度[4]外の財を所有するようになったならば、必ず外国を凌駕し、世界の一等国に仲間入りができる」[5]と、倹約貯蓄の意義を説いた。

さらに、わが国製糖事業の嚆矢《こうし》であり、報徳企業家としても著名な鈴木藤三郎[6]を高く評価した。鈴木は短期的な利益の追求に走ることなく、公益の増大を目指した経営を実践し、豊田佐吉（トヨタグループ創業者）とともに、特許王と呼ばれた企業家である。

昨今問題となっている企業の不祥事を振り返ると、企業の利益を優先するあまり、顧客や社会を欺くケースが少なくない。こうした行為は良一郎が指摘した「奪ノ損アル」に該当する行為であろう。良一郎は企業の使命は社会に貢献することであり、そうした事業を通じて、企業は利益を獲得することができると説いた。

Ⅱ　企業家活動の神髄

1　ソーシャルビジネスの展開

冀《き》北《ほく》学舎の創設

教育活動は良一郎の活動の中でも重要な位置を占めている。その中核を担ったのが冀《き》北《ほく》学舎である。冀北学舎は、1877（明治10）年、良一郎が静岡県掛川市に創設した私塾である。冀北とは中国の名馬の産地であり、優れた人材を育成しようという彼の思いが込められている。

塾則第一条には、報徳思想の涵養と西欧の知見を学ぶことが明記されていた。[7]

一　当社ノ学則ハ修身経済ヲ以テ専門トス。而シテ二者二宮尊徳先生ノ教ヲ宗トシ、内外百家ノ書ヲ以テ羽翼トス。

一　先生ノ教ユル所号シテ報徳学ト云、徳ヲ以テ徳ニ報ユルノ義ニ取ルナリ。其教旨大綱三曰、立徳・開智・致富是也。

良一郎は立徳・開智・致富という基本理念を掲げ、国内外の書籍の渉猟を通じて知識を身につけ、明治維新後の社会経済の変化に、プロアクティブに適応できる人材の涵養を試みたのであった。最盛期には200名ほどの生徒が在籍していたという。

冀北学舎

（出所）大日本報徳社

冀北学舎では報徳学や漢学のほか、海外から取り寄せた原書を使って、欧米の歴史、経済学、近代思想に関する講義を行っていた。[8]

漢学初級：日本外史、十八史略、国史篇論
漢学上級：八家文、史記評林、綱鑑易知録、資治通鑑等の評釈、作詩作文等
英　　学：スペリング、ウイルキンソンリーダー、パーレー万国史、カッケンボス米国史、グードリッチ英国史、ウエーランド経済学
報 徳 学：報徳記、報徳論、報徳齊家論、報徳安民論、報徳伝道論、報徳富国論、活法経済論、報徳外書、無息軒翁一代記

英学重視の教育

冀北学舎は全寮制で、報徳思想を教育の根本としながら、特に英学を重視した教育を行った。英学重視の背景には、静岡学問所や沼津兵学校の教授陣がもたらした、啓蒙思想の影響があったとみられる。

１８８５（明治18）年に実施された海軍兵学校の入学試験では、静岡県から13名の学生が受験した。英語重視の厳しい試験に合格したのは僅か2名に過ぎなかったが、両名とも冀北学舎の出身者であった。冀北学舎では、英語の原書を使った教育が行われていたが、海軍兵学校の入学試験での快挙は、こうした教育が功を奏した結果だったのである。

報徳思想に固執することなく、西欧諸国と日本の差を客観的に認識していた良一郎の柔軟な発想が、冀北学舎の英学教育に表れているといえよう。良一郎は教育を通じて、「今まく木の実は後の大樹である」という、尊徳の教えを実践したのであった。

１８８０（明治13）年、良一郎は新たに開校した静岡県立掛川中学校（現・静岡県立掛川西高校）の校長に就任し、冀北学舎は１８８４（明治17）年をもって閉塾となった。しかし、旧制掛川中学及び掛川西高等学校同窓会は冀北会という名称を掲げており、掛川市立北中学では、冀北精神をスクールアイデンティティとして生徒に伝え続けている。このように、冀北学舎に始まった良一郎の教えは現在に受け継がれているのである。

良一郎が掲げた「徳を立て、智を開き、富を致し、真に社会に貢献する人材の育成」という教育理念は、尊徳の心田[9]を耕すという言葉を具体化したものといえよう。良一郎は基幹産業が農業から商工業に移行しつつある社会変革の流れを認識し、報徳思想による心田開発を教育理念としつつ、さまざまな分野で活躍できるリーダー人材を育てるために、報徳思想と英学を融合した教育を実践したのであった。

2　営利事業の展開

(1)　銀行業

資産金貸付所の創設

１８７４（明治７）年、良一郎は資産金貸付所を設立した。これがわが国銀行業の始まりである。産業振興には民間資本の蓄積と資金供給を担う専門機関が欠かせない。こうした認識の下、良一郎は浜松県に対して資産金貸付所設立建議を行った。

資産金貸付所の基金（資本金に相当）は、岡田家の報徳推譲金が使われた。父佐平治は、１８５３（嘉永６）年から60年間にわたって、毎年米50俵を報徳活動のために推譲（貯蓄）していた。良一郎はこの資金を活用して半官半民の資産金貸付所を設立し、自らは総括（頭取の上位職）として、非常時の対応、貧民救済、難村復興を目的とする事業への融資を行った。

１８７９（明治12）年、佐野城東郡長（掛川市と小笠郡を含む地域）に就任した良一郎は、静岡県の許可を得て、勧業資金積立組合を設立して事業を開始した。１８９２（明治25）年、勧業資金積立組合は掛川信用組合（掛川信用金庫の前身）に改組され、良一郎は初代の組合長となった。この組合は、社会資本整備のための公共事業や、殖産興業を目的とする民間事業に対して低利長期の融資を行った。これが現在の島田掛川信用金庫の創始である。

１８９３（明治26）年、銀行条例が公布されると資産金貸付所は普通銀行への転換が必要となり、資産銀行に改組された。その後、資産銀行は遠州銀行と合併し、現在の静岡銀行へ発展している。

掛川信用組合事務所

（出所）島田掛川信用金庫

金融インフラの整備

良一郎の狙いは、報徳社の慈恵的資金を活用して殖産興業を図り、庶民を経済的に自立させることだった。その背景には、工業力と経済力を充実させなければ、西欧諸国との格差を縮めることはできないという強い思いがあった。

良一郎の積極的な勧業推進は、明治政府の殖産興業政策と軌を一にするものであり、大日本報徳社の活動が全国的な広がりを見せた要因の一つとなったと考えられる。

今日、貧困層の経済的自立を促す手法として、マイクロファイナンスが注目されている。マイクロファイナンスとは、貧困層や低所得層を対象とする、貧困の軽減を目的とした小口金融と定義されている。バングラデシュのムハマド・ユヌスが創設したグラミン銀行は、その代表的な事例である。

良一郎の勧業事業は、現代のマイクロファイナンンを先取りした取り組みといえるだろう。資産金貸付所や勧業資金積立組合の活動は、余裕ある資金を地域や次世代に譲ること、すなわち推譲の思想に基づいている。良一郎は貧困問題の根本解決に向けて、経済的自立の呼び水となる、資金供給システムを作り上げたのであった。明治期の静岡県は、銀行および銀行類似会社が他県に比べて多い地域であった。中でも遠州地方（静岡県西部地方）は、115行と静岡県全体の62・5％を占めていた[10]。

江戸時代から遠州地方は茶、綿花など、換金性の高い商業的農業が盛んであった。特に綿花栽培を背景にした綿糸・織物産業の発展は、豊田佐吉や鈴木道雄（スズキ創業者）に代表される自動織機産業を生み出している。良一郎の提言によって金融インフラの整備が進んでいたため、繊維機械の技術革新や綿織物産業の発展に伴う、旺盛な資金需要に応えることができたのである。これがトヨタ、ホンダ、ヤマハ、スズキというグローバル企業を生み出す起点となったといえよう。

(2)　紡績業

遠州二俣紡績会社の創設

1883（明治16）年、良一郎によって、遠州二俣紡績会社が現在の浜松市天竜区二俣町に設立された。同社は明治政府の援助を受けた十基紡[11]の一つであり、天竜川の水力を利用した2000錘の小規模紡績工場であった[12]。

同社の株式募集案内には「今輸入物品木綿ヨリ大ナルモノハナシ、内國ノ産出日ニ減シ外國ノ輸入日ニ加ハリ上下困弊将ニ近キニ至ラントス。（中略）防輸入ノ策紡績器械ヲ興スニ於テ尤モ急務トセリ」[13]との記載がある。輸入綿織物の増大による遠州綿織物の貧窮を憂慮した良一郎は、紡績業を遠州地方の基幹産業として育成し、外国からの輸入品に対抗するとともに、遠州地方の経済的自立を目指したのであった。

良一郎は企業家活動における社会的意義や、産業の創出に欠かせない企業家人材の育成について、英国の産業革命の担い手となった企業家たちを例にとって次のように述べている。

「凡ソ工業ヲ起サント欲スルモノハ天下ヲ利スルヲ以テ目途トナスベシ、自カラ利スルヲ以テ目途トナスベカラズ、数十年ヲ以テ計算スベシ二三年ヲ以テ計算スベカラズ。（中略）事固ヨリ敗ナキ不能其敗ルルヤ必ズ人ヲシテ其志ヲ継グモノアラシメヨ。瓦徳《ワット》（ワット）ノ蒸気縮密機器ニ於ル、士提反孫《スチブンソン》ノ行動機器ニ於ル、阿克來《アークライト》ノ紡棉機ニ於ル、皆前人ヲ租術シテ以テ一大工業ヲ成シタルガ如ク。苟モ後人ヲシテ其志ヲ継ガシメント欲スルモノハ必ズ畢生ノ力ヲ盡シテ之ヲ創スヘシ[14]」

工業の分野で起業しようとする者は、短期的な利益の獲得ではなく、長期的な視点で社会を利すること目指さねばならないこと、さらに起業には失敗はつきものであり、先人の志を受け継いで、イノベーションを生み出していく人材を育てなければならないと指摘していた。ワットらの事例は、当時ベストセラーとなった『西国立志編』からの影響であろう。

遠州二俣紡績会社の事業資金は、良一郎が創設した資産金貸付所をはじめとする地域金融機関からの借入金で賄った。しかし、操業時から職工の技術水準の低さや、販路の乏しさから厳しい経営状況が続き、1893（明治26）年に解散となった。

企業家活動の道を拓く

遠州二俣紡績会社は十分な成果を挙げられなかった。しかし、農業を主体とした遠州地方の人々の職業意識を変え、工業を中心とした近代産業への途を開いた点は評価されるべきであろう。

若き豊田佐吉は、遠州二俣紡績会社で働くことを熱望したが果たせなかった。その後、佐吉が自動織機の開発に励み、当時、世界最高水準といわれる自動織機の開発に成功したことは周知の事実である。

西国立志編

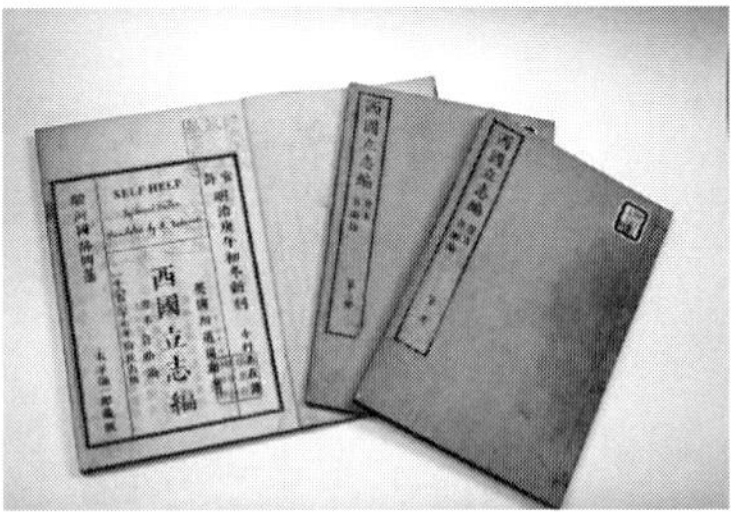

（出所）静岡県立図書館

地方経済の自立化を目指し、地場産業を起点とした産業育成に尽力した良一郎の姿勢は、報徳活動を媒介とした社会的な影響力によって遠州地方に浸透していった。先に述べた鈴木藤三郎や豊田佐吉のように、企業家活動の担い手となった農民や職人たちによって、遠州地方の経済的な自立化は実現されていくのである。

1912（明治45）年、病を得た良一郎は大日本報徳社社長を辞任し、長男岡田良平[15]が第三代社長となった。良平は帝国大学文科大学を卒業し、文部官僚を経て京都帝国大学総長を歴任した逸材であった。1916（大正5）年、大日本報徳社社長在任中に寺内内閣の文部大臣に就任した。

良平は文相と社長を兼務することについて次のように述べている。「日本の教育方針として執るべき所と、この報徳社において多年唱導主張してきた所とは、全く矛盾する所なくして更に相助け相補う所のものであると云う事を深く感じますが故に、この両方の位置を相兼ねると云う事も適当なる事と信じましたによって、自分は社長を辞する考えはないと云う決心をした次第でございます[16]」

良平の跡を継いだ実弟の一木喜徳郎[17]は、当時枢密院議長であった。喜徳郎は兄良平と同じく文部大臣を務め、内務大臣、宮内大臣、枢密院議長などを歴任した。

1905（明治38）年、良平・喜徳郎兄弟は報徳会（後の中央報徳会）を組織し、報徳主義に基づく地方改良運動を推進した。1907（明治40）年から官製報徳社結成運動が全国的に展開され、第二次世界大戦終了までが報徳社の活動の全盛期であった。

Ⅲ　経営思想

1　啓蒙思想の受容

報徳と功利主義

報徳思想には、「至誠」、「勤労」、「分度」、「推譲」という基本理念がある。「至誠」とは真心をもっ

岡田良平

一木喜徳郎

（出所）国立国会図書館「近代日本人の肖像」

て事にあたり、私欲を抑制し天の理に沿って生きること。「勤労」とは労働を通じて、自分の徳を最大限に発揮して人や社会に役立てること。「分度」とは収入に応じた一定の基準（分度）を定めて、その範囲内で生活すること。「推譲」とは将来や子孫のために蓄えること、人や社会に貢献することである。

良一郎は明六社[18]のメンバーであった中村正直や西周《にしあまね》を通じて、西欧の啓蒙思想から大きな影響を受けた。明治維新後、駿府に移住した旧幕臣の俊才らによって府中学問所（後の静岡学問所）と沼津兵学校が設立された。

西は沼津兵学校、中村は府中学問所で教鞭をとった[19]。なかでも中村が翻訳したスマイルズの『西国立志編』とミルの『自由之理《じゆうのことわり》』は、わが国の近代化に大きな影響を与えた。中村は岡田佐平治・良一郎親子の報徳活動を評価しており、佐平治のために追悼碑文を寄稿している。

良一郎は自著『淡山論集』において次のように述べている。「ベンサムの功利主義と報徳主義が思いがけなく一致していることを知って喜び、ミルの書を読んで、あらゆる人々に対して福祉を以って苦痛を除くという最大幸福の思想は、宗教家、政治家、法律家すべてに共通する目的であり、それは報徳主義の教えと変わらないと感じた。キリスト教に己の如く隣人を愛せよという教えがあるが、これは報徳主義における推譲と同じである。学理を追求するミルと、実践を重んじる報徳は一見異なるように見えるが、その目指すところは同じである」[20]

中村正直

（出所）国立国会図書館「近代日本人の肖像」

イギリスでは産業革命を機に、資本主義が発展し市民社会が形成された。ベンサムやミルが提唱した功利主義は、最大多数の最大幸福という概念を使って、個人の幸福を社会全体の立場から捉えることで、資本家の利益の追求を肯定的に捉えようとした現実主義的な思想である。

功利主義は行為者に対して利己心を克服することを要求しているが、良一郎は報徳における推譲は、私欲を抑え他者の幸福を追求するという意味で功利主義の立場と違いはないと述べている。

『Self-Help』（自助論）への共感

明治期の若者に大いなる影響を与えたのは、スマイルズの『Self-Help』である。『Self-Help』は、中村正直が『西国立志編』として訳述し、発行部数は明治期を通じて百万部に達したといわれている。「天ハ自ラ助クルモノヲ助ク」という言葉は、明治期の若者に自立自尊の精神を植えつけたのである。

平川（２００６）は豊田佐吉の「一身の他に身方なし」という信念は、セルフヘルプの発想そのものであり、報徳の感化を受けた佐吉の発想には、自立の精神だけでなく、種々の点でスマイルズの発想と共通するところがあると指摘している[21]。

『西国立志編』は産業革命を支えた多くの企業家活動を取り上げ、人生の幸福は勤勉と自修によって人々の幸福を極大化することでもたらされることを説いている。こうした思想が、封建的身分制度の下で分相応の生活を余儀なくされていた農民・職人たちに、身分を超えた自立への可能性を示したといわれている。

中村は『西国立志編』自助論原序において、行為の価値基準を行為者の世俗的成功といった金銭的尺度で測ることを否定している。行為の善悪に関する基準を行為者の価値観に求める姿勢は、報徳思想にも認められるところであり、自助に対する中村と尊徳の思想には共通点が多い[22]。

良一郎は中村が紹介した功利主義的な価値観を取り入れることで、報徳思想を近代産業の指導理念に変容させていった。貧農救済や難村復興を目的として普及した報徳思想は、本書で取り上げた豊田佐吉（第6章）、大原孫三郎（第10章）、波多野鶴吉（第11章）らによって、企業経営の指針として新しい意味を見出したのである。

2　財本徳末主義

道徳と経済の融合

良一郎は自著『報国富国論』において財本徳末主義を唱え、経済が徳を実践するための基盤であると主張した。尊徳門人からの反発は強かったが、急速な資本主義経済の進展と産業育成の必要性から、経済と道徳をともに重視する姿勢をとったのである。

例えば、労働によって生み出され資金は、資産金貸付所を通じて新たな産業創造へと向けられる。しかし、この過程で徳が備わらなければ、経済活動は単なる金儲けだけに終わってしまう。良一郎は殖産興業に多大な資金が必要であることを認識しつつも、商業金融のみに重点を置く民間銀行とは一線を画す姿勢をとった。これは資産金貸付所から発展した資産銀行と遠州銀行の合併に、良一郎が異を唱えたことにも表れている。

明治維新後の急激な社会変革を目の当たりにした良一郎は、資本主義と報徳思想の融合を意識したのであろう。財本徳末主義は自助努力によって未来への期待が広がった人々の意識とマッチし、遠州地方の旺盛な企業家活動を支えた思想的バックボーンとなったのである。

良一郎は農本主義的な報徳思想に固執しているだけでは、経済的な自立は期待できないと悟ったといえよう。それが、尊徳の実学志向の精神を堅持しながらも、自ら設立した冀北学舎や掛川中学で、西欧の先進知識の習得に力を注ぐ原動力となったのである。財本徳末主義によって、農民の自力更正という枠にとどまっていた報徳思想の領域は拡大され、近代産業の育成と結びつくことが可能となったのである。

企業家精神の醸成

財本徳末主義に基づく勧業政策の推進は、遠州地方の企業家活動の基盤形成に大きな影響をもたらした。封建的な隷属関係が消滅した農民や職人たちは、商工業活動を通じて自立することに目覚めたのである。社会の価値観が激変する中で、起業を目指す若者たちの精神的な指針となったのが財本徳末主義であった。若者たちは報徳思想の道徳観を背景とした企業家活動を通じて、社会参画への意識を高めていったと考えられる。

戦前、遠州地方で活躍した企業家の代表格は、豊田佐吉と鈴木道雄であろう。二人は農家や大工の出身であり、経済的に豊かな階層ではない。彼らは取得した特許や実用新案を個人で独占することなく、すべて会社の所有とした。知的財産から生み出された富は会社に蓄積され、次なる技術開発に向けて再投資されたのであった。まさに良一郎が主張した推譲の実践である。

遠州地方の企業家に共通する資質は、自助努力によるイノベーションの創出と社会的責任への強い意識である。事業活動を通じて徳を実践するには、経済的自立が前提条件となる。彼らは使命感をもって仕事に励み、経済的な自立を背景に社会変革の担い手となった。良一郎が唱えた財本徳末主義は、企業家に対して経済主体としての社会的使命を喚起したことに意義があるといえよう。

3　財本徳末主義の現代的意義

企業の目的とは何か

明治期に活躍した静岡県内の企業家数を地域別にみると、遠州地方が42％を占めている。これは報徳思想が遠州地方に広く浸透していたことと一致する。[23] 企業家輩出の地域的な特性は、良一郎の勧業事業や教育活動を通じた実践的指導が、大きく影響しているとの指摘がある。

企業家活動と地域特性の関係について、中川（1981）は「すべての経営主体は、一定の歴史的・社会的要因によって生み出されたものであり、歴史的・社会的環境と無関係に宙に浮いて存在しているものでは決してない」[24] と指摘している。

経済と道徳の統合を志向した財本徳末主義は、遠州地方に独特な社会的・文化的気質を形成していった。それは報徳思想が社会に対する教化力を失った後も、倫理的な価値観として遠州地方の人々に受け継がれ、企業家活動の精神的なバックボーンを醸成していったとみることができる。

封建的身分社会の崩壊によって、集団を単位とする行動様式から個人を単位とする競争が新しい社会秩序となり、立身出世主義が強力なイデオロギーとして明治期の日本を席巻していた。『西国立志編』の訳者である中村正直は、人間の富や国家の繁栄はそれ自体が目的ではなく、道義を尽した結果として得られるに過ぎないと述べている。一方、人の責務は労働を通じて特性を高めることであり、こうした労働の結果として手に入れた富については、どこまでも容認している。

良一郎が提唱した財本徳末主義も事業活動の目的は富の獲得ではなく、社会的に意義ある事業を通じて得られる適正な富によって、個人の生活基盤を確立することを目的としていた。両者の事業観には本質的な差異はなく、社会的な価値を生み出す企業間競争は是とされ、そこからさまざまなイノベーションが生み出されたのである。

功利主義が明治期の企業家精神の形成に大きな影響を及ぼしたことは、先行研究において指摘されている。良一郎は『西国立志編』や功利主義の価値観を、報徳思想に積極的に取り入れていった。共通のエートスを持った財本徳末主義と『西国立志編』は、遠州地方の企業家活動に大きな影響を及ぼしたのであった。

企業家の使命は「幸せ」を生み出すこと

財本徳末主義には、ＳＤＧｓと共通する点が多い。良一郎が活動した遠州地方の企業家に共通するのは、社会的使命感を持って事業を遂行するという姿勢である。言い換えるならば、経済合理性の追求が社会的責任や企業倫理の実践に通じるという事業精神を有していることである。

マックス・ウェーバーは、企業家の精神的深層を重視し、プロテスタンティズムの倫理観と経済発展が深い関係にあることを指摘したが、報徳思想の倫理観と遠州地方の企業家活動にも深い関係があるといえよう[25]。

良一郎は、経済合理性の追求が企業家の道徳的完成に通じるという、新たな解釈を報徳思想に盛り込んだ。経済合理性の追求が道徳的に意義ある行為であることを示すことによって、企業家の資本蓄積を肯定し、蓄積された資本を社会課題の解決に活用することに価値を見出したのである。

報徳思想から強い影響を受けた豊田佐吉は「勤労」、「分度」、「推譲」という報徳の基本理念を「労働」、「感謝」、「奉仕」という言葉に置き換えた企業理念を掲げた。渋沢栄一、松下幸之助（パナソニック）、御木本幸吉（ミキモト）、大原孫三郎（倉敷紡績・クラレ）、土光敏夫（東芝・経団連）らが、事業活動の指針としたのも報徳思想であった。

「勤労」、「分度」、「推譲」を現代的視点から読み解いてみよう。「勤労」は働きがいと経済成長を両立させる事業観である。「分度」は地球温暖化の抑制というグローバル社会のコンセンサスに沿った事業の再構築を意味する。「推譲」はマルチ・ステークホルダーに対する公正な富の分配を通じて、次世代への責任を果たすことであろう。

報徳思想を奉じる企業家は社会企業家的な要素を持っていると言われるが、彼らが目指したのは富を得ることではなく、社会に役立つものを提供し、人々の「幸せ」を生み出すことにあったといえよう。

ＳＤＧｓと財本徳末主義

「経済なき道徳は寝言」という言葉は、徳を実践するためには経済的な自立が欠かせないことを説いている。現代社会で注目されているＳＤＧｓは、社会課題を解決する担い手として企業に期待を寄せている。

しかし、安定した財務基盤がなければ、ＳＤＧｓに取り組むことは難しい。財本徳末主義は「徳の本は財なり」と説いたが、「ＳＤＧｓの本は財なり」と置き換えることができるだろう。企業活動によって社会の「幸せ」を生み出すという発想は、財本徳末主義とＳＤＧｓに共通しているといえよう。ＳＤＧｓの中核要素であるサステイナビリティは、社会的公正さと経済効率を融合した概念であり、財本徳末主義と本質的な差異はない。ＳＤＧｓは企業本来の使命を喚起するための理念である。ＳＤＧｓの登場によって、企業家の多くが事業を通じた社会的使命の再構築を迫られている。

しかし、めまぐるしく変化する社会経済情勢の下では、いかに優れた経営者といえども、ＳＤＧｓと経済のバランスを保つことは難しい。資本主義という新しい概念が移入された明治期において、社会変革の志を持ち、新たな事業の創造を目指した企業家たちに向かって、社会的公正さと経済効率を融合することの大切さを説いた良一郎の教えは、私たちに大いなる示唆を与えてくれるだろう。

4　報徳思想を理解する言葉

報徳思想に対する理解を深めるには、岡田良一郎や二宮尊徳が残した言葉を読み解くことが欠かせない。さまざまな資料に残された言葉の中から、報徳思想の本質や行動原理を示しているものを紹介しよう。

＊　＊　＊　＊　＊　＊　＊　＊　＊

道徳を根とし、仁義を幹とし、公利を花とし、私利を実とす（岡田良一郎）

人として守るべき価値観（道徳）や人が定めた規範（仁義）を基盤として、社会課題の解決（公益）を目指した事業を行うことで、企業の利益（私利）は後からついてくるという教えである。[26]

＊　＊　＊　＊　＊　＊　＊　＊　＊

積小《せきしょう》為《い》大《だい》（二宮尊徳）

大きな目標を成し遂げるためには、小さな事の丁寧な積み重ねが必要という教え。最近の企業社会では、すぐに結果を求めようとする風潮が強い。ＳＤＧｓやパリ協定への取り組みに苦慮している経営者は少なくないが、彼らに欠けているのは、小さな事を丁寧に積み重ねていく姿勢である。持続可能な社会づくりには、画一的な答えなど存在しない。尊徳は些末な事や当たり前の事を怠って、目立つような事ばかりやっていても、大事は達成できないと喝破した。答えは眼前の課題を丁寧に解決していくプロセスの中に潜んでいるのである。

＊　＊　＊　＊　＊　＊　＊　＊　＊

経済なき道徳は寝言、道徳なき経済は罪　（二宮尊徳）

良一郎の財本徳末主義の起点となった教え。いかに高邁な精神を掲げても、経済的な自立を欠いたままでは、社会に対して影響を及ぼすことはできない。一方、いかに経営が上手くても理念や道義心が伴わなければ、ただの金儲けに終わってしまう。企業家の価値を決めるのは、金儲けの巧拙ではなく、儲けた金で何をするかである。

【岡田良一郎　年譜】

1839（天保10）年　現在の静岡県掛川市倉真の庄屋の家に生まれる。
1854（安政元）年　二宮尊徳の下で報徳仕法について学ぶ。
1860（万延元）年　倉真村の庄屋（里正）となる。
1874（明治7）年　浜松県から資産金貸附所の設立許可を受ける。
1875（明治8）年　遠江国報徳社が設立され、父佐平治が社長に選任される。
1876（明治9）年　病気の佐平治に代わって、遠江国報徳社の第二代社長となる。
1877（明治10）年　冀北学舎を設立する。
1879（明治12）年　佐野城東郡長となる。
1880（明治13）年　静岡県立掛川中学校長となる。

１８９０（明治23）年　衆議院議員となる。

１９０３（明治36）年　大講堂が完成する。

１９１１（明治44）年　大日本報徳社に社名を変更する。

１９１２（明治45）年　大日本報徳社社長を辞任し、長男岡田良平が第三代社長となる。

１９１５（大正４）年　病気のため死去（享年77歳）。

第4章

金原明善

―ソーシャルビジネスの先駆者―

1832～1923年

（出所）国立国会図書館

【SDGsで読み解く金原明善の軌跡】

	活動の内容	関連するSDGs目標
経済	・銀行業（金原銀行） ・製材業（天竜木材） ・運輸業（天竜運輸） ・物販業（東里組）	8 働きがいも経済成長も 9 産業と技術革新の基盤をつくろう 10 人や国の不平等をなくそう 12 つくる責任つかう責任
社会	・天竜川治水事業（治河協力社） ・治水教育の推進（水利学校） ・更生事業（静岡勧善会）	3 すべての人に健康と福祉を 4 質の高い教育をみんなに 11 住み続けられるまちづくりを 16 平和と公正をすべての人に
環境	・天竜川治水事業（治河協力社） ・植林事業（金原山林／御料林） ・灌漑事業（金原治山治水財団）	13 気候変動に具体的な対策を 15 陸の豊かさも守ろう
共通	・循環型経済の確立 ・治山治水思想の提唱 ・官民協働の実践 ・理念経営の実践	17 パートナーシップで目標を達成しよう

（出所）筆者作成。

【本章のポイント】

金原明善は明治時代に活躍した社会企業家である。明善は運輸業、製材業、銀行業を営み、営利事業の分野で成功を収めた。一方、社会企業家として、治水事業、植林事業、更生保護事業など幅広い分野で精力的な活動を展開した。

静岡県西部を流れる天竜川の水害から地域社会を守るため、私財を投じて大規模な治山治水事業を行った。明治政府は植林に関する明善の知見を高く評価し、御料林（皇室所有の森林）の管理を任せている。

企業家として高い資質を持っていた明善は、植林事業を起点に木材の運送・加工・販売を一貫して行う仕組みを構築し、ソーシャルビジネスの収益性を高めることに成功した。社会企業家としての明善の革新性は、ソーシャルビジネスと営利事業が相補的に発展するビジネスモデルを作り上げたことである。

Ⅰ　評伝

1　青年期

若くして名主を継ぐ

１８３２（天保３）年、金原明善は現在の浜松市東区安間町で生まれた。生家は酒造業と質屋を併営する大地主であった。１８４８（嘉永元）年、理財の才に優れた父範忠《のりただ》は、旗本松平家（禄高７千石）の代官に取り立てられている。

範忠は夜明け前に起きて、その日の天気を見定めてから仕事の準備し、夜は家事に励んで最後に床につく人であった。明善は勤倹・力行・推譲の人と評されるが、その性格形成には、少なからず父の生き方が影響していた。幼い頃から、彼は身につけた知識を実践することを信念としていた。

１８４９（嘉永２）年、明善18歳の時、母志賀《しが》が37歳の若さで亡くなった。金原家の行く末を案じた志賀は、明善の継母と妻について遺言を残した。志賀の遺言に従って、父範忠は志賀の従姉妹である沢と再婚し、明善は24歳の時に継母沢の連れ子である玉城と結婚した。

１８５５（安政２）年、明善は父から名主の職を受け継いだ。１８５７（安政４）年、主家である松平家は財政再建策を協議するため、全国の知行地から代官を江戸へ招集した。この時、明善は父の名代として、はじめて江戸に赴いている。江戸に集められた代官たち中には、仕事の傍ら夜ごと酒色に耽る者もいた。謹厳実直な明善はこうした誘いを断り、主家の債務整理に精励し、余暇を儒学の勉強に充てた。

主家の債務整理が一段落すると、明善は横浜にある遠江《とおとうみ》屋の債務整理に携わった。遠江屋は父範忠が親戚や地主仲間ら4人と設立した貿易商である。国内各地から集めた商品を、外国商館に販売する売込問屋であった。

遠州地方（静岡県西部地方）では、商品経済の浸透によって、付加価値の高い農作物の生産が主流となっていた。その代表例が木綿である。明善の生家に近い笠井村では織物市が開かれ、江戸時代から農産物や商品の集積地として重要な役割を果たしていた。

金原明善の生家

（出所）一般社団法人 金原治山治水財団

道義と信用を重んじる

天竜川河口にある掛塚湊《かけつかみなと》は、江戸時代から江戸と大坂を結ぶ物流の中継拠点となっており、遠州地方の物産の積出港として機能していた。父範忠らは交通の要衝としての地の利を生かして、外国商館向けに遠江や信州の物品販売を企てた。

遠江屋のビジネスは順序な滑り出しをみせた。しかし、取引量が拡大するにつれて運転資金の不足が深刻となった。遠江屋の経営は金原家に任されていたが、明善親子は横浜には赴かず、現地での商売は親戚に任せていた。

遠江屋への出資を巡って金原家と共同出資者の意見が対立し、追加出資が見送られてしまった。資金繰りに困った現地担当者は、借り入れや売買代金の流用を重ね、これが原因となって遠江屋の経営は行き詰ってしまった。

藩の物品を扱う商家の負債は、藩が肩代わりをするという慣習があった。共同出資者たちは、負債を藩庁と金原家で処理するよう求めてきた。明善は「自分の利欲の間違いから損をして、それを藩に塗り付けるのは宜しくない、財産全部を投げ出して、足らぬ所は何とか方法を定めるより外ない」[1]と決断し、金原家の全財産を弁済に充てることにした。

債権者の大半が遠州地方の木綿や茶の荷主である。彼らは明善の潔さを受け入れ、負債総額の62・5％に相当する債権の放棄に応じた。この件を機に、明善は「心の定まり」を得たとされる。明善は人生において頼むべき財産ではなく、道義と信用であることを自覚したのである。

２　繰り返される天竜川の水害

明治新政府への期待

１８５０（嘉永３）年～１８６５（慶応元）年の15年間で、天竜川の氾濫は四回に達した。旧幕府時代に発生した、１８６８（明治元）年の洪水による被害は甚大だった。天竜川の堤防は東側２２４０ｍ、西側２８８０ｍに渡って決壊し、流域住民は家屋や田畑を奪われる被害に見舞われた。

この年、明善は新政府に対して、天竜川治水事業の建白書を提出した。長年にわたって辛苦をもたらしてきた水害から流域住民を恒久的に守るため、本格的な河川改修工事の必要性を訴えたのである。明善の熱意は岩倉具視や木戸孝允らを動かし、明善は天竜川水防工事の担当を命じられた。

私財８００両と神社・仏閣・素封家・大名・旗本から借り入れた８万両をもって、破壊された堤防の復旧工事に着手し、約二カ月間で堤防の修復は完成した。この復旧工事は水害予防を目的としたものではなく、明治天皇の東京行幸に欠かせない東海道の整備として行われたに過ぎないという指摘がある。しかし、復旧工事に対する明善の貢献が認められ、明治天皇の東京行幸の途中、浜松行在所《あんざいしょ》においで明善は苗字帯刀を許されるという光栄に浴した。

1911（明治44）年8月の水害（浜松市浜北区付近）

（出所）国土交通省浜松河川国道事務所（2016）26頁。

天竜川通堤防会社の立ち上げ

天皇行幸後も明善は築堤工事を続け、１８７２（明治５）年には浜松藩から天竜川御普請専務に任ぜられた。１８７４（明治７）年、明善は官に頼らず、民間の力で治水事業を行うことを目指して、天竜川通堤防会社を設立した[2]。しかし、同社は予定していた出資金が確保できず、設立当初から資金不足に陥った。その理由は、会社の性格にあった。

天竜川通堤防会社は水害を防除することを目的とした会社であり、流域住民に安心・安全な暮らしを提供することを目指していた。現代のソーシャルビジネスに近い性格を有していたといえよう。事業会社とは異なり、ソーシャルビジネスの目的は利潤の獲得ではない。経済的リターンを求める出資者からみれば、天竜川通堤防会社への出資金は寄付金的な要素が強く、魅力が乏しかったのである。

現代社会においても、社会価値と経済価値を両立させることは難しい。マイケル・ポーターが提唱したＣＳＶ「Creating Shared Value（共通価値の創造）」は、ビジネスを通じて、社会の困り事に対するソリューションを提供するという考え方であり、社会価値（困り事の解決）と経済価値（利益の獲得）を同時に実現する経営モデルである。企業はＳＤＧｓの目標達成に向けて大きな役割を果たすことが期待されているが、ＣＳＶの要素を取り入れながらビジネスモデルの再構築を模索する動きが活発になっている。

明善はソーシャルビジネスを通じて、社会の困り事を解決し、持続可能な社会を築くことに生涯をささげた。一方、ソーシャルビジネスの実践を支える基盤として営利事業の重要性も忘れていなかった。ソーシャルビジネスと営利事業の双方で、優れた成果を発揮した企業家は極めて少ない。第９章で取り上げる倉敷紡績の大原孫三郎は、数少ない成功事例であろう。

明善はソーシャルビジネスと営利事業が、絶妙なバランスで循環する経営システムを構築することに成功した。天竜川通堤防会社の設立は、長きに渡った天竜川の治水事業のみならず、明善が展開したさまざまな社会貢献事業の起点となったのである。

Ⅱ　企業家活動の神髄

1　ソーシャルビジネスへの挑戦

(1)　天竜川治水事業

「暴れ天竜」と戦う

明善は天竜川の流域に生まれ、幼い頃より水害の恐ろしさを目の当たりにしてきた。明善が取り組んださまざまな社会事業の中で、自然災害から人々の生活を守る天竜川の治水事業の位置づけはとりわけ大きい。

天竜川は諏訪湖に源を発し、長野、愛知、静岡を巡《めぐ》って太平洋に注ぐ、幹川延長213kmの急流河川である。上流部は3000m級の山々が連なり、そこから天竜川に流れ込む支川はいずれも急勾配である。さらに地質が脆く険しい地形を併せ持つため、山岳地帯に大雨が降ると、大量の水と土砂が天竜川に流れ込んだ。流域住民は甚大な被害をもたらす天竜川を、「暴れ天竜」と呼んで恐れていた。

明治天皇の東京行幸に合わせて行われた堤防工事は完成した。しかし、明善は抜本的な水害対策の必要性を感じ、天竜川の東派川を締め切ることを計画した。本支川分岐点の土砂堆積が、増水時の堤防決壊を引き起こす原因とみられていたからである。

しかし、東派川は掛塚湊[3]への水路として利用されていたため、閉塞工事は掛塚港を利用する人々の生活基盤を奪うことになる。閉塞工事に反対する人々が、明善の自宅を襲撃するという噂まで流れる始末であった。

結局、流域住民の理解が得られないため、明善はこの計画を断念した。その後、新たに浜名湖に通じる運河を開削して天竜川を分流し、蛇行する天竜本川を修復して石畳による築堤を計画した。しかし、技術的な困難さと膨大なコストが足枷となり、明治政府や静岡県の理解は得られなかった。

慈恵会社の設立

1875（明治8）年、前年に設立された天竜川通堤防会社は治河《ちが》協力社に改組された。明善は治河協力社を慈恵会社と位置づけた。慈恵会社を現代流に表現すれば、ソーシャルビジネスとなるだろう。

事業目的によって、会社は営利事業と非営利事業に分かれる。営利事業とは他を利するとともに自らをも利する事業である。一方、非営利事業とは自らの利益は求めず他を利する事業であり、明善はこれを慈恵会社と呼んだ。明善をわが国ソーシャルビジネスの先駆者と称する所以はここにある。

治河協力社は、出資者からの拠出金と静岡県からの補助金によって運営される予定であった。しかし、西南戦争の勃発によって政府からの補助金が削減された。さらに資金の拠出を拒む出資者まで現

明治天皇行幸跡

（出所）浜松市

れた。彼らは配当金を期待できない慈恵会社に嫌気がさしたのである。こうして、治河協力社は波乱含みのスタートを切ったのである。

全財産の献納

この事態を打開すべく、明善は内務卿大久保利通との会見に臨んだ。彼は全財産を治河協力社に献納する決意を固めたのである。1878（明治11）年、静岡県令は、明善から提出された家産献納願を受理した。明善が献納を申請した資産総額は6万3516円7銭7毛であった。

献納された資産の中から金原家家産（5000円）と、明善夫妻の生活費および子息の営業資金（2500円）を控除した、5万6016円7銭7毛が治河協力社に下げ渡された。新政府は治河協力社に対して、補助金2万3000円を10年間支給することを約束した。資産を献納した明善夫妻は、川納屋と呼ばれる事務所と住居を兼ねた質素な小屋を天竜河畔に建てて移り住んだ。1878年、明善は川納屋において巡幸途中の明治天皇に拝謁している。[4]

1880（明治13）年、政府の方針転換を受けて、河川改修費は地方税から支出されることとなった。新政府から治河協力社への交付金は、1881（明治14）年度分をもって廃止された。築堤事業は静岡県の直轄事業となり、治河協力社は河川改修事業を請け負うこととなった。補助金は打ち切られたものの、明善の堅実な経営手腕によって、同社の財務基盤は安定し社会的評価も高まった。

明善は治水事業の一環として、専門家養成を目的とした水利学校を開設している。本科（２年）と予科（２年）で構成され、本科では利根川流域の堤防工事現場での実地研修を行い、河川改修の専門技術者の養成を行った。

治河協力社の解散

これまで明善と距離を置いていた流域住民の多くが、治河協力社への出資を希望するようになった。しかし、明善はこれらの申し出をすべて断った。慈恵会社である治河協力社は、治水事業を営む非営利組織である。収益事業を営む営利会社とは異なり、出資者に配当金が還元されることはない。しかし、新政府から支給された補助金は、工事費を控除した残額を資本積立金に充当することが認められていた。これに目をつけた人々が配当金を期待して、出資を申し出たのである。

勿論、明善はこの仕組みを悪用するようなことはなかった。しかし、出資を断られた人々は、寄付金や補助金を利用して私腹を肥やしているという、悪意に満ちた批判を浴びせた。治河協力社への出資を断られた人々は、明善が治河協力社の利益を独り占めにしているという理由を掲げて、同社への加入を県知事に願い出たのである。内務省の意向を受けた県知事は、流域住民の加入を受け入れるよう明善に勧告している。

こうした人々について明善は次のように述べている。「協同事業の目的・方向は多数決によって決まるのが今の時勢である。協力社の資金の使途も多数決によらねばならない。入社を望む人々も役員として参画すれば、当然この人達の賛否が方向を決定することになる。しかし、この人達が皆誠心誠意堤防の永久保全を考えているとはいえない。折角苦心して今日に至った協力社資金が多数決という名目によって、思わぬ方向へ流用される憂いを抱くことは、絶対できない」[5]

明善は株式会社の仕組みをよく理解しており、目的の是非にかかわらず数の論理で組織の方向性が決まることを恐れた。治河協力社へ加入を希望しているのは、設立当初は配当金が期待できないことを理由に、出資を拒んだ人々である。明善は彼らが治河協力社の目的を正しく理解していないと断じ、同社の資金が多数決によって、あらぬ目的のために流用されることを危惧したのであった。

新規加入者の受け入れか協力社の解散かを思い悩んだ末、明善は治河協力社の解散を決断した。同社が保有していた約17万円の積立金のうち、補助金相当分の10万円は県に返納され、県が受理しなかった約7万円が明善の手許に残った。この資金は後に植林事業に使用されることになる。

現代社会でソーシャルビジネスの担い手となっているNPOは、ステークホルダー・エンゲージメントといわれるコミュニケーションを重視している。コミュニケーションの手段が限られていた当時、流域住民が明善の理念や事業目的を十分理解していたとは言い難い。治河協力社が目的を達するためには、ステークホルダーである流域住民との建設的な対話が必要だったのではなかろうか。

治河協力社が行った主な事業は、①天竜川の全測量、②諏訪湖～鹿島村（現在の浜松市天竜区二俣町鹿島）の高低測量、③二俣村（現在の浜松市天竜区二俣町）～天竜河口の実測測量、④量水標設置

（21カ所）である。政府に引き継がれた河川改修事業が完成したのは1899（明治32）年であり、総工費は66万1379円に達していた。

疏水事業の構想

明善は天竜川の分水を企図し、天竜川と浜松の西方に位置する浜名湖を結ぶ灌漑水路の開削を計画していた。静岡県は技術的な課題が多く、莫大な建設コストを要する分水計画に難色を示した。

1903（明治36）年、明善は静岡県知事に対して、所有する植林地を寄付し、天竜川疏水工事を行う天竜疏水協会の設立を提案した。翌年、山林1200ヘクタールを財源とする金原疏水財団が設立された。同財団は、天竜川を分水して灌漑用水を三方ヶ原《みかたがはら》台地に引き込み、農業の振興を図るとともに、廉価な動力を供給して工業の発展や運輸の利便性を高めることを目的としていた。

実際に分水工事が着工されたのは明善の死後であった。1938（昭和13）年、金原疏水財団は金原治山治水財団[6]に改称され、同財団が工事負担金を全額寄付したことで、

旧浜名用水取水口（浜松市天竜区二俣町鹿島）

（出所）静岡県

浜名用排水幹線改良事業が着工された。１９６８（昭和43）年に三方原農業水利事業が、１９７９（昭和54）年に天竜川下流水利事業がそれぞれ完成している。

天竜川治水事業の展開

１８８１（明治14）年、天竜川の改修工事は、国と県の直轄事業となった。１８８５（明治18）年〜１９００（明治33）年に第一次河川改修が実施され、東海道線の橋梁より上流を中心に流路の整備が行われた。

しかし、１９１１（明治44）年、天竜川両岸の複数箇所で堤防が決壊し、大規模な洪水が発生した。さらなる改修工事の必要性を認識した内務省は、１９２７（昭和２）年から第二次改修工事に着手している。

西派川と東派川の改修前後

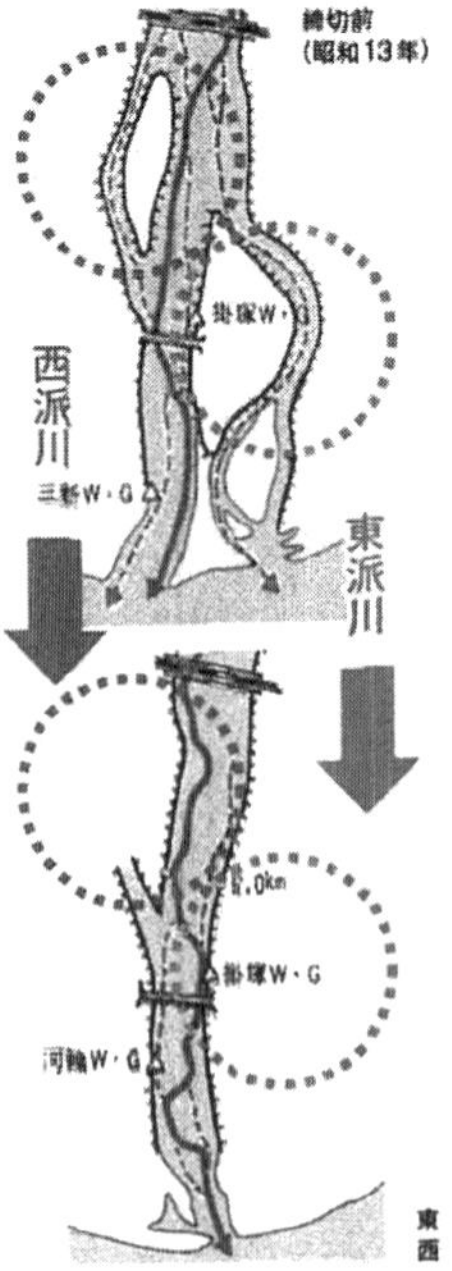

（出所）国土交通省浜松河川国道事務所（2016）4頁。

天竜川は、東派川（１９４４年竣工）と西派川（１９５１年竣工）の締切工事、本川の拡幅工事等によって、現在の流れとなったのである。[7]

(2)　植林事業

植林にかける思い

明善は治河協力社の解散によって返還された資金を、植林事業に活用した。彼は「国土は山をもって骨格とし、川をもって筋脈とする。ゆえに、国土の経営は先ず山川を治めるにある。（中略）その水源たる信遠三（信州・遠州・三河）諸国の山脈は禿山並び立ち山骨露出している。之を改善することは、自ら水源の涵養をはかり、治水の根本を固める」[8]という理念を掲げ、死に至るまでの40年間を植林事業に捧げた。植林事業は明善の単独事業として行われたが、これは治河協力社で経験した、流域住民との相克を踏まえてのことであろう。

明善は自ら天竜川流域の山間部に足を運んで視察を行い、豊田郡瀬尻村（現在の浜松市天竜区龍山町）の官有林を植林地と定め、官林林相改良御委託願を農商務省に提出した。その内容は、１８８７（明治20）年～１９０１（明治34）年の15年間を栽植期間とし、２９２万２４９本の杉と檜を植林するという壮大なものであった。[9]

民間人に官有林の管理を任せることに異論もあったが、農商務大輔品川弥次郎[10]の口添えによって許可された。１８８９（明治22）年、瀬尻官林は御料林に指定され、明善の植林事業は御料林献植事業と呼ばれた。

明善は御料林に隣接する民有林を私費で買い取り、金原山林事務所（現在は明善神社）を設置して

植林地を視察する明善

（出所）一般社団法人 金原治山治水財団

管理の拠点とした。献植事業に要する費用は5万4212円62銭6厘で、これに金原山林の事業費3万5609円8銭1厘を加えると、総事業費は8万9821円70銭7厘に達した[11]。

治河協力社解散時の下渡金では到底賄いきれず、事業資金の調達が必要となった。植林に要する事業資金は、後述する金融事業や製材事業等から生み出された利益で賄われたのである。

天城御料林の植林

1890（明治23）年、明善は御料局長品川弥次郎の推挙によって御料局顧問に任命され、伊豆の天城御料林の植林を委嘱された。この人事の背景には、模範林のモデルを示すとともに、私利を優先して公益を顧みない社会の風潮を正そうとする、品川の狙いがあったともいわれている。宮内省は瀬尻御料林での功績を評価し、明善に金杯一組と報奨金5万円を下賜している。

明善は「植林に投資するのは銀行預金と同じであり、しかも銀行預金より有利である。しかし、100年間は引き出すことが出来ない預金である。したがって、植林投資には余裕資金を充てるべきであり、この余裕資金は倹約から生まれる」[12]と述べている。膨大な資金を要する植林事業を支えたのは、まさに勤倹・力行の精神であった。

(3) 出獄人保護事業

勧善会の設立

明善が免囚（放免された囚人）の保護・育成事業を志したのは、大分県中津出身の川村矯一郎[13]との出会いがきっかけとなった。川村を明善に引き合わせたのは元水防御用掛の岡本健三郎[14]である。岡本は政治犯として静岡監獄に収監された際に、獄内で川村と知り合った。岡本の依頼を受け、明善は出獄した川村を治河協力社で雇用している。

明善は岡本や川村を通じて監獄内の状況や免囚の苦境を知り、勧善会の設立を決意した。勧善会の目的は、免囚に対する保護・教育や就職の斡旋などを通じて、社会復帰への道筋をつけることであった。

浜松勧善会（1882年）と静岡勧善会（1883年）が設立され、県下各村に2名の保護者を委嘱し事業が開始された。1882（明治15）年、静岡監獄の副典獄（副所長）に採用された川村と協力し、社団法人静岡県出獄人保護会社が設立された。

収容者たちは労働で得た収入を会社に納め、会社は生活費を控除した残額をすべて積立てる。積立額が55円に達すると全額が収容者に返還され、それを元手に自立した生活の第一歩を踏み出すという仕組みであった。

明善の活動は近代的な更生保護思想の源流となり、わが国の更生保護事業は民間の活力によって拡大していった。1939（昭和14）年、司法保護事業法が制定され、更生保護事業は国の制度として明確に位置づけられたのである。

2　営利事業の足跡

(1)　運輸業

ソーシャルビジネスと営利事業の相補性

収益を目的としないソーシャルビジネスを成功させるには、財務的な裏付けが必要である。天竜川の治水を目的とした治河協力社を設立した際に、明善は個人資産のすべてを運営資金に充当するという手法をとった。しかし、治水事業、植林事業、出獄人保護事業など、明善が手掛けた多岐にわたるソーシャルビジネスを運営するには、莫大な資金が必要であった。

こうした資金需要に応えるため、明善は複数の事業会社を経営した。利益の追求は本質的な目的ではなく、明善はソーシャルビジネスと営利事業が相補的に発展することを目指していたのである。理念と経済の両立を目指した明善は、道義的企業家とも称されている。彼が展開した数々のソーシャルビジネスは、卓越した企業家としての明善の経営手腕に支えられていたことを忘れてはならない。

明善は生涯にわたって手掛けたのが植林事業だった。彼は植林事業について次のように述べている。「自分は国のためにと思い考えて植林を志したが、国のためと考えて植林する人は稀であろう。では明善一人で全国に植林を行うかと問われれば、不可能と答える他はない。では一体どうしたら日本国中に植林を促進させ国の災害を防ぐことができるか。ここで植林を儲かる仕事にせねばならぬと覚悟した[15]」

稼ぐ力を持つ林業が持続可能な治山治水事業につながるという考え方は、ソーシャルビジネスと営利事業が互いに不足した部分を補い合うことの必要性を説いたものである。

天竜運輸会社の創設

1889（明治22）年、東海道本線が全線開通した。明善は鉄道を利用した木材輸送事業を構想し、1892（明治25）年に天竜運輸会社を設立した。1898（明治31）年、東海道線に天竜川駅が開設されると、同駅と天竜川西岸を軌道で結び貨物輸送の効率化を図った。

天竜川上流域で伐採された木材は、筏《いかだ》にして天竜川河口の掛塚湊に集積され、海上ルートで全国の消費地に輸送されていた。鉄道輸送ルートの開発によって輸送効率は格段に向上し、天竜川流域の林業は大きく発展した。

天竜運輸会社は新橋、南千住、秋葉原に支店を置き、木材、洋紙、鉱石、雑貨等の輸送を扱った。

天竜運輸荷揚場

（出所）一般社団法人 金原治山治水財団

しかし、第二次世界大戦による戦時統制の強化によって日本通運に吸収された。

戦後も天竜川の水運と鉄道を結ぶ物流の拠点として機能したが、ダム建設の影響で筏による木材の輸送が途絶すると砂利や石油が輸送の主力となった。天竜運輸会社が敷設した軌道は、日本通運天竜川専用鉄道として1993（平成5）年まで使用されていた。

(2)　製材業

近代的な製材事業を興す

明善は天竜川流域から産出される木材の付加価値を高め、植林事業の経済性を高める努力を払ってきた。1881（明治14）年、合本興業社（天龍木材株式会社の前身）が治河協力社の幹部によって設立された。

同社は機械化された近代的な製材工場であった。しかし、機械操作に不慣れな従業員が多く、折からの不況で需要が停滞したことも災いし、創業から僅か四年足らずで解散に追い込まれた。社名を興業店と改め、明善の個人事業として再出発したが、業績回復の目処は立たなかった。その後、合資天竜製材会社（1889年設立）を経て、1907年に天竜木材として再スタートを切った。

同社は金原明善の片腕として活躍し、後に金原治山治水財団理事長を務めた鈴木信一や静岡銀行創業者の平野又十郎[16]ら、明善門下の有志が中心となって運営にあたった。明善自身は同社の株主や役員に名を連ねていないが、事実上の創業者であった。

(3)　銀行業

丸屋銀行の破綻

治河協力社は、丸善創業者である早矢仕有的[17]が創設した丸屋銀行（1879年設立）に資金を預けていた。1884（明治17）年、松方財政による不況の煽りを受けた同行は、経営破綻に追い込まれた。早矢仕は頭取を辞任し、銀行存続を希望する債権者と株主の協力を得て維持社を組織した。明善は債権者の一人として、維持社で中核的な役割を担った。

商法施行前の銀行株主は無限責任を負っていたため、株主は債権者の弁済要求に対して出資額以上の弁済を余儀なくされていた。1886（明治19）年、明善は旧丸屋銀行が保有する債権を保全するため、東里為替店という銀行類似会社の経営を引き受けた。同店は旧丸屋銀行に代わって貸付金の取立てを行い、回収した貸付金を運用して債権者への弁済に充当する業務を行っていた。

金原銀行の設立と終焉

1899（明治32）年、明善は東里為替店を合名会社金原銀行に改組した。1917（大正6）年、同行は株式会社に改組され、病床にあった明善に代わって養孫金原巳三郎が頭取に就いた。明善

金原銀行社屋

（出所）一般社団法人
金原治山治水財団

の銀行経営は「金は値打ちのない場所で儲けて、値打ちのある場所で遣え」[18]という理念を実践したものである。値打ちのある場所とは、天竜川の治山治水事業を指しているのは言うまでもない。

明善が推進したソーシャルビジネスの財政基盤は、金原銀行が支えていたといっても過言ではない。金原銀行には「私心一絶万功成」という言葉が掲げられていた。私心を完全に捨て去れば、あらゆる目的は成就するという意味である。私利私欲を抑制し、勤倹・力行・利他心を事業経営の根幹とした、明善の理念を示したものである。

第二次世界大戦が激しさを増すと、政府は戦時経済体制の確立を名目に国内銀行の合併を推進した。こうした流れを受けて、１９４０（昭和15年）に金原銀行は三菱銀行に吸収され幕を閉じた。

Ⅲ　経営思想

1　真の慈善とは何か

明善は営利事業によって生み出された利益を活用してソーシャルビジネスを展開し、生涯にわたって社会に尽くす姿勢を貫いた。その思想は「①実を先にして名を後にす、②行いを先にして言を後にす、③事業を重んじて身を軽んず[19]」という生活信条に示されている。金原治山治水財団理事長を務めた鈴木信一は「私的生活では勤倹経済第一主義、公的には経済報国第一主義を貫徹した[20]」と明善を評している。

明善は資産を蓄えた後で慈善を行うとか、余財があれば寄付するという姿勢を批判している。真の慈善は貧富にかかわらず時期も選ばないものであり、贅沢な暮らしをして余財を投じるのは、世間での評判を目的とした偽りの慈善であると断じている。明善の活動は、社会貢献と称して利益の一部を寄付する行為とは似て非なるものであった。

営利・非営利を問わず、多岐にわたる事業を支えたのは、「社会を利する」という理念と何事に対してもプロアクティブに取り組む姿勢であった。「何事も一人ではできぬ。だが、先ず一人が始めねばならぬ[21]」という言葉に示された強固な意志は、あらゆる企業家にとって欠くべからざる資質といえよう。

明善は経済を重視しつつも営利主義に陥ることなく、常に公利の実現を目指した。富は目的ではなく、公利を実現するための手段に過ぎなかったのである。一方、明善は地域特性や社会情勢の変化などを踏まえながら、創造性に富むビジネスを生み出している。その経営の才をもってすれば、地方財閥として大成することも可能だったであろう。しかし、明善は「己を利する」のではなく、「社会を利する」ことを選んだ。

2　明善の革新性

大原孫三郎（倉敷紡績）は、非営利事業と営利事業を両立させることの難しさを「片方の足に靴を履き、一方の足に下駄を履くのは難しい」と述べた。社会企業家としての明善の革新性は、ソーシャルビジネスと営利事業が相補的に発展するビジネスモデルを作り上げたことである。

金原家の全資産を天竜川の治水事業に拠出した行為が示すように、明善は個人的な蓄財に興味を示さなかった。彼は事業の前途に見込みが立てばこれを人に譲って、次の事業に取り組んだのである。明善が創業した事業会社の多くは彼の手を離れ、形を変えて現代に承継されている。

明善は事業に臨む心構えとして「①己の心を正しくすること、②人を欺かず、人を妨げないこと、

金原明善が関係した事業

種別	事業名	設立年	事業内容
公益事業	治河協力社	1875	天竜川の治水事業、天竜川通堤防会社として発足
	遠江興農社	1882	西洋種牛馬の飼育
	金原山林	1887	天竜川上流域における私有林買収地の植林事業
	静岡県勧善会	1888	免囚の保護・教育事業、静岡県出獄人保護会社として発足
	北海道金原農場	1896	開拓と殖民事業
	金原治山治水財団	1904	天竜川の分水による灌漑事業、金原疎水財団として発足
営利事業	天竜木材株式会社	1881	製材業、合本興業社として発足
	株式会社金原銀行	1884	銀行業、東里為替店として発足
	中屋商店	1885	製本印刷・文具販売業、丸家銀行株主から経営委譲
	丸屋指物店	1885	西洋家具類販売、丸家銀行株主から経営委譲
	井筒屋香油店	1887	京都小野屋から経営委譲、後に井筒ポマードを販売
	東里組	1888	八丈島の特産物販売
	天竜運輸株式会社	1892	運輸業、後に日本通運へ譲渡

（出所）筆者作成。

③誠心誠意、愚直に進むこと、④よい知恵とすぐれた技術を伴うこと」[22]を挙げている。

遠州地方に浸透していた報徳思想と共通する要素の多い明善の価値観は、企業家を目指す人々に大きな影響を与えた。

明善の経営思想には理想主義と現実主義の両面がみられるが、その到達点は人と自然が共生するサステナビリティ社会の実現にあったのではないだろうか。理想とする社会の実現に向けて、明善はピューリタン的な生き方を終生貫いたのであった。

ＳＤＧｓの実現に向けて、社会経済システムの抜本的な変革が求められている。ＳＤＧｓが掲げた「誰一人取り残さない」という理念は、明善が取り組んだソーシャルビジネスと共通する要素が多い。理念を持つ企業家にとって金儲けは手段に過ぎないが、理念なき企業家は金儲けが目的と化してしまう。株価を上げてストックオプションを行使し、莫大な富を手に入れることがそれほど大切なことなのだろうか。

いま企業家に求められているのは、目先の利益に囚われず、理念の実現に向けて愚直に進む強さであろう。明善の事績は、われわれに企業と社会の関係を問い直すことを求めているといえよう。

3　金原明善の言葉

明善を理解するには、彼が残した言葉を読み解くことが欠かせない。各種資料に残された言葉の中から、明善の経営観や行動原理を示しているものを紹介しよう。

＊　＊　＊　＊　＊　＊　＊　＊　＊

金は生き物である。生きているものは時と場所でその値打ちを異にする。[23]

＊　＊　＊　＊　＊　＊　＊　＊　＊

自分の住居する所だけを残して、そのほかを皆売ってしまい、身代の三分の二を投げ出して立派な学校を建築する。そこで高等な学問知識を授ける。十年、二十年後には、大臣にも次官にも実業界にも、その学校から出た人が地位を占める。どんな立派な家を建てても、それで世間を利することはできぬが、学者や事業家を作っておけば、どれほど日本のためになるかしれぬ。[24]

＊　＊　＊　＊　＊　＊　＊　＊　＊　＊

植林に投資するのは銀行預金と同様貯蓄預金であり、しかも銀行預金より有利である。だか、百年間引出しのできない預金であって、中途引出しは銀行預金に比べて極めて不利である。だから植林投資には流動資本を当ててはならぬ。手をつけなくてもよい金があったら、それこそ植林投資に当てるべき金であり、この余裕金は即ち倹約によって生まれるものである。[25]

＊　＊　＊　＊　＊　＊　＊　＊　＊　＊

人は何事を為すにも正直を旨とせねばならぬ。如何に知識や技能が優れていても、その為す事が邪であり、曲であったならば、それが世道人心に害毒を及ぼすことは言うまでもない。たとえ知識や技能が優れていなくても、その為す事にして正であり、直であったならば、それが人を利し世を益することは明らかである。それで事業を為そうとする人は、先ず己の心を正しく、国家社会の福利を増進するということを念頭におき、真直ぐな矢が的に向かって直進するように進んでいかねばならぬ。[26]

【金原明善　年譜】

1832（天保3）年　現在の浜松市東区安間町の名主の家に生まれる。

1855（安政2）年　安間村名主となる。
1872（明治5）年　『予防水患策序』を出版。
1874（明治7）年　天竜川通堤防会社を設立。
1875（明治8）年　天竜川通堤防会社を治河協力社に改称。
1878（明治11）年　金原家の資産献納。治河協力社を訪れた明治天皇に賜謁。
1880（明治13）年　出獄人保護事業を目的とする勧善会を組織。
1881（明治14）年　近代的な製材事業を興すため合本興業社を設立。
1884（明治17）年　東里為替店（合名会社金原銀行の前身）の経営を引き継ぐ。
1886（明治19）年　瀬尻村官有林の植林に着手。
1890（明治23）年　御料局顧問に就任。
1892（明治25）年　天竜運輸会社を設立。
1898（明治31）年　瀬尻官有林の造林が完成。
1904（明治37）年　財団法人金原疎水財団を設立。
1908（明治41）年　浜名郡和田村村長に就任。
1923（大正12）年　東京都内の自宅で死去（享年92歳）。

第5章

ウィリアム・メレル・ヴォーリズ

—スチュワードシップに基づくソーシャルビジネスの実践—

1880〜1964年

（出所）公益財団法人近江兄弟社

【SDGsで読み解くヴォーリズの軌跡】

	活動の内容	関連するSDGs目標
経済	・医薬品事業（メンソレータム） ・建築設計事業（ヴォーリズ建築）	8 働きがいも経済成長も 10 人や国の不平等をなくそう 12 つくる責任つかう責任
社会	・医療事業（近江療養所）（現・ヴォーリズ記念病院） ・教育事業（近江兄弟社学園）（現・ヴォーリズ学園） ・医薬品事業を通じた健康の増進 ・健康を高める住空間の創造 ・建築を通じた快適な街づくり	3 すべての人に健康と福祉を 4 質の高い教育をみんなに 5 ジェンダー平等を実現しよう 11 住み続けられるまちづくりを 16 平和と公正をすべての人に
共通	・キリスト教伝道（近江ミッション） ・スチュワードシップ経営の実践 ・地域住民との協働	17 パートナーシップで目標を達成しよう

（出所）筆者作成。

【本章のポイント】

ウィリアム・メレル・ヴォーリズは、キリスト教伝道のため、現在の滋賀県立八幡商業高等学校の英語教師として来日した。同校卒業生らの協力を得て、近江ミッション（近江基督教伝道団）を創設して伝道活動を展開した。

ヴォーリズは、この世における最悪の罪は利己主義であり、それには個人、家族、国家の区別はないと語った。ビジネスを隣人との取引を内容とする社会制度と捉え、教育・医療・伝道などの社会奉仕活動と、その本質は変わらないと説いた。

ヴォーリズはソーシャルビジネスを展開する一方、ヴォーリズ建築として名高い西洋建築や、メンソレータム（現・近江兄弟社メンターム）の輸入販売を手掛けた。スチュワードシップ（社会に対する奉仕の精神）を大切にしたヴォーリズは、自己利益の最大化のためではなく、社会的な課題に取り組みながら持続可能な地域社会の創造を目指したのであった。

Ⅰ　評伝

1　生い立ちと思想形成

信仰心の篤い家庭で育つ

1880（明治13）年、ウィリアム・メレル・ヴォーリズはアメリカ合衆国カンザス州レヴンワースで生まれた。父ジョンはミズーリ州の商業学校を卒業後、レヴンワースに移住し、第一プレスビテリアン教会[1]の信者として活動した。

母ジュリアの実家メレル家はピューリタンであり、祖父はレヴンワースのプレスビテリアン派教会で長老として活動していた。敬虔なキリスト教徒である両親の信仰心が、ヴォーリズの人生に与えた影響は計り知れない。1914（大正3）年、ヴォーリズの両親は日本に永住するために来日し、終生ヴォーリズと近江兄弟社の活動を支えた。

ヴォーリズは幼少期を振り返って、「私の心に深くはいった最初の印象が、音楽・宗教・自然の三者であったということは、なんとしても幸福なことであった」[2]と回想している。宗教については敬虔な信仰心を持つ両親の影響が大きく、音楽と自然との結びつきは、腸結核で生死の境をさまよう程の虚弱体質が関係していた。

１８８８（明治21）年、ヴォーリズ一家はアリゾナ州フラグスタッフに転居した。フラグスタッフでは俸給付きで学校のオルガン奏者となり、同時にフラグスタッフのプレスビテリアン派教会のオルガン奏者にも任じられた。フラグスタッフ時代のヴォーリズは絵画にも強い興味を抱いた。後に建築家を志すヴォーリズにとって、絵画の素養は大きな力となった

高校から大学卒業まで

１８９６（明治29）年、ヴォーリズ一家はコロラド州デンヴァーへ転居した。学業成績は優秀であったが音楽と美術に傾倒していった。高校時代のヴォーリズには、社会の不条理に対して敢然と立ち向かう正義感が芽生えていた。

１９００（明治33）年、建築家を目指していたヴォーリズは、マサチューセッツ工科大学に合格する。同校は1年次をコロラド大学[3]で履修し、２年次から転学することを認めていたため、正規生としてコロラド大学に進学した。

学業以外の活動では、ＹＭＣＡ（Yong Men's Christian Association、キリスト教青年会）とＳＶＭ（Student Volunteer Movement for foreign Mission、海外宣教学生奉仕団[4]）に所属した。１９０２（明治35）年、カナダで第４回ＳＶＭ世界大会が開催され、ヴォーリズはコロラド州代表として出席した。

建築家を志していたヴォーリズは、外国での伝道活動に参加するつもりはなかった。しかし、ＳＶ

Ｍ大会で聴講した中国における伝道活動の話が、彼の人生を大きく変えることとなった[5]。ＳＶＭ大会では、海外での伝道活動に参加する意思を確認するため、決心カードが配布された。ヴォーリズは決心カードに署名し、これまで宣教師が行ったことのない国に赴き、自給主義で伝道活動を行いたいと書き添えたのである。

ピューリタンの信仰心と宣教師の使命

ヴォーリズは、自分の使命が「種々な職業を通じて、人間生活の基準となるような、キリスト的生活の徹底的な実践にある」[6]と考えていた。彼は、ピューリタン信仰を持つ家庭環境や教会活動を通じて、教会や聖職者に従うのではなく、神のみに従うべきであるという思いが強くなった。ヴォーリズの信仰には、カルヴァン派の教え（Calvinism）が影響していた[7]。

カルヴァン派は職業召命観を大切にしていた。神から与えられた職業に励むことが神の意志に応えることとされ、労働を通じて救いが得られると考えられていた。カルヴァン派は金儲けを目的とした行為を強く否定したが、神から与えられた職業労働に励むことで得られた「富」は神聖なものとされた。社会にとって価値のある製品やサーピスを提供した証であると考えられたのである。

マックス・ウェーバーは『プロテスタンティズムの倫理と資本主義の精神』[8]において、職業労働を重視する世俗内禁欲を説いたカルヴァン派の理念が、資本主義の精神を生み出したと指摘した。プロテスタンティズムとは、ある目的に向かって生活態度を厳しく律し、怠惰を抑え、行動を組織化する能動的な禁欲主義である。

ヴォーリズが日本での宣教活動を通じて目指したものは、ピューリタン的な禁欲主義を実践できる人を創ることであった。伝道活動の中心となった近江ミッション（近江兄弟社）[9]は、目的に向かって生活態度を厳しく律し、怠惰や放漫を抑え、行動を組織化する能動的な禁欲主義の実践の場であったといえよう。

2　滋賀県立商業学校での伝道活動

バイブル・クラスの開講

1905（明治38）年、ヴォーリズは青年会英語教師として、滋賀県立商業学校（現・滋賀県立八幡商業高校）に赴任した。当時は官公立学校を中心に、外国人英語教師に対するニーズが高まっていたようである。青年会英語教師の採用条件は次のようなものであった[10]。

①日本語に関する知識がなくても英語を教授する機会が与えられる。

②希望する生徒がいれば、授業時間以外であれば自由に聖書を教えても構わない。

③旅費は支給されない。旅費相当額を借り入れた場合は、支給される俸給の中から適当な時期に返済すればよい。

外国人教師の給与は月額200円で、日本人教員の月額45円と比較しても、破格の水準だった。ヴォーリズは前任者たちがバイブル・クラスを開講していたことを知り、早速生徒に参加を呼びかけた。彼はバイブル・クラスの学生に、一冊50銭もする英語の新約聖書を惜しみなく与えたため、聖書を目当ての学生が大挙して押し掛けた。

当初はキリスト教に関心を抱く者は少なく、英語力向上を目指す者が大半を占めていた。講義では英文と和文で聖句を読んだ。聖句に対する理解が深まるにつれてキリスト教への関心も高まり、洗礼を受ける者が徐々に増えていった。

滋賀県立商業学校基督教青年会（YMCA）の発足

1905（明治38）年、滋賀県立商業学校基督教青年会（YMCA）が結成された。中等学校に相当する商業学校でのYMCA設立は前例がなかった。YMCAは38名の会員でスタートし、滋賀県立商業学校基督教青年会憲法と称する会則が採択された[11]。

一、われらは基督教主義により相互の身体、知識、霊魂の向上を図る目的を以て本会を組織す

二、われら青年間の悪弊、飲酒、喫煙を是正するため、絶対に禁酒、禁煙を宣言す

三、われらは聖書の研究会に毎週出席することを約す

ヴォーリズが着任してから1年足らずで、洗礼を受けた学生は19名を数えた。ヴォーリズの感化力は、短期間で目覚しい成果を挙げていた。生徒の心を掴んだ最大の理由は、学生に対して全く人種的

偏見を持たず、対等の人間として接したことであろう。ヴォーリズに共感した生徒たちは、彼の言葉を素直に受け入れたのであった。

高まるヴォーリズへの反発

ヴォーリズの活動を快く思わない人々は少なくなかった。校内で怪文書が出回り、商業学校で宗教熱が高まるにつれて、キリスト教の排斥運動も激しさを増していった。仏教寺院は、ヴォーリズの影響力に危機感を抱いた。東本願寺系の寺院はＹＭＣＡに対抗するため、仏教青年会（ＹＭＢＡ：Young Men's Buddhist Association）を組織した。

学校内外の情勢が厳しさを増す中で、ヴォーリズは健康を害し、治療のため帰国を余儀なくされた。幼少期に患った結核性の腸疾患が再発したのである。当時の日本では、結核性疾患は不治の病と考えられていたが、幸いにも短期の治療で健康を回復した。

仏教寺院を中心とする勢力は、県当局や学校長に対して、ヴォーリズの解任を求める動きを強めていた。こうした外圧に屈した学校長は、ヴォーリズに対して次のような要求を突きつけた[12]。

一、今後はキリスト教の宣教活動を一切行わないと誓うなら、商業学校での教員を継続してもよい。
二、キリスト教の宣教活動を辞さない場合は即刻辞職する。

ヴォーリズにとって学校長の要求は解任通告に等しかった。伝道活動を捨てなかったヴォーリズは免職となった。解雇通知には次のように記されていた。

吉田悦蔵

（出所）公益財団法人近江兄弟社

「ウィリアム・メレル・ヴォーリズ氏は西暦1905年2月より滋賀県立商業学校に於て英語科の教員であった。其教授振りと、学生の陶冶に関することは、全然、満足さるべきものであった。同氏が解職されたのは、県民の反対意志により、即ち聖書を教へて、学生たちをキリスト教に至る様に感化したる事を以て、県民の大部分なる仏教徒諸君の反対意志により解職したのであります[13]」

ヴォーリズは教え子の吉田悦蔵[14]に、命を賭けて近江での伝道活動を続ける覚悟を打ち明けた。吉田は進学を断念し、自分の将来を彼に託すことにした。

3　近江ミッションの創設

伝道活動の種まき

商業学校での生活を通じて、ヴォーリズは日本人に対する見方を変えた。これまでは、西洋人と異なる日本人心理なるものが存在すると信じていた。しかし、バイブル・クラスにおける生徒たちとの交流を通じて、こうした考えが間違っていたことに気づいたのである。

ヴォーリズはこれまでの伝道方針を次のように改めた。

①東洋人キリスト信者が道徳や倫理性に欠けていたとしても、後進国の段階にある東洋人に対して、同情心から寛大な態度を取ることは間違いである。
②宣教師が外国で伝道する場合、地域社会の協力者と対等なパートナーシップを組まなければならない。
③宣教活動は大都市を戦略的中心と位置づけ、そこから周辺地域に活動を広げることは必ずしも常道とはいえない。[15]

1910（明治43）年、アメリカに一時帰国したヴォーリズは、アルバート・アレキサンダー・ハイド（Albert Alexander Hyde）とレスター・グローバー・チェーピン（Lester Grover Chapin）[16]に出会った。

ハイド夫妻

（出所）公益財団法人近江兄弟社

ハイドはメンソレータム社の創業者であり、外国における自給伝道に深い関心を寄せていた。彼はヴォーリズの自給主義の伝道活動に共感し、メンソレータムの販売代理権を提供したのだった。[17]チェーピンはコーネル大学建築科出身でヴォーリズと同じくSVMに所属していた。ヴォーリズ、チェーピン、吉田悦蔵らはヴォーリズ合名会社を設立することになる。[18]同社は自給主義を実践するため、伝道資金の獲得を目的としていた。

近江ミッション（近江基督教伝道団）が目指したもの

1911（明治44）年、近江ミッション[19]（当初の名称は近江基督教伝道団）が発足した。伝道活動はヴォーリズの個人活動から、組織化された活動に発展していった。伝道団の綱領は次のように定められた[20]。

一、近江の国にて教派に関係なくキリスト教の福音を説く。
二、教会は設立しない。伝道だけはする。
三、日本人も外国人も風俗習慣の別、国家の別、人種の別などを区別せずに共同生活をなし、完全に一致する団結を実現する。
四、他の福音宣伝事業をやっている処に行かぬ。
五、農村、漁村の伝道をやる。
六、指導者の育成。
七、酒とたばこは害悪と認める。健康の向上、体育と衛生の進歩を図る。貧乏問題の解決を図る。
八、キリスト教の宣伝については前人未到の地に行く。

ヴォーリズが目指したのは、近江八幡を中心とする琵琶湖畔に、神の国を築くことであった。近江ミッションの設立に至る道のりは、物理的、社会的困難の連続であった。そのプロセスは人智を越えた導きによるという表現が相応しいといえよう。

Ⅱ　企業家活動の神髄

1　近江ミッションの事業

営利事業の全体像

近江ミッションの伝道活動を支えたのは、営利事業を担当するヴォーリズ合名会社（1910年設立）であった。同社は伝道活動を担う宣教部と産業部によって構成されていた。自給主義を標榜する近江ミッションにとって、経済的な自立は伝道活動の本旨にかかわる重要な課題であった。

1920（大正9）年、ヴォーリズ合名会社が発展的に解散し、近江セールズ株式会社とヴォーリズ建築事務所が設立された。図表1で示したように、この頃から、ビジネス部門と伝道部門の職務分担や構成員が明確に分かれていくことになる。

図表1　営利事業の変遷

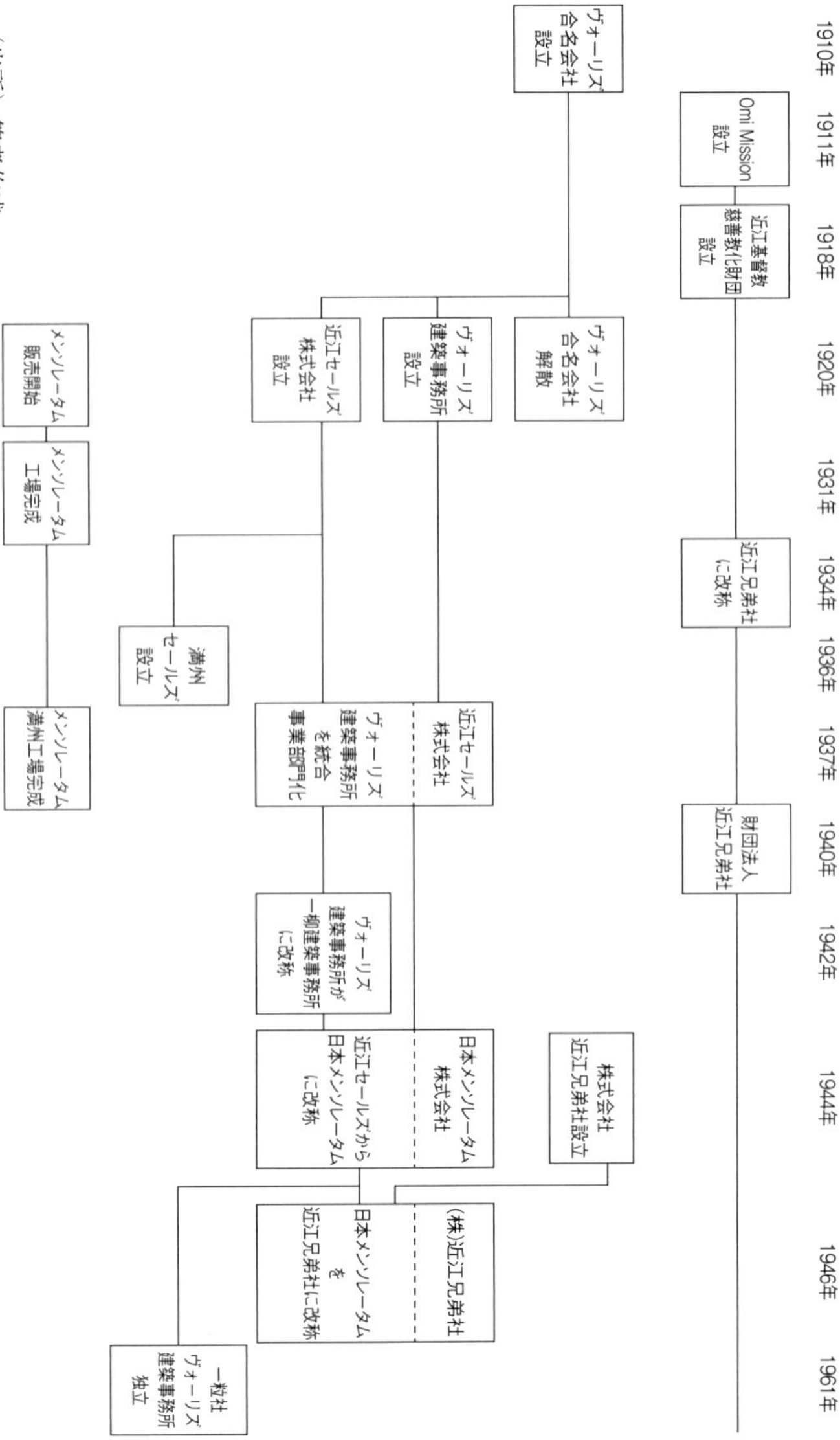

（出所）筆者作成。

明治学院大学礼拝堂

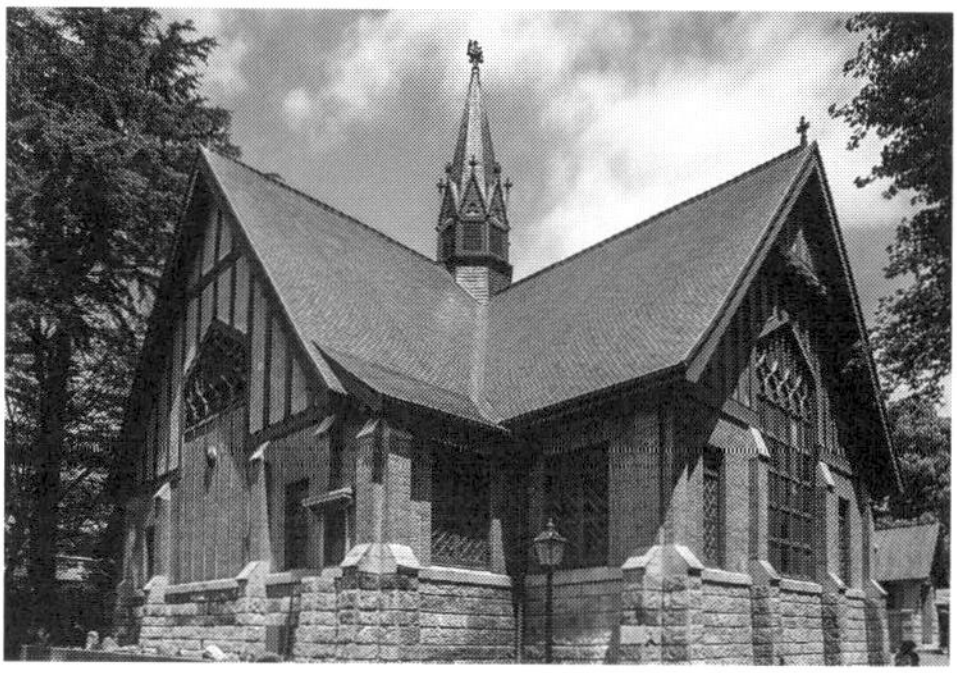

（出所）学校法人明治学院大学

2　建築設計事業

ヴォーリズ建築の誕生

近江ミッションのビジネスは、建築設計事業とメンソレータム製造販売事業の二部門で構成されていた。初期の活動を支えたのは、建築設計事業だった。

１９０８（明治41）年、京都基督教青年会館建設[21]の現場監督を引き受けたことを契機に、建築設計事業に本格的に取り組むようになった。ヴォーリズが目指した建築は、住み心地がよく、住人の健康を向上させる建物を提供することであった。１９１０年～１９４５年の間に５９０棟を越える建築記録が残されている。[22]建築スタイルは、１９００年代初期のアメリカ建築と和風建築を巧みに融合したものであった。合理性と経済性に富む作品の数々は、多くの支持者を獲得していったのである。

ヴォーリズの役割はプランナーだった。建築設計の初期段

図表2　建築年別作品数の推移

（単位：件）

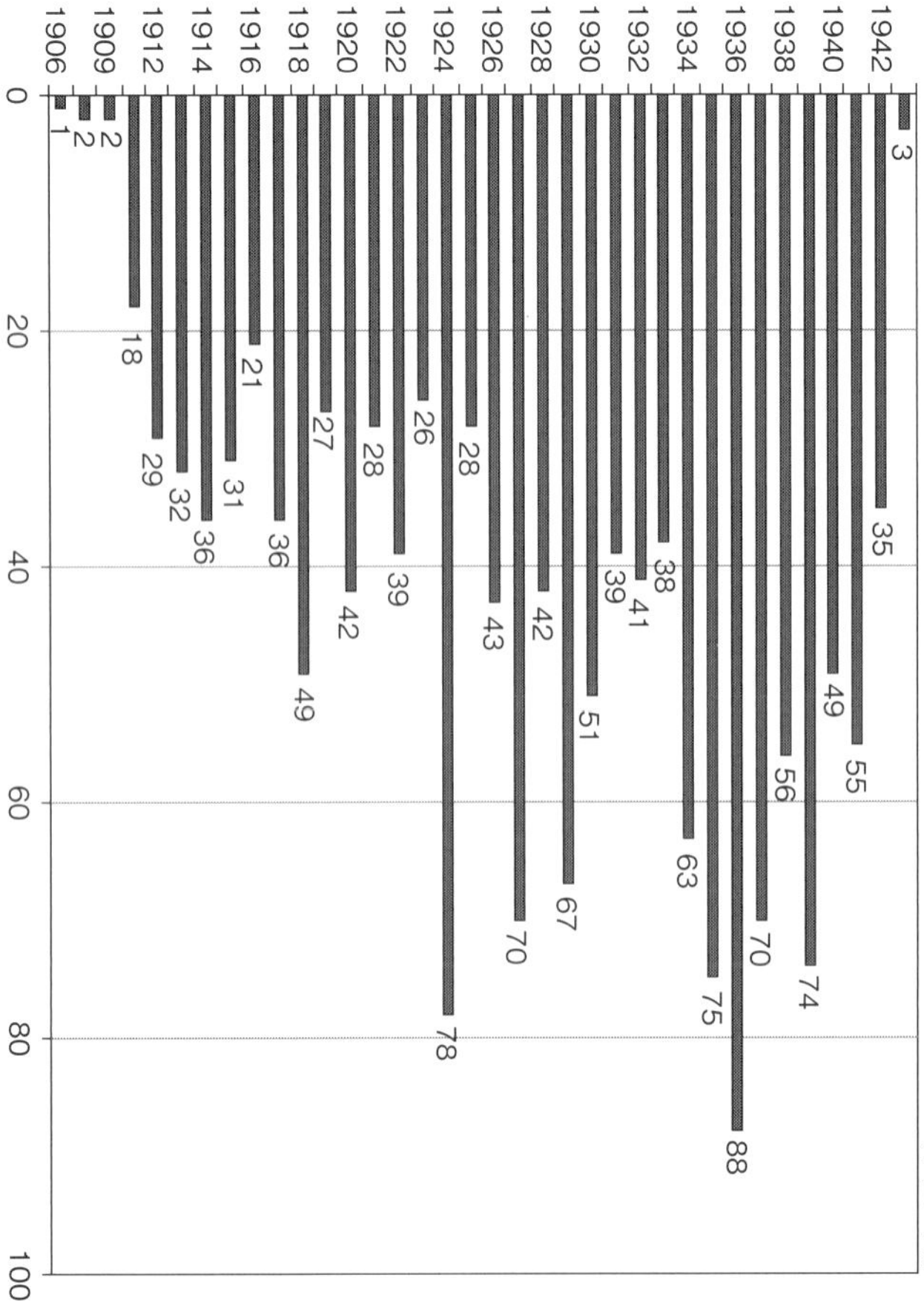

（出所）山形（2002）、235頁を元に筆者作成。

図表3　分野別建築作品数

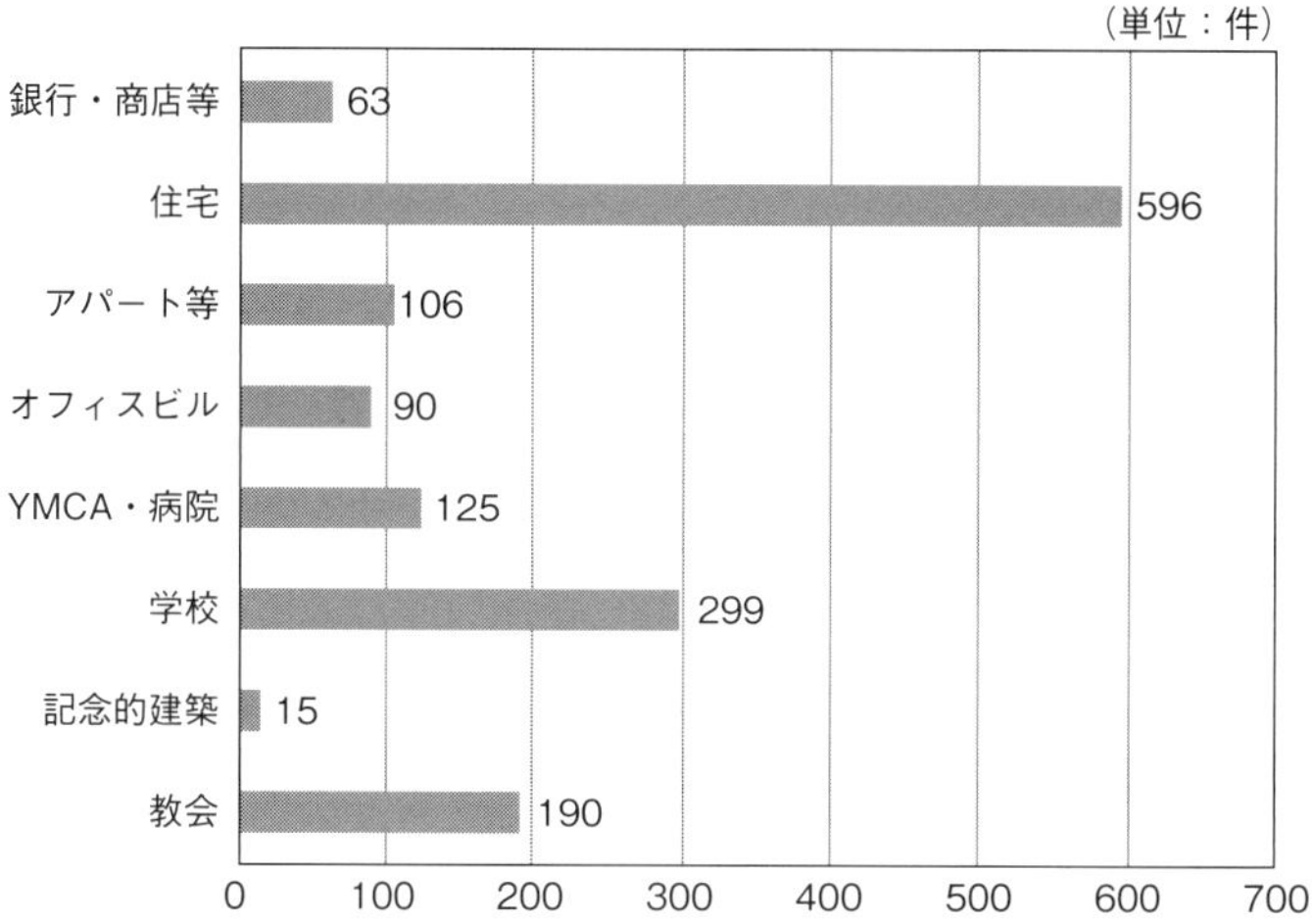

(出所) 同前

階で建築物のイメージを構想し、詳細な平面スケッチを作り上げるまでが彼の仕事だった。デザイン、トレース、構造設計等は事務所のメンバーに委ねられた[23]。

図表2は建築年別作品数の推移、図表3は分野別建築作品数を示したものである。ヴォーリズ建築事務所の活動は、１９２０年以降に本格化していった。活動初期は教会、学校、個人住宅の建築を主としながら、１９２０年代以降は銀行、保険会社、商店等の建築まで幅広くに受注している。

建築設計事業は近江ミッションを支える中核事業であった。しかし、それは単なる収益事業ではなく、そこに住む人々の健康と福祉を育むことを最大の目的としたキリスト教精神に基づくものであった。機能性と優雅さを併せ持つ作品は、現代に至るまで多くの人々を魅了し続けている。

3　メンソレータム事業

創業者ハイドとの出会い

1910（明治43）年、ヴォーリズはメンソレータム創業者のハイド[24]と出会った。ハイドは近江ミッションにとって、最も大切な支援者となった人物である。彼は自給主義による伝道活動を支援しており、日本におけるヴォーリズの活動にも強い関心を寄せていた。

1913（大正2）年、ハイドは日本におけるメンソレータム販売権の供与を申し出た。ハイドはヴォーリズと同じくカルヴィニストであり、人間の価値は富の大きさではなく、神への奉仕によって決まるという強い信念を持っていた。ハイドは、収益の10％を伝道活動に寄付するという誓いを立てていた。

メンソレータムの主原料であるメンソール（薄荷）とカンフォール（樟脳）は、日本が主産地であった。近江セールズ株式会社によって、メンソレータムの国内販売が開始された。新聞広告などの積極的なマーケティング活動が功を奏し、1923（大正12）年には満州や朝鮮半島にまで販路を拡大している。

近江セールズの定款には、「其利益ノ大部分ヲ近江基督教慈善教化財団ニ贈与スルヲ以テ目的トス」（第二条）と定められており、近江基督教慈善教化財団（近江ミッション）には収益の50％以上が贈与されていた。近江セールズは外部からの投資を受け入れず、株主は近江ミッションの関係者に限られていたことから、このような利益処分が可能となったのである。[25]

カルヴァン派のヴォーリズにとって、建築設計やメンソレータムの販売は神から与えられた天職であり、それに励むことは使命であった。事業活動を通じて得た富は神の国を築くために近江ミッションに捧げられたのである。

図表4　近江セールズの利益処分規程

利益金処分の内訳		
①	近江基督教慈善教化財団贈与金	50／100以上
②	法定積立金	5／100以上
③	財産減損償却金	5／100以上
④	株主配当金	上記の残額

（出所）奥村（2005）、144頁をもとに筆者作成。

ビジネスは社会奉仕活動

ビジネスとは隣人との取引を内容とする社会制度であり、教育・医療・伝道と同じ、社会奉仕活動である。ヴォーリズはビジネスをこのように捉えていた。[26] 経営者の使命とは自己利益の最大化ではなく、企業とステークホルダー間の共通価値を創出することなのである。ヴォーリズの事業観には、売り手よし、買い手よし、世間よしという、いわゆる「三方よし」と共通する要素が多いといえよう。

しかし、事業会社の収益の大半を近江基督教教化財団が吸い上げていることについては批判もあった。こうした批判の一因は、近江ミッションの

図表５　近江ミッションの全体像

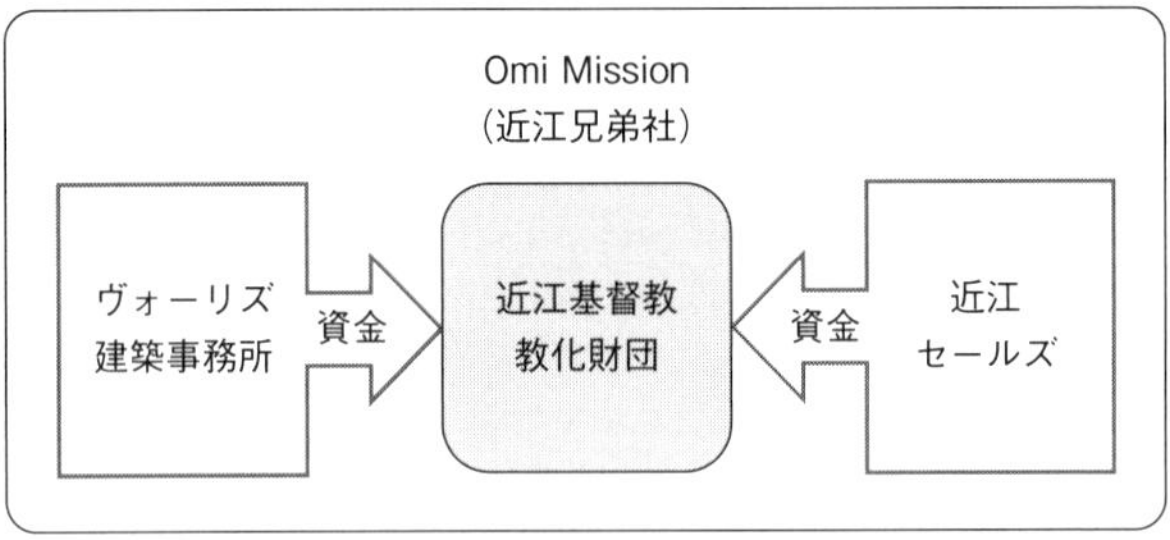

（出所）筆者作成。

実態が分かり難かったからである。伝道活動と営利事業からなる近江ミッションは、新たに近江兄弟社と名づけられた。名づけ親は社会事業家の賀川豊彦であった[27]。

メンソレータムブランドの喪失

１９７５（昭和50）年、ロート製薬は米国メンソレータム社から商標専用使用権を買い取った。いま近江兄弟社（１９４４年、近江セールズから改称）が扱っているのは、メンソレータムでなくメンタームである。何故、このようになってしまったのか、その経緯を振り返っておこう。

近江兄弟社はロイヤルティとして、売上げの５％を米国メンソレータム社に支払っていた。１９５８（昭和33）年頃から米国メンソレータム社は、広告料の名目でロイヤルティを20％上積みするよう求めてきた[28]。

米国メンソレータム社は、独占販売権を持つ近江兄弟社からの収益還元が少ないことに、不満を持っていたのである。創業者ハイドは既にこの世になく、ヴォーリズと米国メンソレータム社経営陣との個人的な信頼関係も薄れていた。

１９７４（昭和49）年、オイルショックで経営不振に陥った近江兄弟社は、負債総額37億円余を抱えて倒産した。１９６０年代後半の日本列島改造ブームに乗じた不動産取引の失敗が、倒産の直接的な原因となった。グループの社会事業（伝道、医療、教育）に対して、近江兄弟社は利益の５％を拠出していた。しかし、これだけでは旺盛な資金需要を満たすことはできず、銀行からの借り入れに依存していた。これが経営を圧迫する要因となったのである。

米国メンソレータム社は近江兄弟社との契約を打ち切り、代わりにロート製薬に商標専用使用権を提供した。メンソレータムブランドを手に入れたロート製薬は、外皮用剤分野での拡大を図っている。倒産直後、近江兄弟社はロート製薬に再建支援を依頼していた。ロート製薬の背信的な行為に対して、近江兄弟社の岩原侑社長（当時）[29]は、激しい抗議活動を展開した。社会的な批判を恐れたロート製薬は、近江兄弟社がメンソレータムの類似商品を販売することを認める和解案を受け入れた。１９７５（昭和50）年、近江兄弟社は厚生省の認可を受けて、メンタームを発売したのである[30]。

しかし、メンソレータムを失った痛手は予想以上に大きかった。殿様商売に浸りきっていた近江兄弟社では、多くの社員が退職して社員数は１／３になっていた。広告費にも事欠くようになった近江兄弟社は、やむなく人海戦術で小売店訪問を始めた。社長以下、役員、営業社員、本社内勤スタッフ、工場の製造担当がチームを組んで、近江八幡を基点に半径１５０㎞圏内の小売店を自転車で巡回したのである。訪問した小売店は１万軒を越えたという。さらに、メンタームの小売店マージンをメ

近江兄弟社メンターム

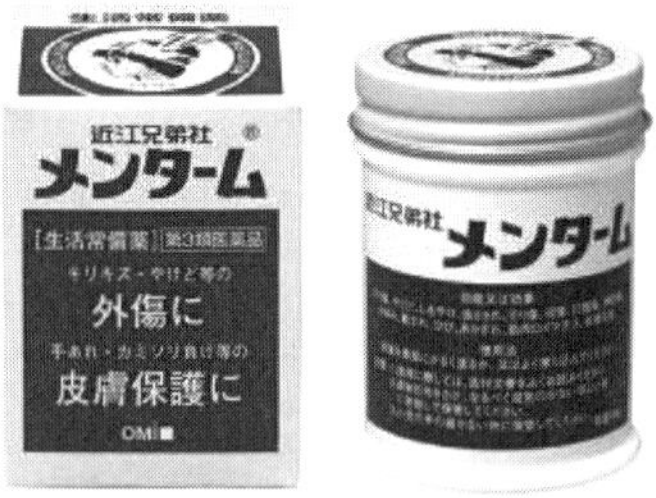

（出所）株式会社近江兄弟社

ンソレータムよりも20％高く設定するなど、身を切る努力を続けたことが功を奏し、1980（昭和55）年3月期決算では黒字化を実現した。[31]

4　ソーシャルビジネスの展開

医療事業―近江療養院―

ヴォーリズは日本の若者が肺結核に犯され、命を奪われることを憂いていた。1918（大正7）年、肺結核を治療するための近江療養院（現・ヴォーリズ記念病院）が完成した。本館は、アメリカ人ツッカー女史（Mary Tooker）の寄付で建てられた。ツッカー女史とヴォーリズの出会いは、1912（大正元）年に遡る。近江八幡を訪ねた彼女は、近江ミッションの活動に共鳴した。ツッカー女史からの寄付によって、ヴォーリズは近江八幡市内に1000坪の土地を購入し、近江ミッション住宅（ヴォーリズ邸、吉田悦蔵邸、ウォーターハウス邸、近江ミッション・ダブルハウス）を建てた。

近江療養院の敷地費用、人件費、付属施設建築費等は、ヴォーリズ建築事務所の収益から賄われていた。[32] 戦時中は陸軍に徴用されたが、戦後は近江サナトリウムとして再開された。[33] 2000（平成

12）年、結核病床はその役目を終え閉鎖されている。

教育事業―近江兄弟社学園―

戦前、キリスト教社会運動家として活躍した加賀豊彦は、ヴォーリズの活動について次のように述べている。

「ヴォーリズのミッションで一番の欠点は、教育事業のないことである。（中略）彼の今日あるは、全く彼の聖書研究会の会員が成長したからである。それで、彼がもし彼の理想をつぎこんだ中等学校なり、工業学校―これが、彼に最も適する―聖書学校なりを立てなければ、彼の事業は半分しかできあがっておらないと。わたしは思う[34]」

近江療養院

（出所）公益財団法人近江兄弟社

1919（大正8）年、ヴォーリズは一柳《ひとつやなぎ》子爵の令嬢満喜子と結婚した。満喜子の兄広岡恵三（加島銀行頭取、大同生命社長[35]）が自宅の建築をヴォーリズに依頼したことを機に、二人は出会った。英語に堪能な満喜子はいつも打ち合わせに参加し、その的確な判断と助言にヴォーリズは惹かれたのだった。

近江八幡での新生活を始めた満喜子は、子どもたちが劣悪で不衛生な環境で暮らしていることを気にかけていた。彼女はゴミ捨

ヴォーリズ夫妻

（出所）公益財団法人近江兄弟社

て場だった空き地を整備し、プレイグラウンドをはじめた。満喜子の活動を支援するため、ヴォーリズは古民家を購入し、子供たちが雨天でも遊べる施設に改装した。１９２２（大正11）年、清友園幼稚園の設立が認可され、園児４名を迎えて近江ミッションの教育事業が産声をあげた。

吉田悦蔵は近江勤労女学校と向上学園を設立した。近江勤労女学校はドイツの労作教育[36]にヒントを得て、人格育成と勤労の融合を目的としていた。向上学園はメンソレータム工場の女子従業員を対象に、修身・国語・地理・歴史・一般家事・育児・看護法・作法・自然科学・公民・料理・和裁・洋裁・体育・音楽等の多彩な教養教育が行われた。

１９４２（昭和17）年、清友園幼稚園と近江勤労女学校が統合して、近江兄弟社学園となった。戦後は小学校、中学校、高等学校が順次設立され、学校法人近江兄弟社学園（現・ヴォーリズ学園）として現在に至っている。向上学園は近江兄弟社高等学校の定時制部となったが、１９７８（昭和53）年に定時制部の廃止とともに閉校となった。近江兄弟社では女子従業員を対象に、「少人数教育と個性尊重、家庭的雰囲気、労作教育、自助の精神、自治協力の精神、宗教即生活」の実践を目的とした教育が展開されていた。

本書で取り上げた大原孫三郎（第9章）と波多野鶴吉（第10章）は、従業員教育を重視した企業家である。大原は工場内に尋常小学校や倉敷商業補修学校を設立しているが、教育を通じた社会改革の実践という理念は、近江兄弟社学園の教育理念と共通する部分が多い。波多野が女工向けに開校した夜学は、向上学園とその性格が極めて近かった。

大原と波多野はともにクリスチャンであった。彼らは目先の利益に囚われず、品質や生産性の向上、顧客ニーズへの対応、働きがいの実現、地域社会との融合など、さまざまな課題に正面から向き合った。

私欲を排し、利他の精神に基づいた彼らの事業精神は、ヴォーリズや近江ミッションとの親和性が高いといえよう。

近江兄弟社学園（現・ヴォーリズ学園）

（出所）公益財団法人近江兄弟社

Ⅲ　経営思想

1　近江ミッションの現代的意義

確固たる志やミッションがなければ、社会に山積する課題に対して、最適なソリューションを提供していくことは難しい。一

図表6　教育事業の展開

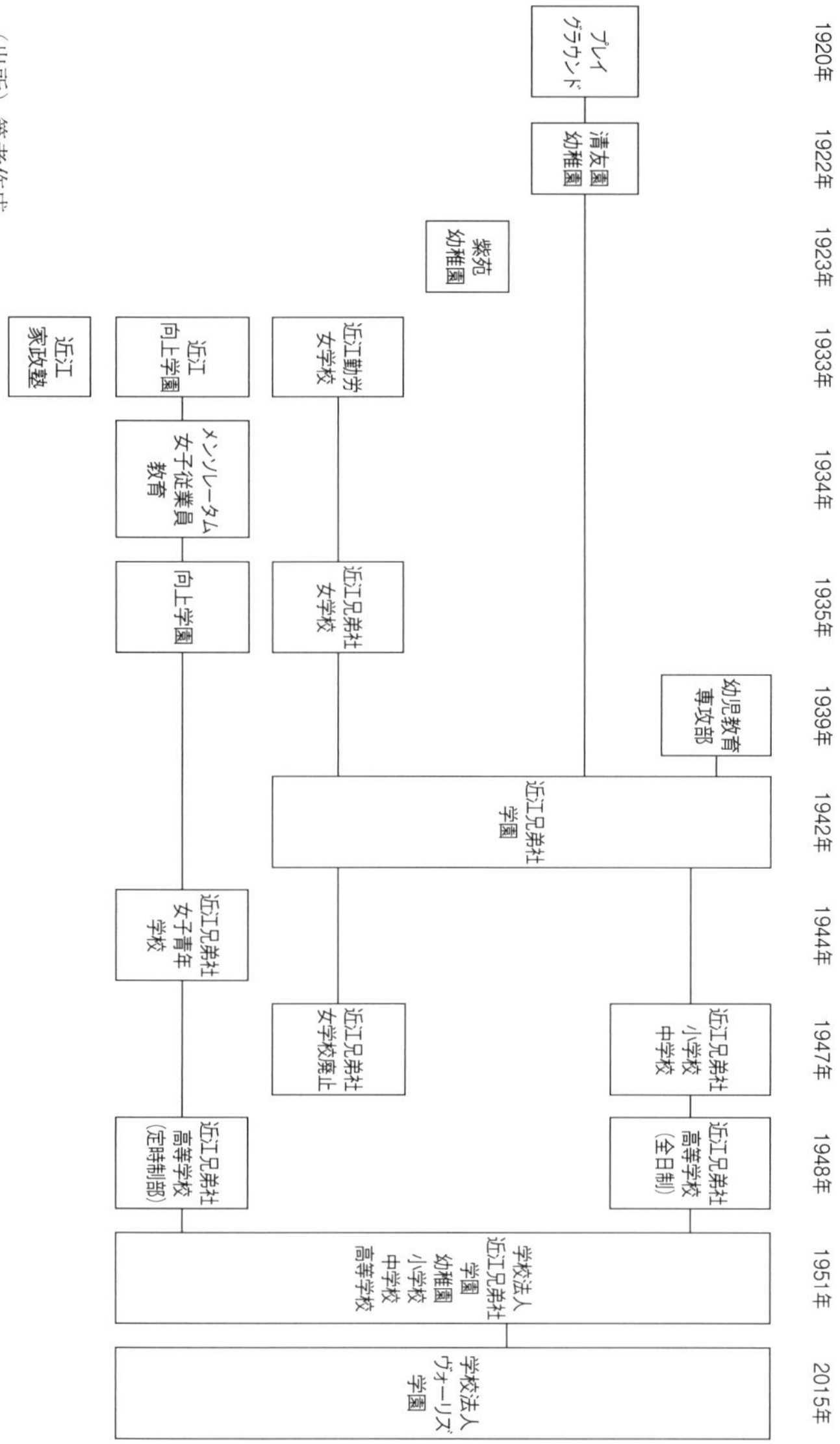

（出所）筆者作成。

方、企業の社会的責務を忘れ、消費者を踏み台にして利益を得ようとする企業が後を絶たない。CSRやBusiness Ethics（企業倫理）に関心が高まっている背景には、社会が必ずしもよい方向に進んでいないという認識を人々が抱いているからなのだろう。SDGsは、グローバル社会の困り事リストである。現代企業はSDGsへの取り組みを通じて、社会とどう向き合うかが問われているのである。

ヴォーリズは、宣教師、建築家、企業家、社会事業家、教育者など多様な顔を持つが、彼が目指したのは、相互扶助を基盤とした社会経済システムの構築だった。彼はこの世における最大の罪は利己主義であり、それには個人、家族、国家の区別はないと語った。[37]

相互扶助による社会経済システムとは、あらゆる主体によるパートナーシップを通じて、誰一人取り残さない社会を創ることに他ならない。ヴォーリズが理想とした社会とは、SDGsが目指す社会の姿と重なる部分が多い。彼は資本主義であろうと、社会主義であろうと、企業が金儲けを目的として搾取主義に陥ったことが資本家と労働者を隔離する闘争の原因になったと指摘し、資本主義や社会主義とは異なる新しい動機と組織が必要であると説いた。[38]

ヴォーリズは、近江兄弟社と社会の関係をスチュワードシップと表現した。金銭的価値を有する物はすべて神の所有であり、彼はスチュワード（執事）として、自分のためにではなく、神の国のために金銭を使うべく委託されているに過ぎないという。さらに、多くの富を所有する者は、神から多くを委託されているのであり、彼らには公共の利益のために富を活用する責務があると主張する。

ヴォーリズは「神の国」と表現したが、これを「社会」という言葉に置き換えてもいいだろう。責任ある経営とは、株主など一部のステークホルダーが求める富の創出だけではなく、社会全体の「幸せ」を生み出す経営であり、ヴォーリズが唱えたスチュアードシップに基づく経営と極めて近い関係にあるといえよう。

2　ヴォーリズの言葉

ヴォーリズを理解するには、彼が残した言葉を読み解くことが欠かせない。彼が主張した兄弟主義による実業の理念について語った言葉の中から、彼の経営観や行動原理を示しているものを紹介しよう。

＊　＊　＊　＊　＊　＊　＊　＊　＊　＊

従業員と雇用主との関係を相互的組合主義に変形し、すべてが責任と利益を分担し、組織に属する各員の健康と幸福と社会に対して有用なことが、金銭以上のものに評価されなければならない。

＊　＊　＊　＊　＊　＊　＊　＊　＊　＊

利潤は最小限度とし、製品の改良と顧客に対する奉仕のために用いられなければならない。

＊　＊　＊　＊　＊　＊　＊　＊　＊　＊

事業の成功を計る基準は、利潤の多寡によらず、その事業に関係した人々の健康上、精神上、霊性上にどれほどの改善進歩を与えたかを基準とすべきである。

＊＊＊＊＊＊＊＊＊

富の集積を避ける。個人として巨万の富を集積すべきではない。どの家庭にも貧困の悩みのある者がいないようにしなければならない。

【ヴォーリズ　年譜】

１８８０（明治13）年　米国カンザス州レヴンワースで生まれる。

１９００（明治33）年　イースト・デンヴァー高校卒業、コロラド大学入学。

１９０５（明治38）年　滋賀県県立商業学校に英語教師として着任。

１９０７（明治40）年　キリスト教伝道を理由に教師を免職となる。

１９１０（明治43）年　チェービン、吉田悦蔵とヴォーリズ合名会社を設立。

１９１１（明治44）年　近江ミッションを結成。

１９１３（大正２）年　メンソレータム創業者のハイドから日本での販売権を得る。

１９１８（大正７）年　結核療養施設の「近江療養院」（現・ヴォーリズ記念病院）を開院。

１９１９（大正８）年　子爵一柳末徳の三女、満喜子と結婚。

１９２０（大正９）年　近江セールズ株式会社（現・株式会社近江兄弟社）を設立。

１９２２（大正11）年　私立清友園幼稚園（現・学校法人ヴォーリズ学園）を設立。

１９３１（昭和６）年　メンソレータム八幡工場完成。

１９３４（昭和９）年　近江ミッションを近江兄弟社と改称。

1941（昭和16）年　日本国籍を取得し、一柳米来留と改名。
1957（昭和32）年　クモ膜下出血のため療養生活に入る。
1964（昭和39）年　死去（享年83歳）。

第 III 部

ナレッジを活用した戦略的価値創造

第 6 章

高峰譲吉

―研究とビジネスの二兎を追う両利き経営の先駆者―

1854～1922 年

（出所）高峰譲吉顕彰会

【SDGsで読み解く高峰譲吉の軌跡】

<table>
<tr><th></th><th>活動の内容</th><th>関連するSDGs目標</th></tr>
<tr><td>経済</td><td>・人造肥料の開発（東京人造肥料）
・バイオベンチャーの創設
・知財ビジネスの展開
・水力発電を活用した新事業創出（富山県）</td><td>
</td></tr>
<tr><td>社会</td><td>・ジアスターゼの発見（消化酵素）
・アドレナリンの発見（止血剤）
・基礎研究機関創設の提唱（理化学研究所）
・伝統産業を活かした地域振興（富山県）
・日米交流の推進</td><td>
</td></tr>
<tr><td>共通</td><td>・国内外企業と連携したビジネスの展開
・民間外交の推進（Japan Society）</td><td>
</td></tr>
</table>

（出所）筆者作成。

【本章のポイント】

高峰譲吉は、わが国バイオベンチャーの先駆けである。彼は研究とビジネスそれぞれの分野で優れた才能を発揮した。

応用化学の研究者として、タカジアスターゼの発見とアドレナリンの結晶抽出に成功した。前者は酵素の分解作用を活用した消化薬として広く愛用されており、後者は現在でも止血剤として使用され、外科手術で欠かせない医薬品となっている。これらの発見によって、譲吉は近代バイオテクノロジーの父と評価されている。

譲吉は農商務省時代に特許制度の整備に携わった経験を生かして、国内外でタカジアスターゼとアドレナリンの特許を取得した。さらに、自ら特許を管理する会社を設立し、研究成果を活用した知財ビジネスをグローバルに展開している。

晩年はアメリカで日本協会を設立し、民間大使として日米間の文化交流と相互理解に力を尽くした。

Ⅰ　評伝

1　生い立ち

英才教育を受けた少年期

1854（嘉永7）年、高峰譲吉は加賀藩典医の長男として、富山県高岡市で生まれた。父精一は、京都の小石元瑞《げんずい》に蘭学を、江戸の坪井信道に医学と舎密《せいみ》（化学の旧称）を学び、加賀藩に招かれ典医となった。譲吉が誕生した翌年、精一は化学の知識を買われて、加賀藩壮猶館《そうゆうかん》（洋式兵学校兼銃器研究所）に招かれ、一家は金沢へ転居した。精一は典医のほか、翻訳方や軍艦方の仕事も任されている。母幸子は高岡で醸造業を営む津田家の出身である。後年、譲吉は日本酒の醸造法を活用して、麦芽《ばくが》[1]の代わりに麹《こうじ》を使用したウイスキーの製造方法を開発することになる。

1862（文久2）年、8歳となった譲吉は、加賀藩藩士を養成する明倫堂に入学した。明倫堂は藩士の子弟などを対象に、三年間にわたって漢学を中心とする教育を行っていた。1865（慶応元）年、譲吉は藩から選ばれて、長崎に留学する機会を得た。長崎ではポルトガル領事ロレーロ宅に寄宿し、明治学院の創設者である宣教師フルベッキから、本格的な英語教育を受けた。明治維新によって、加賀藩の留学生たちは長崎から京都へ移ることとなった。

英学を学ぶ

１８６８（明治元）年、譲吉は伏見兵学校に入学した。同校では加賀藩出身の安達幸之助《こうのすけ》[2]が、西洋流兵学と英学を教えていた。舎密や窮理《きゅうり》（物理の旧称）に関心があった譲吉は、英学を学んでいる。

この年、譲吉は緒方洪庵が設立した大阪の適塾に入学している。洪庵は既にこの世になく、洋学の主流も蘭学から英学に移っていた。譲吉が適塾で得たものは、あまり多くなかったようである。

適塾で学んでいた頃、加賀藩は英国人オズボーンを招いて、石川県七尾市に英学校を開校した。譲吉は適塾をやめて英学校に転じ、オズボーンの任期切れによって閉校となる１８７０（明治３）年まで同校で学んだ。

再び大阪に戻った譲吉は、１８６９（明治２）年に開校した大阪舎密局付属医学校に入学した。医学校ではドイツ人教師リッテルから、化学実験および化学分析に関する基礎教育を受けた。ここでの教育が応用化学者を目指すきっかけとなったのである。しかし、折角入学したものの、１８７２（明治５）年に大阪舎密局が閉鎖され、医学校も閉校となってしまった。

大阪舎蜜局

（出所）公益社団法人日本化学会

工学寮（工部大学校）で学ぶ

学業を続けるために新たな道を模索していた譲吉は、幸いにも工部省の官費給費生に採用された。1873（明治6）年、譲吉は工部省工学寮[3]（工部大学校の前身）に入学している。工学寮は6年制で、工部省の技術官僚の養成を目的として設立された教育機関であったが、民間にも多数の人材を輩出していた。譲吉は同校応用化学科の第一期生であった。

工学寮はイギリス人を中心に、多数の外国人教師を雇い入れていた。イギリス人教師が多数を占めていたのは、初代工部卿の伊藤博文をはじめ、主要官僚がイギリス留学を経験していたことや、産業革命を背景としたイギリスの工業技術力が高い水準を誇っていたからであろう。

グラスゴー大学出身のヘンリー・ダイアー[4]が都検（実質的な学校長）に就任し、理論だけでなく実習を重視したカリキュラムで教育が行われた。当時、グラスゴー大学の工学研究は世界でもトップクラスを誇っていたといわれており、譲吉らは世界水準の工学教育を受けることができたのであった。

国費留学生として英国で学ぶ

1879（明治12）年、官費給費生として入学した第一期生23名（入学者は32名）が卒業した。譲吉が所属する応用科学科の卒業生は6名だった。主席で卒業した譲吉は、工部省の国費英国留学生に選ばれた。

1880（明治13）年、渡英した譲吉は、グラスゴー大学[5]に在籍して応用化学を学んだ。さらに、リバプールやマンチェスターなど、イギリス各地の工場で行われた実習にも積極的に取り組んだ。ニューカッスルの肥料工場の実習で得た知識は、人造肥料会社を設立する際に大きな財産となった。

応用化学分野で世界水準の知識と技術を習得した譲吉は、3年間のイギリス留学を終え帰国した。工部大学校とイギリス留学で学んだ知識と技能が、バイオベンチャー企業家への道を拓いたのであった。

2　官僚から企業家へ

ニューオーリンズ万国博覧会に出向する

1883（明治16）年、イギリスから帰国した譲吉は、農商務省御用掛を命じられ、同省工務局勧工課に勤務した。和紙の製造、藍の製造、日本酒の醸造に関心を持ち、国内ですべての原料を調達できる国産品の生産を推進した。母の実家が醸造業を営んでいたことと関係するのであろうか、譲吉は日本酒の腐敗を防ぐ方法を考案し、「液体防腐法およびその機械」として特許を取得している。[6]

1884（明治17）年、アメリカのニューオーリンズで、綿花百年祭を兼ねた万国博覧会[7]が開催された。譲吉は日本代表団の事務官を命ぜられ、アメリカに約1年間滞在した。滞米中、譲吉は後に伴侶となるキャロライン・ヒッチと婚約している。

グラスゴー大学本館

（出所）グラスゴー大学

イギリス留学時代、人造肥料の製造について研究した譲吉は、博覧会に出品された燐鉱石に注目した。万国博覧会が終了すると、過燐酸石灰とその原料となる燐鉱石を日本に持ち帰った。譲吉は日本の農業生産性を向上させるためには、人造肥料の開発が欠かせないと考えていたのである。

１８８５（明治18）年、ニューオーリンズから帰国した譲吉は、農商務省工務局勧工課と専売特許所（１８８６年、特許局に改称）を兼務することとなった。日本の特許事業の基盤整備に携わったことが、後に知財ビジネスをグローバルに展開する上で、大いに役立つこととなった。

東京人造肥料株式会社の設立

譲吉は滞米中から、人造肥料製造会社の設立を真剣に検討していた。人造肥料の製造技術はイギリス留学時代に修得しており、燐酸肥料の原料となる燐鉱石も既に入手していたことから事業化は十分可能であると考えていた。

譲吉は、産業界の重鎮であった渋沢栄一[8]と三井物産の益田孝[9]に対して、人造肥料の効果と意義を提案した。渋沢と益田は譲吉のビジネスプランに大きな関心を寄せた。東京人造肥料株式会社（以下、東京人造肥料）の設立準備会が発足し、社長に渋沢栄一、技師長兼製造部長に譲吉の就任が内定した。譲吉は農商務省に在籍したまま、人造肥料の製造機械と原材料買い付けのため欧米に出張した。アメリカを訪れた譲吉は、２年前に婚約したキャロライン・ヒッチとニューオーリンズで正式に結婚している。

1887年（明治20）年、東京人造肥料（現・日産化学株式会社）が設立され、翌年から本格的な生産が開始された。翌年、譲吉は約5年間勤務した農商務省を退職し、研究者と企業家の二足の草鞋を履くことになった。

渋沢は、「元来は学者であるけれども、一面において事業を処理していく才能を持っている」と、譲吉の企業家としての能力を高く評価していた。

東京人造肥料本社工場

（出所）公益社団法人渋沢栄一記念財団

Ⅱ　企業家活動の神髄

1　高峰式醸造法の開発

日本酒の醸造技術でウイスキーを作る

東京人造肥料の設立によって、譲吉は企業家としての第一歩を踏み出した。彼は工場の隣接地に私設の研究所を開設し、アルコール発酵に関する研究を行った。

譲吉が取り組んだのは、ウイスキーの製造方法を麦芽《ばくが》方式から日本酒の醸造に使用する米麹に代える試みであった。もちろん醸造酒である日本酒と蒸留酒であるウイスキーは製造法が異なっている。譲吉が着目したのは、日本酒もウイスキーも製造の初期段階におけるアルコール発酵は同じであるという点だった。

ウイスキーは大麦を発芽させた麦芽を使う。麦芽に含まれるジアスターゼなどの糖化酵素が、大麦のデンプンを分解し糖に変える。これに酵母を加えて発酵させると、糖がアルコールに変わるという仕組みである。日本酒の醸造に使用される米麹は、麦芽に比べて糖化能力は劣る。しかし、糖化とアルコール発酵を同時に行うことができ、酵母を使うよりもアルコール発酵能力は高いというメリットがあった。

ウイスキーの製造過程から排出される穀皮は、利用されずに廃棄されていた。ところが、譲吉は捨てられていた穀皮を発酵の原料として再利用する方法を開発し、製造コストの大幅な削減に成功したのである。

東京人造肥料を辞める

全米最大のウイスキーメーカーであるウイスキートラスト社は、譲吉の製造方法に注目し、実験施設の提供を申し出た。譲吉はこの提案を受け入れ、東京人造肥料を退社する決意を固めた。

自ら提案して設立した東京人造肥料を放り出した譲吉に対し、渋沢ら関係者からごうごうたる非難の声が上がった。幸いにも益田らのとりなしが功を奏し、譲吉は東京人造肥料を円満に退社することができた。１８９１（明治24）年、譲吉は元麹改良法による実験に成功し、アメリカとイギリスで特許を取得している。[10]

タカミネ・ファーメントの設立

　ウイスキートラスト社は高峰方式を高く評価していた。しかし、ウイスキートラスト社の株主である麦芽業者から、猛烈な反対運動が起こった。麦芽業者は仕事が失われることを恐れたのである。

　妨害行為は激しさを増し、研究所も放火されて全焼してしまった。高峰方式の採用を完全に阻止するため、反対派の株主たちは株主総会を開いて、ウイスキートラスト社の解散を決議してしまった。こうして、高峰方式は完全に葬られてしまったのである。

　ウイスキー事業の道を断たれた譲吉は、「タカミネ・ファーメント（Takamine Ferment Company）」を設立して再起を図った。同社は譲吉が取得した特許を保有し、その使用料を得ることを目的に設立された会社であった。いわゆる研究開発型ベンチャー企業の嚆矢といえる存在である。譲吉は自らアメリカの弁理士資格を取得し、自分の研究成果を自らの手で出願し、多数の特許を取得した。知的財産化した研究成果を起点に、譲吉は知財ビジネスをグローバルに展開していったのである。

2　タカジアスターゼの発見

怪我の功名

ウイスキー事業が失敗に終わったことを契機に、譲吉は創薬事業に関心を向けていった。彼は米麹によるウイスキーの製造方法を研究する過程で、デンプンの消化能力が格段に強い酵素（ジアスターゼ：diastase）を分泌する麹カビを発見していた。

ジアスターゼとは、デンプンやグリコーゲンの分解を促進して糖に変える消化酵素である。1833（天保4）年、フランスのAnselme Payen（1795～1871年）とJean François Persoz（1805～1868年）が、初めて麦芽からジアスターゼの分離に成功した。

それまで、ジアスターゼは一種類だと考えられていたが、譲吉の発見で糖化能力の高い別種のジアスターゼの存在が明らかになった。1894（明治27）年、譲吉は新たな酵素の抽出に成功し、タカジアスターゼ（Taka-diastase）と命名した。タカジアスターゼの製造法については、日本、イギリス、アメリカで特許を取得している。

特許権の譲渡

譲吉はタカジアスターゼの特許を取得すると同時に、そのビジネス化に取り組んだ。1897（明治30）年、譲吉はパーク・デービス社（本社デトロイト）に、タカジアスターゼの製造権と販売権を譲渡した。ただし、日本は譲渡対象から除外されていた。

1905（明治38）年に出版された夏目漱石の『我輩は猫である』には、タカジアスターゼに関する記述がみられる[11]。胃弱であった漱石は、タカジアスターゼを愛用していたのであろう。

3　アドレナリンの結晶抽出

熾烈な研究競争

1890年代、欧米の医学界は動物の副腎に注目していた。副腎には止血や昇圧作用があることは古くから知られていたが、副腎エキスは変質しやすく不純物も多かった。そのため副腎ホルモンの結晶物質を抽出することが、医学と薬学の研究者にとって最大のテーマとなっていた。

当時、この分野の第一人者はドイツのオットー・フォン・フュルト[12]とアメリカのジョン・ジェイコブ・エイベル[13]だった。二人は全く異なる化学構造を持つ物質を、アドリ

三共株式会社が製品化したタカジアスターゼ

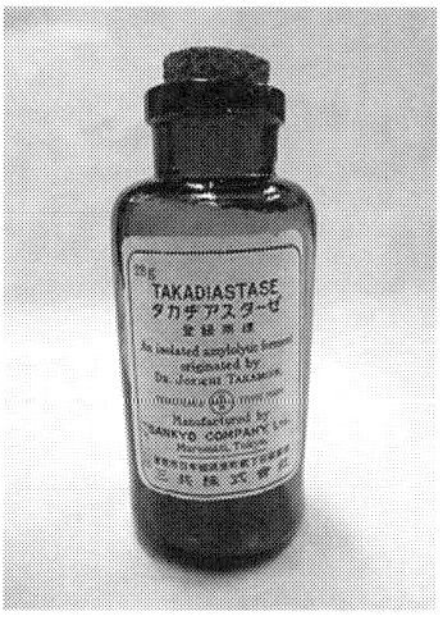

（出所）高岡市立博物館

ナリンの結晶物質として発表していた。しかし、いずれの主張が正しいかについては、学会でも結論が出ていなかった。

1897（明治30）年、パーク・デービス社は、譲吉とエイベルの助手であったオルドリッチに、アドレナリンの精製実験を依頼した。研究はニューヨークの高峰研究所で行われたが、当初2年間は全く成果がなかった。譲吉の専門は発酵学であり、結晶精製については必ずしも詳しくなかった。

上中啓三の発見

膠着状態を打ち破るきっかけをもたらしたのが、1899（明治32）年に高峰研究所の助手として赴任した東京帝国大学医学部薬学科出身の上中啓三[14]であった。上中は副腎ホルモン結晶物資の抽出過程を詳細に記録した実験ノート（1900年7月20日～11月15日）を遺している。

彼の実験から得られた結晶物質は、フュルトやエイベルが主張する物質とは全く異なる化学構造を持っていた。譲吉はこの結晶物質をアドレナリンと命名し、アメリカ（1900年11月5日付）とイギリス（1901年1月22日付）で特許を出願している。

高峰は一部の英語論文やアメリカ国内での口頭発表において、上中を研究協力者として紹介している。しかし、東京大学に提出された薬学博士の学位請求論文（1906年）には、上中の名前は無かった。アドレナリンの特許申請も、すべて譲吉の単独名によってなされており、上中の存在は全く消し去られた形となっていた。

上中は三共株式会社（現・第一三共株式会社）の監査役を最後に引退した。上中は実験ノートを一切公表しておらず、譲吉に対する不満を表明したことも無かった。何故、上中は実験ノートを公開しなかったのか。今となっては、その理由は誰も知る由もない。

汚名を晴らした実験ノート

これまで日本ではアドレナリンではなく、エピネフリンという名称が使われてきた。アメリカではエピネフリンが正式名称とされ、譲吉が命名したアドレナリンは欧州のみで使用されてきたに過ぎない。エピネフリンは、エイベルがアドレナリンの結晶物質と誤認して発表した物質の名前である。[15]

１９２７（昭和２）年に出版された回想録で、エイベルは譲吉と上中が自分の研究を盗んだと主張した。譲吉は既にこの世になく、上中も実験ノートを公表しなかったため、エイベルの主張に対する反論は全くなされなかった。その結果、エイベルの主張が事実と受けとめられるようになり、アメリカではアドレナリンの名が消え、エピネフリンが一般化したのであった。

ところが、１９６６（昭和41）年になって、上中の次男が作成した実験ノートの複製私家版が『科学史研究』第79号（１９６６）の誌上で公開されたのである。[16]

三共株式会社が製品化したアドレナリン

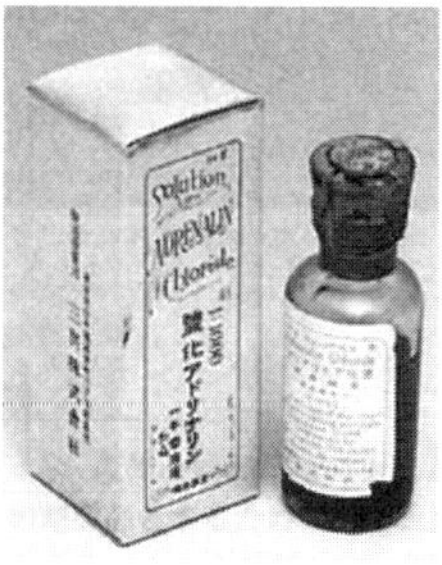

（出所）第一三共株式会社

上中の実験ノートが公開されたことで、エイベルの主張に

上中啓三

（出所）公益社団法人日本化学会

アドレナリン実験ノート

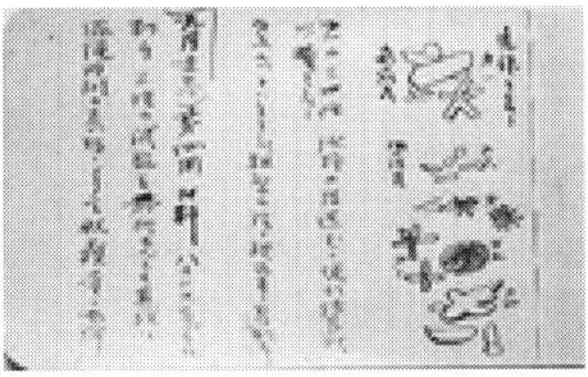

（出所）公益社団法人日本化学会

は根拠が無いことが明らかとなった。さらに、アドレナリンの抽出は上中の功績であることも確認されたのであった。

２００６（平成18）年に告示された改正日本薬局方では、エピネフリンの名称が廃止され、アドレナリンが正式名称として採用された。言われなき汚名を着せられた上中の業績は、アドレナリンの発見から１０７年目にして名誉を回復することができたのである。[17]

タカジアスターゼとアドレナリンは、パーク・デービス社が日本を除く全世界での販売権を取得していた。日本が除かれた背景には、日本国内での販売は日本人の手に委ねたいという譲吉の強い思いがあったからである。

日本での販売権は、塩原又策[18]が創業した三共商店（現・第一三共株式会社）が取得した。１９１３（大正２）年、三共商店は三共株式会社に改組され、譲吉が初代社長に就任した。１９１６（大正５）年に高峰研究所を退職した上中は、三共株式会社に勤務してタカジアスターゼとアドレナリンの国内生産を指導した。

Ⅲ　経営思想

1　研究とビジネスを両立させた経営の秘訣

類い稀なる才能に恵まれた譲吉

譲吉は西欧の先端教育を受けた第一世代の応用化学者であった。タカジアスターゼやアドレナリンの発見という学問的に優れた業績をあげる傍ら、研究成果をもとに創薬ビジネスを立ち上げて企業家としても成功した。

わが国のビジネスヒストリーを紐解いても、研究と経営の両面で優れた才能を発揮した事例は少なく、日本を代表する研究開発型ベンチャー企業家として、譲吉がいまなお高く評価される所以である。

図表1は、国立研究開発法人新エネルギー・産業技術総合開発（NEDO）が、研究開発型ベンチャーを支援するために策定した審査基準の一部である。この審査基準から読み取れる研究開発型ベンチャーの成功要因とは、①具体的な技術シーズが利用可能であること、②競合企業による模倣が技術的にも知的財産権的にも困難であることの二点である。この二つの基準を満たした譲吉の活動は、研究開発型ベンチャーの模範的なケースだったといえるであろう。

期待は高まっているものの、わが国では研究開発型ベンチャーが育っていない。その理由として、

図表１　研究開発型ベンチャーの審査基準

技術評価	
項目	審査基準
基となる研究開発の有無	提案の基となる技術開発のシーズ（実験データ等）が示されており、基礎的な検討が十分に行われていること。
特許・ノウハウの優位性	申請者が開発商品に関する優位性のある特許及びノウハウを保有していること。あるいは、大学等の共同研究先や協力企業等からのライセンス供与が確実であること。

（出所）国立研究開発法人新エネルギー・産業技術総合開発機構（NEDO）

優れた研究シーズや技術シーズが存在しても、それらを活用して事業化する資質を持った人材が育っていないという現実がある。一方、いかに優れた企業家マインドを持っていても、事業の核となる革新的なシーズを自らの手で掴むことができなければ、研究開発型ベンチャーを生み出すことはできない。

研究開発への投資は、イノベーションの創出を通じて、企業価値を高める機能を果たしている。経済を活性化していくためには、研究開発を通じて獲得したシーズを、ビジネスという形に落とし込むことが欠かせない。

残念ながら、わが国では研究成果がビジネスの創出に結びついておらず、これが日本経済の低迷が続く要因であるとの指摘もある。譲吉のように、革新的なシーズを掴み取る能力と企業家マインドを併せ持った人材は、そう簡単には育成できないのである。

知財戦略を核とした経営構想力

譲吉の企業家活動で忘れてはならないのが、知的財産とビジネスを結びつける、優れた経営構想力を持っていたことである。かつて勤務していた特許局での経験は、知財ビジネスを展開するうえで大きな力になったと考えられる。研究開発の成果を知的財産権として確立することが、ビジネス上の絶対優位性を生み出す源泉となることを譲吉は理解していたのであろう。

しかし、譲吉が知財ビジネスを展開したのは、巨万の富を築くためではない。新たなシーズを発見するうえで欠かせない、研究資金を得るためであった。利益を一義的な目的としない譲吉の姿勢は、本書（第7章）で取り上げた豊田佐吉（トヨタグループ創業者）と共通しているといえよう。

研究開発型ベンチャーの事業承継は難しい。それは、企業家として資質のみならず、優れた研究能力と技術開発力を併せ持っていなければならないからである。研究とビジネスの二兎を追う両利き経営を実践できる人材は極めて稀である。そうであればこそ、いまでも譲吉は研究開発型ベンチャーの目標とされるのであろう。

2　グローバルパートナーシップを築く

科学の発展と産業振興に向けた提言

譲吉は自然科学の発展や産業振興に関する提言を積極的に行った。1913（大正2）年、科学者の育成と産業振興のための国民的な研究機関として、国民科学研究所の設立を提唱している。

現在の松楓殿

（出所）NPO法人高峰譲吉博士研究会

１９１７（大正６）年、渋沢栄一を総代として、財団法人理化学研究所が設立された。譲吉の提言が、渋沢をはじめ多くの財界人から賛同を得た結果であった。現在、同研究所は日本で唯一の自然科学の総合研究所として、物理学、工学、化学、生物学、医学など幅広い分野で研究を進めている。

譲吉の故郷である富山県は、急流河川が多く水力発電に適した地域であり、鋳物技術を活用した地場産業が盛んであった。譲吉は水力発電と伝統技術を活用した、アルミニウム製錬の事業化を提案した。現在の富山県は、水力発電による安価な電力と鋳物技術を利用して、アルミ建材の一大生産拠点となっている。譲吉の提言は、故郷の経済発展に大きく寄与したのである。

無冠の大使として日米の相互理解を深める

当時のアメリカでは、日露戦争で勝利した日本に対する警戒感が高まっていた。アメリカに移民した日本人の多くが差別的な待遇を経験するなどの、日米間には複雑な感情が渦巻いていた。

譲吉は日米の相互理解を深めるため積極的に動いた。セントルイス万国博覧会（１９０４年）に出展された日本館をニューヨークに移築し、松楓《しょうふう》殿と名付けて日米交流の場としたのである。[19]

東郷平八郎が渡米した際の大統領晩餐会

（注）高峰譲吉（後列左から３人目）、セオドア・ルーズベルト前大統領（後列左から５人目）野口英世（前列左から４人目）、ウィリアム・タフト大統領（前列左から７人目）、東郷平八郎（前列左から９人目、起立している人物）
（出所）高峰譲吉顕彰会

１９０５（明治38）年には日本倶楽部（現在の日本クラブ）、１９０７（明治40）年にはジャパン・ソサエティー（現在の日本協会）を、それぞれニューヨークで設立して、民間交流の拠点として活用した。１９１２（明治45）年、ワシントンＤＣのポトマック河畔に植樹された桜の木の寄贈にも尽力している。

無冠の大使と呼ばれた譲吉の活動は、日本に対するアメリカ社会の理解を深めるうえで、極めて大きな役割を果したのであった。

１９２２（大正11）年、譲吉はニューヨークで死去し、ウッドローン墓地に埋葬された。譲吉はタカジアスターゼの発見とアドレナリンの結晶抽出に成功したことで、「近代バイオテクノロジーの父」と呼ばれている。

譲吉の理念は塩原又策に受け継がれた。塩原は優れた発見にもかかわらず、正当な評価を受けていなかった日本の科学者たちに製品化の機会を提供している。こうした活動を通じて、医学や理化学の研究成果は、知的財産として産業界に移転されるようになったのである。

3　高峰譲吉の言葉

譲吉を理解するには、彼が残した言葉を読み解くことが欠かせない。さまざまな文献や資料に残された言葉の中から、彼の経営観や行動原理を示しているものを紹介しよう。

＊　＊　＊　＊　＊　＊　＊　＊　＊

世の中には幾多の発明が、しばしば不成功に終わって葬られている。それは社会の罪であると同時にまた発明家自らの責任でもある。（中略）これならば社会的に使用せしめても大丈夫であるという見込みのつくまで、発明家は発明品から離れてはいけない。（中略）立派な丈夫な翼が生えて、これならばどこへ放ってやっても、充分大空を翔け得るという見込みのつくまでは、発明家が面倒を見るべき責任がある。これが発明の完成する所以ではなかろうかと思う。[20]

＊　＊　＊　＊　＊　＊　＊　＊　＊

模倣的であることは、独創的であることの先駆に他ならない。[21]

＊　＊　＊　＊　＊　＊　＊　＊　＊

【高峰譲吉　年譜】

1854（嘉永7）年　加賀藩典医高峰精一の長男として生まれる。
1862（文久2）年　加賀藩校「明倫堂」へ入学。
1869（明治2）年　大阪医学校・大阪舎密学校入学。
1872（明治5）年　工部省工学寮（東京大学工学部の前身）に入学。
1879（明治12）年　工部大学校応用化学科を主席で卒業。
1880（明治13）年　国費留学生として英グラスゴー大学に留学。
1883（明治16）年　農商務省に入る。
1887（明治20）年　東京人造肥料を設立。キャロライン・ヒッチと結婚。
1890（明治23）年　東京人造肥料を退職。高峰式醸造法の開発に成功。
1894（明治27）年　タカジアスターゼの抽出に成功。
1899（明治32）年　三共商店が日本でタカジアスターゼを発売。
1900（明治33）年　アドレナリンの結晶化に成功。
1905（明治38）年　日本倶楽部を設立。
1907（明治40）年　ジャパン・ソサエティー設立し副会長に就任。
1912（大正元）年　ワシントンDCなどへの桜の寄贈に尽力。
1913（大正2）年　三共株式会社初代社長に就任。
1917（大正6）年　理化学研究所の創設に尽力。
1922（大正11）年　ニューヨークで死去（享年67歳）。

第7章

豊田佐吉

―「ニンベンのついた自働化」を目指して―

1867～1930年

（出所）国立国会図書館

【SDGsで読み解く豊田佐吉の軌跡】

<table>
<tr><th></th><th>活動の内容</th><th>関連するSDGs目標</th></tr>
<tr><td>経済</td><td>・革新的な自動織機の開発
・知財ビジネスの展開
・徹底した品質管理</td><td>

</td></tr>
<tr><td>社会</td><td>・働き方改革の推進
・労働環境の改善
・中小機業家の生産性向上
・地域経済の自立化</td><td>

</td></tr>
<tr><td>共通</td><td>・顧客目線のイノベーション創出
・ビジネスパートナーとの事業創出
・外国企業との提携</td><td>
</td></tr>
</table>

（出所）筆者作成。

【本章のポイント】

トヨタグループの創業者である豊田佐吉は、岡田良一郎の報徳思想やスマイルズの『自助論』で紹介されたイギリス産業革命期の企業家に触発され、自動織機の開発に挑んだ。

独学によって機械工学の知識と技術を身につけた佐吉は、挫折を繰り返しながら研究開発を続け、数々の特許や実用新案を獲得している。昭和初期には小学校の教科書にも取り上げられた佐吉は、まさに立志伝中の人物であった。

企業家としての佐吉の強みは、革新的な技術シーズを生み出す研究開発力と、知的財産を活用してビジネスを生み出す経営構想力を併せ持っていたことである。この二つの能力は、研究開発型ベンチャーには欠かせない要素といえるだろう。

佐吉と息子喜一郎が開発したG型自動織機の生産効率は、従来の織機に比べて20倍以上にアップした。G型自動織機の優れた機能と経済性は、欧米の自動織機メーカーを全く寄せつけなかったのである。

技術と産業・社会の関わりをテーマとするイギリスのサイエンス・ミュージアムでは、G型自動織機が常設展示されている。

Ⅰ　評伝

1　企業家を目指す

生い立ち

1867（慶応3）年、トヨタグループの創業者である豊田佐吉は、浜名湖の西岸に位置する静岡県湖西市で生まれた。佐吉の故郷である遠州地方（静岡県西部地方）は、スズキの創業者である鈴木道雄（第8章）など数多くの企業家を輩出したことで知られている。

佐吉の生家は農業を営んでいたが、耕作地は狭く農業だけで生計を立てることは難しかった。そのため父伊吉は大工として働いていた。責任感の強い職人だった伊吉は敬虔な日蓮宗信徒であり、遠州地方に広く浸透していた岡田良一郎（第3章）の報徳社活動の影響もあって、報徳の教えを生活信条としていた。

佐吉は社会に役立つモノを創るという強い使命感を持っていた。そうした職業倫理観の形成には、父伊吉の生き方や報徳の教えが少なからず影響していたのである。後年、起業した佐吉は「至誠：何事にも真心をもって臨み、私欲を制して天の摂理に従って生きる」、「勤労：労働を通じて徳を発揮し人や社会に役立てる」、「分度：収入に応じた生活水準を定め、その範囲内で生活する」、「推譲：将来や子孫のために蓄え人や社会に奉仕する」という報徳の教えを経営理念に取り入れている。

佐吉は13歳頃から大工仕事を手伝うようになり、２年ほどで伊吉の片腕となるまでに成長した。小学校を卒業した後、佐吉は正規の教育を受けていない。しかし、彼の知識欲は極めて旺盛で、18〜20歳代後半にかけて、志を同じくする仲間とともに自主的な勉強会（夜学会）を開き議論を交わしていた。

産業革命期の企業家に触発される

佐吉に企業家として歩むきっかけを与えたのは、サミュエル・スマイルズの『自助論（原題：Self-Help）』[1]と、１８８５（明治18）年に公布された「専売特許条例」であった。

旧幕臣で静岡学問所教授の中村正直は、『西国立志編』というタイトルで『自助論』を翻訳出版した。『西国立志編』の発行部数は１００万部に達し、福澤諭吉の『学問のすすめ』と並ぶロングセラーとなった。

「天は自ら助くる者を助く」（Heaven helps those who help themselves）という文言に象徴されるように、自助論は自立自尊の精神を持って社会に貢献することの意義を説いている。明治維新によって封建的身分制度から開放された農民、職人、商人たちは、同書を通じて生きることの意味や、仕事を通じて社会に貢献する意義を発見したのである。

『西国立志編』には、志を立てて努力を惜しまなければ、人は必ず成功するということが繰り返し

西国立志編

（出所）静岡県立図書館

ガラ紡機

（出所）トヨタ産業技術記念館

述べられている。同書は産業革命期に活躍した企業家たちの事例を交えながら、生きる喜びは勤勉と自助努力によって、人々の幸福を最大化することによってもたらされると説いたのであった。

特許制度の活用

１８８５年（明治18）年、わが国最初の特許法として専売特許条例が公布された。臥雲辰致《がうんたっち》[2]が開発したガラ紡機は、[3]１９３５（明治10）年に開催された第一回内国勧業博覧会で最高位の鳳紋賞牌《ほうおうもんしょうはい》を受賞した。

しかし、当時は特許制度がなく、臥雲の紡績機を模倣する者が後を絶たなかった。模倣者は自らを発明者と称して宣伝したため、臥雲は日々の生活費にも窮するようになったといわれている。

『西国立志編』には発明家の権利を保護する特許制度が、産業革命の原動力となったこと記されている。佐吉は生涯にわたって数多くの特許や実用新案を取得しており、こうした知的財産を起点にビジネスを発展させたのであった。

2　報徳思想の影響

佐吉の伝記を巡る逸話

佐吉の伝記では、次のような記述をよく目にする。「ある日、佐吉は父伊吉の大工仕事を手伝うために小学校に出かけた。その時、佐田先生が授業で『西国立志編』について話しているのを聞いて興味を持った。佐吉は佐田先生から『西国立志編』を借りて読み、「専売特許条例」についても教えて貰った。これが佐吉を発明へ駆り立てる強い刺激となった。中でも、佐吉と同じ大工出身でありながら多軸紡績機（ジェニー紡績機）を開発し、特許を取得したジェームズ・ハーグリーブスから強い影響を受けた」

この話は、昭和初期の小学校の国語教科書にも収録されており、佐吉が発明を志すきっかけとなったエピソードとして、今日まで語り継がれてきた。

しかし、平川（2006）の研究によって、佐田先生は実在せず、これまで伝記で語られてきたエピソードはフィクションであることが明らかとなった。佐田先生がはじめて登場したのは、1931（昭和6）年に與良《よら》松三郎によって執筆された『豊田織機王』からであり、以後、多くの伝記が與良の記述を踏襲してきたため、事実として定着してしまったようである。

佐田先生に関するエピソードがフィクションであったとしても、佐吉が『西国立志編』を読んでいたことは確かであろう。佐吉が遺した『発明私記』によると、1884（明治17）年、十基紡[4]の一つとして設立された遠州二俣紡績会社への入社を試みたが、果たせなかったことが記されている。

企業家活動の支柱となった報徳思想

遠州二俣紡績会社は、静岡県掛川市に本拠を置く大日本報徳社社長の岡田良一郎によって設立された。岡田は自著の中で『西国立志編』に登場するワットやアークライトの事績を引用して、企業家活動の意義を説いている。佐吉は報徳思想の信奉者であったが、岡田の著作や講演などを通じて『西国立志編』の存在を知った可能性も高い。

岡田は二宮尊徳の報徳思想を発展させた財本徳末主義を提唱し、経済合理性の追求が企業家の道徳的完成に通じると説いた。彼は遠州地方の経済的自立化を目指して、企業家人材の育成に力を注いだ。遠州地方には、織機メーカーを起源とする企業が数多く存在しているのはこのためである。

佐吉は、報徳思想や『西国立志編』から影響を受けながら、自動織機の開発を志すようになった。佐吉が最初に取り組んだのは、既存の人力織機の改良だった。

1　動力織機の開発に挑む

木製人力織機で初の特許を取得

1890（明治23）年、東京で第三回内国勧業博覧会が開催された。佐吉は毎日のように博覧会を訪れ、展示品を食い入るように観察した。挙句の果てには、警備員から怪しまれてしまったという逸話が残っている。

機械工学の専門知識が乏しかった佐吉は、外観を見ただけでは理解できないことが多かったようである。帰郷した佐吉は、最初の発明となる木製人力織機を完成させ、初めて特許を取得した。バッタン織機といわれる手動式の織機を改良したもので、従来の織機に比べて生産効率は大幅にアップした。

糸繰返機《いとくりかえしき》の開発

動力織機（Power Loom）は力織機ともいわれ、動力源を水車、蒸気機関、発動機（石油・電気）とする織機である。動力織機の中で緯糸《よこいと》が無くなっても停止せず、緯糸を自動的に補充しながら作動する織機を自動織機と呼び、そうした機能が装着されていない普通織機と区別されていた。

木製人力織機

（出所）トヨタ産業技術記念館

豊田式糸繰返機

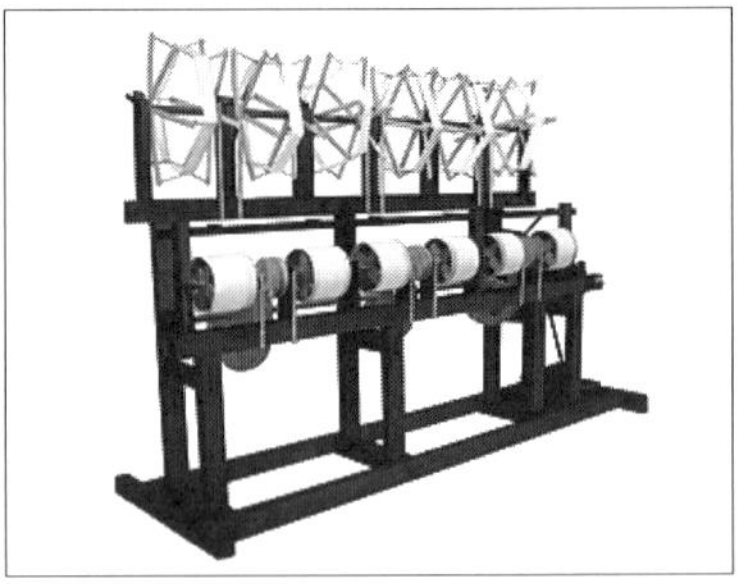

（出所）トヨタ産業技術記念館

佐吉が目指したのは自動織機の開発であるが、その第一段階として普通織機の開発に取り組んだ。佐吉は開発資金を得るため、最初に開発した木製人力織機を設置した織布工場を東京に設立した。しかし、動力織機の開発は思うように進まず、織布工場の経営も行き詰まってしまった。

1893（明治26）年、佐吉は再び故郷の遠州に戻った。翌年、長男喜一郎が誕生した。相変わらず、佐吉は納屋に籠って終日研究を続ける日々を続けたが、動力織機の開発は遅々として進まなかった。研究中心の佐吉との生活に疲れた妻たみは、幼い喜一郎を残して、佐吉のもとを去ってしまった。

佐吉はこうした状況にもめげなかった。1895（明治28）年、二番目の発明となる豊田式糸繰返機《いとくりかえしき》の開発に成功した。糸繰返機は織布を副業とする農家の必需品であったが、従来の製品は手回し式で扱いにくかった。佐吉はこれを足踏み式に改良し、作業能率を2〜3倍に向上させた。この豊田式糸繰返機は大変な評判となり、経済的にも大きな成果を得ることができた。

豊田式糸繰返機の成功に自信を持った佐吉は、名古屋に豊田代理店伊藤商店（後の豊田商会）を設立して販売に力を注いだ。この事業で得た資金をもとに、佐吉は動力織機の研究を続けた。動力織機の開発プロセスにおいて、豊田式糸繰返機の開発はターニングポイントとなった。経済的に安定した佐吉は、遠州から尾州[5]にかけて織機の使用実態を調査し、中小機業家の実情を知るとともに、彼らのニーズを動力織機の開発に反映させていったのである。

豊田式汽力織機

（出所）トヨタ産業技術記念館

試作品による織布実験を繰り返した後、1896（明治29）年、日本初の動力織機である豊田式汽力織機（木鉄混製動力織機）[6]を完成させた。汽力とは蒸気力のことであり、この織機は動力源として蒸気機関を利用していた。従来の織機に比べて生産性は20倍となり、職布の品質も格段に向上した。木製人力織機を開発してから6年目にして、近代的な動力織機の開発に成功したのであった。

動力織機を開発したものの、当時の織布業界は人力織機による生産が主流であり、むしろ廉価な木製力織機に対する需要の方が大きかった。一部には大規模な製織工場の企画もあったが、実現の目処は立っていなかった。佐吉自身も動力織機の商業生産に必要な資金が不足し、動力織機に対する需要を喚起する機会がなかなか見出せない状況だった。

2　乙川《おっかわ》綿布合資会社の設立

生産性と品質の向上を実現

こうしたなか、糸繰返機の顧客であった愛知県知多郡乙川村の仲買商石川藤八から、豊田式汽力織機による織布会社を設立したいという申し出があった。石川は農家へ糸を持ち込み、出来上がった織物を買い取る商売をしていた。

佐吉は石川の提案を受け入れた。石川が織布工場の建築費用を負担し、佐吉は開発した汽力織機60台を提供することで合意し、1897（明治30）年、乙川綿布合資会社（以下、乙川綿布）が設立された。この年、佐吉は林浅子と再婚している。

乙川綿布が生産する綿布の品質が均一であったことが、綿布の納入先であった三井物産合名会社（以下、三井物産）の注目するところとなった。人力織機では、どうしても品質にムラが出てしまう。乙川綿布製の製品は、動力織機による製織だったため、品質が安定していたのである。

早速、三井物産は乙川綿布を訪問し、その秘密が佐吉の開発した動力織機であることを突き止めた。三井物産が動力織機の存在を喧伝したため、佐吉は動力織機の発明家として瞬く間に世間に知られるようになった。動力織機に対する中小機業家の需要は旺盛で、乙川綿布の業績も順調に伸びていた。

動力織機の課題

当時、日本の動力織機は水力を利用していた。産業革命によって、イギリスでは石炭を使用する蒸気機関が動力源となったが、明治初期の日本にとって石炭は割高だった。

自然エネルギーである水力の利用は環境保全の視点からは望ましく、水力を動力源とした紡績工場では大量生産が可能だった。しかし、日本の河川は短く、しかも上流から下流への高低差が大きいため、雨期の流量は平常時の数倍から数十倍となる。

このため紡績機や織機を安定的に稼働させることが難しく、ボラティリティの大きい流量は動力源として不向きであった。佐吉がかつて入社を希望した遠州二俣紡績会社も、天竜川の水力を有効に活用できなかったことが経営破綻の原因の一つとなった。

佐吉は石油発動機を利用することで、解決の糸口を見出した。豊田式汽力織機は、蒸気機関のみならず、石油発動機も利用可能だった。動力１馬力で織機20台を運転することができたという[7]。石油発動機の利用が、遠州～尾州において動力織機の普及を加速させる要因となったのである。

日本を財政破綻から救う

三井物産が、佐吉の動力織機に強い関心を示した背景について振り返ってみたい。

明治政府は、日清戦争中に満州で発行した軍票の処理に苦慮していた。軍票とは軍隊が物資を調達するために、戦地や占領地域などで発行する紙幣である。軍票を日本の政府機関に持ち込めば、日本の通貨と交換することができた。

しかし、すべての軍票を交換するには、莫大な通貨が必要となる。通貨の増発はインフレを招く恐れがあった。そこで考案されたのが、通貨の代わりに綿布と軍票を交換するという方法であった。この政策の実施には、大量の綿布が必要となる。しかし、当時は人力織機による製織が中心であり、国内には大量の綿布を生産する能力がなかった。明治政府に協力していた三井物産も、綿布の大量生産については具体的な方策を持っていなかった。

このような折、豊田式汽力織機の存在を知った三井物産は、国家的な課題を解決する一筋の光を見出したのである。佐吉は早くから国家や社会に貢献することを発明の目的としてきたが、彼の開発した動力織機が、国家を財政破綻の危機から救う一端を担ったのである。

3　豊田式織機の設立と挫折

井桁商会の設立

１８９９（明治32）年、動力織機を量産するため、合名会社井桁商会が三井物産の主導で設立され、佐吉は技師長に就任した。創業当初は注文が殺到したものの、１９００（明治33）年に勃発した北清事変によって、中国向け輸出が途絶した。さらに、世界的な不景気の到来によって、会社の業績は急速に悪化した。

１９０２（明治35）年、研究開発を続けることが出来なくなった佐吉は井桁商会を退社し、新たに豊田商会を設立して動力織機の開発を続けた。翌年、佐吉は自動織機の製作に欠かせない自動杼換《ひがえ》装置の開発に成功し、豊田式鉄製自動織機（Ｔ式）を完成させた。

豊田式鉄製自動織機（Ｔ式）は、織機を運転したまま緯糸《よこいと》を補給することができた。従来の動力織機では緯糸《よこいと》がなくなると、糸を補充するために織機を停止しなければならなかった。自動杼換《ひがえ》装置によって緯糸《よこいと》を交換する作業ロスが解消し、生産性は大いに改善した。

武藤山治が率いる鐘淵紡績兵庫工場で、自動杼換《ひがえ》装置を装着した豊田式織機と外国製織機（米国１社、英国２社）の性能試験が行われた。最も高い評価を得たのは、英国プラット社の普通織機であった。

豊田式鉄製自動織機（T式）

（出所）トヨタ産業技術記念館

豊田式三十九年式織機

（出所）トヨタ産業技術記念館

プラット社の織機が評価されたのは、いかなる品質の糸でも、支障なく織物を織ることができたからであった。しかし、豊田式織機は品質の良い綿糸でなければ、上手く稼働しなかったのである。この結果は、佐吉の研究開発に新たな方向性を与えることとなった。

技術開発の傑作の森

豊田商会の経営はすこぶる順調で、佐吉は妻浅子と弟の佐助に経営を任せ、自分は収益の大半をつぎ込んで自動織機の研究に没頭していた。1905（明治38）年、佐吉は経糸《たていと》送り出し装置を装着した豊田式三十八年式織機を開発した。翌年、三十八年式織機を改良した豊田式三十九年式織機が完成し、生産性と品質の向上を実現した。この三十九年式織機は耐久性にも優れており、しかも安価であったことから注文が殺到した。

豊田商会の急成長に目をつけたのが三井物産であった。三井物産は豊田商会に対して、株式会社に改組することを提案してきたのである。佐吉は思案を重ねた末、この提案を受け入れることにした。１９０６（明治39）年、わが国初の本格的織機メーカーである、豊田式織機株式会社（資本金１００万円）が設立された。社長には大阪合同紡績社長の谷口房蔵が就任し、佐吉は常務取締役技師長に就いた。

豊田式織機には織機の性能試験を行う織布工場がなかった。豊田商会時代の織布工場が廃止されたため、佐吉が重視してきた営業的試験を行う場がなくなってしまったのである。１９０９（明治42）年、役員たちの反対を尻目に、佐吉は豊田織布菊井工場を設立して織機の試験を再開した。

豊田式織機の経営は、設立当初から不振を極めた。１９１０（明治43）年、緊急重役会が開かれた。谷口社長は、佐吉の研究開発が経営不振の原因であると厳しく指摘した。佐吉は織機の品質を高めるため、販売前の営業的試験を重視した。しかし、少しでも早く利益を手に入れたい経営陣は、いつまでも試験を続ける佐吉に苛立ちを覚えたのであった。結局、佐吉は辞職に追い込まれ、豊田商会時代から培ってきた財政基盤と研究開発の場を失ってしまったのである。

佐吉が生涯にわたって取得した知的財産は、特許40件、実用新案５件である。このうち豊田式織機時代（１９０７～１９１０年）に取得した特許件数は16件で、全体の４割を占めた[8]。研究開発という視点からみれば、豊田式織機時代の佐吉は、傑作の森ともいうべき充実した時期を過ごしていたといえよう。

高峰譲吉

（出所）高峰譲吉顕彰会

4　自動織機の完成

高峰譲吉との出会い

豊田式織機を事実上解任された佐吉は、三井物産の支援を受けてアメリカとイギリスを訪問した。アメリカでは、わが国でも評価の高かったノースロップ式自動織機[9]を視察している。

佐吉は滞米中に高峰譲吉（第6章）を訪ねている。高峰は自ら発見したタカジアスターゼやアドレナリンで特許を取得し、知財ビジネスで国際的な成功を収めていた。佐吉にとって、高峰は研究開発型ベンチャーの先達ともいえる存在であった[10]。高峰は佐吉の発明や人柄を熟知しており、その訪問を喜んだ。豊田佐吉翁正伝編纂所（1933）によると、高峰は次のように語って佐吉を勇気づけたという。

「世の中には幾多の発明が、しばしば不成功に終わって葬られている。それは社会の罪であると同時にまた発明家自らの責任でもある。（中略）これならば社会的に使用せしめても大丈夫であるという見込みのつくまで、発明家は発明品から離れてはいけない。（中略）立派な丈夫な翼が生えて、これならばどこへ放ってやっても、充分大空を翔け得るという見込みのつくまでは、発明家が面倒を見るべき責任がある。これが発明の完成する所以ではなかろうかと思う」

高峰の言葉は、「完全なる営業的試験を行わなければ真価を世間に問うことは出来ない」という佐吉の信念と符合するものであった。慈愛に満ちた高峰の言葉によって、傷心の佐吉は自信と勇気を取り戻した。孤独な戦いを続けてきた佐吉は、発明家としての思いをはじめて理解してくれる人物との出会いを楽しむかのように、幾度となく高峰を訪ねたという。

再生へのスタート

１９１１（明治44）年、決意を新たに帰国した佐吉は、研究開発資金を得るため、豊田自動織布工場を名古屋に設立した[11]。１９１４（大正３）年には紡績工場を新設し、名称も豊田自動紡織工場に改めた。当時、日本製の綿糸は品質が悪く、自動織機の試験に支障をきたしており、良質の綿糸を確保する必要があったのである。

豊田自動紡織工場は、平均的な紡績工場の１／５の生産規模しかなく、経営リスクは大きかった。しかし、第一次世界大戦が勃発すると、アジア向け綿製品の輸出が拡大し、欧米にも販路が拡がった。わが国の紡績業は大戦景気に沸き立った。経営不安は払拭され、１９１８（大正７）年には豊田紡織株式会社が設立された。

経営基盤が安定したことで、佐吉はますます研究に集中した。１９２０（大正９）年、佐吉は中国上海に約１万坪の紡織工場を建設し、株式会社豊田紡織廠を設立した。中国での現地生産を決断した理由は、第一次世界大戦によって欧州から綿製品の供給が途絶えたことと、中国が綿糸・綿布に対する関税率を引き上げたためである。第二次世界大戦が終結すると、同社の設備は中国に接収され会社は消滅した。

完全なる営業的試験の追求

理想とする自動織機の開発を追求した佐吉は、徹底した営業的試験が実施できる場所を求めていた。1923（大正12）年、愛知県刈谷市に試験工場が新設され、精密な営業的試験が開始された。営業的試験の期間は3年に及び、さまざまな技術的な改良が重ねられた。1924（大正13）年、ついに無停止杼《ひ》換《がえ》式自動織機G型が完成した。従来の普通織機の場合、作業員一人が操作できる台数は4～5台である。G型織機は一人で50台を操作することができ、労働生産性は飛躍的に向上したのである。

G型織機のコア技術である自動杼《ひ》換《がえ》装置は、佐吉ではなく息子の喜一郎が開発したものである。1921（大正10）年から佐吉は上海に活動拠点を移しており、国内では喜一郎を中心に織機の開発が進められていた。喜一郎は新たに開発した自動杼《ひ》換《がえ》装置を装着した織機200台を刈谷試験工場に設置し、徹底した営業的試験を行った。試験操業によって明らかとなった欠陥や課題を解決し、1925（大正14）年にG型織機一号機が完成した。1926（大正15）年、株式会社豊田自動織機製作所（現・株式会社豊田自動織機）が設立され、取締役社長には佐吉の娘婿である豊田利三郎[12]が、常務取締役には喜一郎がそれぞれ就任した。

折しも1929（昭和4）年、国際労働会議の決議に基づいて、婦人と年少者の深夜労働が禁止された。生産性の低下をカバーするため、自動織機に対する需要が急増した。G型織機の開発は、劣悪な労働環境で苦しむ人々を救い、働き方改革を後押しする役目を担ったのである。G型織機は国内のみならず、中国、インド、アメリカ、カナダ、メキシコ等に輸出され、1937（昭和12）年までに6万台以上が生産された。

無停止杼《ひ》換《がえ》式自動織機G型

（出所）トヨタ産業技術記念館

プラット社への特許譲渡

イギリスのプラット社は、繊維機械のトップメーカーだった。しかし、スイス、ドイツ、フランス、日本の繊維機械メーカーが力をつけたことで、1920年代後半から国際競争が激しくなった。

プラット社は、G型織機の影響で中国やインド向けの輸出が減少したことを知ると危機感を募らせ、豊田自動織機製作所に調査団を派遣した。調査団はG型織機の技術水準の高さを「マジックルーム」と称して高く評価した。

G型織機を上回る製品を短期間で開発することが難しいと判断したプラット社は、G型織機の特許権の譲渡を申し入れてき

プラット社への特許譲渡

（出所）トヨタ自動車（2013）

た。譲渡交渉は三井物産の仲介で進められた。譲渡契約締結のため、喜一郎がアメリカ経由でロンドンに向かい、１９２９（昭和４）年、豊田・プラット協約が成立した。

プラット社は特許譲渡金として10万ポンドを支払い、日本・中国・アメリカを除く全世界で、Ｇ型織機の製造・販売権を取得した。プラット社から支払われた10万ポンドは、喜一郎を中心に進められた自動車開発の研究資金として使われ、トヨタ自動車の基盤を築くきっかけとなった。

１９２９年に発生した世界恐慌によって、日本の繊維業界も深刻な不況に見舞われた。１９３０（昭和５）年には豊田自動織機製作所の販売台数も半分に落ち込み、人員整理を断行せざるを得なかった。佐吉と喜一郎は従業員の解雇には反対であったが、経営状態は彼らの思いを許さなかった。

１９３０年の夏ごろから体調を崩していた佐吉は、同年10月30日に病気のため死去した。佐吉の事業精神は喜一郎の自動車開発に受け継がれていったのである。

Ⅲ　経営思想

1　企業の使命は幸せを量産すること

豊田綱領にみる佐吉の事業精神

1935（昭和10）年、「豊田綱領」が制定された。綱領は佐吉の遺訓を集約したものである。この綱領の根底には、佐吉が大切にした報徳思想の精神が盛り込まれている。佐吉の企業家人生は、自己犠牲をも厭わない勤勉性と、社会の期待を先取りした製品を提供する「推譲」の精神が支えていたといえよう。

知的財産を創造する力

佐吉は独学によって機械工学の知識と技術を身につけたが、繊維機械の先進国であるイギリスから、一目置かれる製品を生み出すことに成功した。研究開発型ベンチャーにとって欠かせない要素は、知的財産の創造力である。知的財産の創造とは、事業の核となる革新的要素を生み出す力である。佐吉の場合、G型織機の開発に至る一連の技術革新の蓄積が革新的要素となった。経営者としての資質が優れていても、事業の核となる革新的要素を自らの手で掴むことができなければ、研究開発

豊田綱領と報徳思想

豊田綱領	報徳思想の基本理念			
	至誠	勤労	分度	推譲
一、上下一致、至誠業務に服し、産業報国の実を挙ぐべし	○	○		○
一、研究と創造に心を致し、常に時流に先んずべし		○		○
一、華美を戒め、質実剛健たるべし			○	
一、温情友愛の精神を発揮し、家庭的美風を作興すべし	○		○	
一、神仏を尊崇し、報恩感謝の生活を為すべし	○		○	

（出所）筆者作成。

型ベンチャーは成功しない。

佐吉は資金の捻出に苦労したが、研究開発への先行投資がイノベーションを派生的に生み出し、それが新しい市場を創造していったのである。失われた30年と揶揄されるほど日本経済の低迷は続いている。この背景には、知的財産の創造力の衰退があるのではないだろうか。現代の企業家にとって、成功に安住しない佐吉のプロアクティブな生き方から学ぶべき点は多いといえよう。

知的財産を起点とした事業構想力

佐吉は獲得した技術シーズを知的財産化し、知財ビジネスを展開した。彼は発明によって巨万の富を得ることと目的としていたのではない。取得した特許や実用新案はすべて会社の所有とし、知財ビジネスから生み出された利益は、次なる研究開発に投入された。

佐吉が信奉していた報徳思想には、「至誠」「勤労」「分度」「推譲」という基本理念がある。佐吉の生き方を振り返ると、何事にも真心をもって臨む姿勢は「至誠」に、心血を注いだ研究開発は

知的財産戦略のフレームワーク

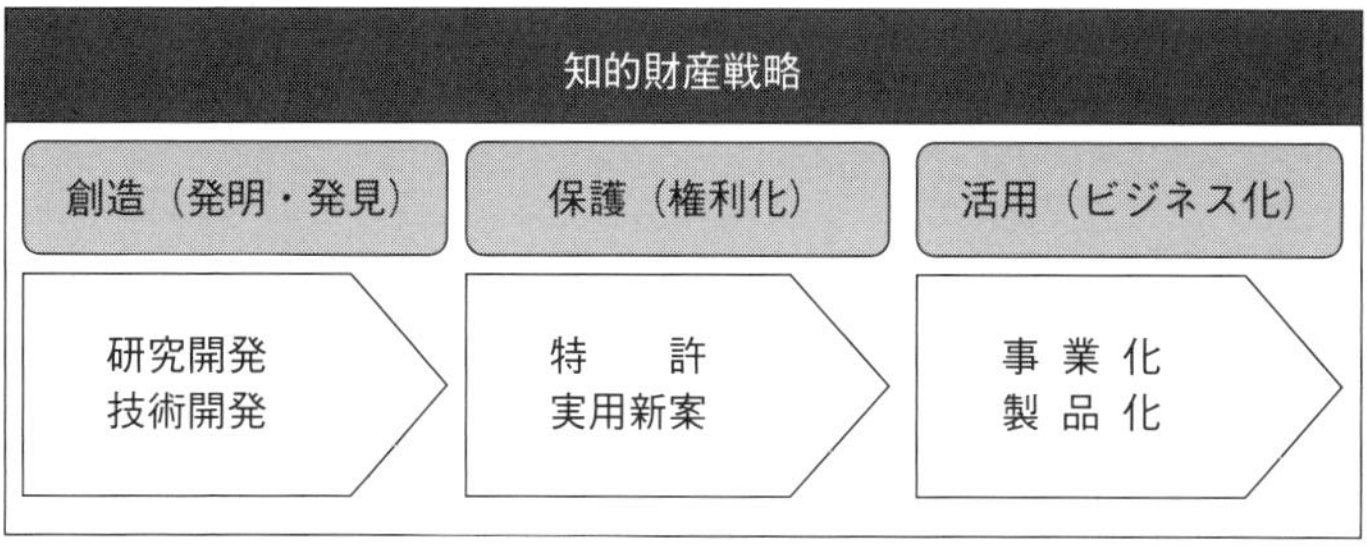

（出所）筆者作成。

「労働」に、娯楽や贅沢とは程遠い生活は「分度」に、利益の大半を研究開発に注ぎ込む姿勢は「推譲」につながるといえるだろう。佐吉の目的は完全なる営業的試験を経た発明の真価を社会に提供することであり、利益はそのためのコストだったのである。

研究開発型ベンチャーの事業承継は非常に難しい。幸いにも、佐吉は喜一郎という後継者に恵まれた。喜一郎は佐吉の事業精神を受け継ぎ、未知の分野である自動車開発で独自の技術シーズを獲得し、トヨタグループが発展する礎を築いたのであった。

現代に受け継がれる佐吉のＤＮＡ

佐吉のＤＮＡは、トヨタグループを率いる豊田章男社長にも息づいている。章男氏は２０２０年３月期決算の説明会において、ＳＤＧｓに本格的に取り組む決意を改めて表明した。その骨子は次の三点である。①モビリティカンパニーへのフルモデルチェンジ、②ナレッジを持つ人財を守り抜く、③幸せを量産する「you の視点」を持つ人財を育てる。

モビリティカンパニーとは、人々の移動に関わるあらゆるサービスを提供する企業である。モビリティカンパニーへのフルモデルチェンジとは、トヨタを「モノづくり企業」から「サービス企業」へ変身させるという宣言である。

この背景には「ＣＡＳＥ[13]」と呼ばれる技術革新の進展がある。ＩｏＴやＡＩに代表されるＤＸ（デジタルトランスフォーメーション）によって、モノ、情報、サービスがつながり、自動車に対する消費者のニーズが変わりつつある。トヨタはこうした事業環境の変化に即応して、ビジネスモデルの変革を目指しているのである。

ナレッジを持つ人財を守り抜くのは、人が進歩しない限り機械の進歩はないからである。章男氏は「自動化が進むほど人間の力が試される。機械に負けない技能やセンサーを超える感覚を持つ人を育てることが大切[14]」と言う。

さらに「佐吉が発明した自動織機の最大の特徴は、糸が切れたら自動的に止まること。このベースには不良品を出さないことはもちろん、人間を機械の番人にしないという考え方がある。これをトヨタでは「ニンベンのついた自働化」と呼んでいる。「ニンベンのついた自働化」は「人」を中心に置くという考え方であり、お客様の期待を少しだけ先回りするという、製造業の究極のおもてなしだと[15]」述べている。

人を中心に考える姿勢は、幸せを量産する「you の視点」を持つ人財を育てるという方針にも表れている。章男氏は「トヨタの使命は人々が幸せになるモノやサービスを提供することであり、それは「幸せを量産」すること。そのためには他者の幸せを思い行動できる人材の育成が欠かせない[16]」と述べている。

他者の幸せに思いをはせる人がいなければ、「誰一人取り残さない」社会を目指すSDGsを実現することは難しいだろう。「you の視点」を持つ人財を育てるという発想は、報徳思想の「推譲」と共通する考えである。

資源エネルギー多消費型社会と訣別し、持続可能な社会への転換が求められる現代において、トヨタグループは佐吉のDNAを継承しつつ、大胆な事業ドメインの変革にチャレンジしているといえよう。

2　豊田佐吉の言葉

佐吉を理解するには、彼が残した言葉を読み解くことが欠かせない。さまざまな文献や資料に残された言葉の中から、彼の経営観や行動原理を示しているものを紹介しよう。

＊　＊　＊　＊　＊　＊　＊　＊　＊　＊

創造的なものは、完全なる営業的試験を行うにあらざれば、発明の真価を世に問うべからず[17]

＊　＊　＊　＊　＊　＊　＊　＊　＊　＊

障子を開けてみよ。外は広いぞ[18]

＊　＊　＊　＊　＊　＊　＊　＊　＊　＊

人間のやったことは、人間がまだやれることの１００分の１にすぎない。

＊　＊　＊　＊　＊　＊　＊　＊　＊　＊

いくら儲けたいの、いくら儲けねばならんのと、そんな横着な考えでは人間生きてゆけるものではない。

＊　＊　＊　＊　＊　＊　＊　＊　＊　＊

仕事は人がさがしてくれるものではなく。自分で身付けるべきものだ。職は人が作ってくれるものではなく、自分自身で　こしらえるべきものだ。それがその人にとっての、本当の仕事となり、職業となる。とにかくその心掛けさえあれば、仕事とか職業とかは無限にあるといっていい。

＊　＊　＊　＊　＊　＊　＊　＊　＊　＊

金は借りやすいところから借りてはいかん。慎重な貸し手は相手の人格を見て、仕事の内容を検討する。そんな人は、こちらが悪くなるとさらに金をつぎ込んでくれる。その反対に、安易に金を貸してくれる人は、一番金が欲しいときに返済を迫ってくる。

＊　＊　＊　＊　＊　＊　＊　＊　＊　＊

【豊田佐吉　年譜】

1867（慶応３）年　現在の静岡県湖西市で生まれる。
1890（明治23）年　豊田式木製人力織機を開発し特許を取得。
1894（明治27）年　糸繰返機を開発し特許を取得。
1897（明治30）年　乙川綿布合資会社を設立し動力織機で製織を開始。
1898（明治31）年　豊田式汽力織機を開発し特許を取得。
1899（明治32）年　井桁商会を設立し技師長に就任。
1902（明治35）年　井桁商会の技師長を辞任。
1910（明治43）年　豊田式織機を退職し、アメリカで高峰譲吉に会う。
1911（明治44）年　豊田自動織布工場を設立。
1921（大正10）年　上海に豊田紡織廠を設立。
1923（大正12）年　自動織機の試験のために刈谷試験工場を設立。
1925（大正14）年　G型自動織機１号機完成。
1926（大正15）年　株式会社豊田自動織機製作所を設立。
1929（昭和４）年　イギリスのプラット社へG型自動織機の特許権譲渡。
1930（昭和５）年　病気のため死去（享年64歳）。
1935（昭和10）年　佐吉の命日に豊田綱領を発表。

第8章

鈴木道雄

―社会の変化からオポチュニティを掴む経営構想力―

1887～1982年

（出所）スズキ株式会社

【SDGsで読み解く鈴木道雄の軌跡】

	活動の内容	関連するSDGs目標
経済	・革新的な自動織機の開発（サロン織機） ・オートバイ事業の創出 ・軽自動車事業の創出（スズライト） ・特許制度の活用	8 働きがいも経済成長も 9 産業と技術革新の基盤をつくろう 12 つくる責任つかう責任
社会	・地場産業の支援 ・地域経済の自立化 ・中小企業の生産性向上	1 貧困をなくそう 3 すべての人に健康と福祉を
共通	・顧客視点のイノベーション創出 ・企業間ネットワークの活用 ・サプライチェーンとの相互協力	17 パートナーシップで目標を達成しよう

（出所）筆者作成。

【本章のポイント】

鈴木道雄（スズキ創業者）は豊田佐吉（トヨタグループ創業者）と同様、大工の経験を活かして、織機製作を手がけた。ユーザーに寄り添った経営姿勢とオリジナリティに溢れる技術革新によって、複雑な経緯《たてよこ》縞柄模様が織れるサロン織機の開発に成功し、織機メーカーとしての地位を確立した。

製品寿命が長い自動織機の将来に見切りをつけ、買い替え需要が見込める自動車事業への転進を視野に入れて、戦前から試作自動車の開発に取り組んだ。戦後はオートバイ事業を足掛かりに、事業ドメインの一大変革を目指して、軽自動車「スズライト」の開発を主導し、軽自動車メーカーとしての基盤を築いた。

社会の変化にプロアクティブに対応する姿勢と強いリーダーシップが、自動織機メーカーから輸送用機器メーカーへの転進という、他に類を見ない事業構造の変革を成功に導いた。企業家としての道雄の強みは、成功体験に固執せず、常に新しい分野への挑戦を続ける自己革新能力にあったといえよう。

Ⅰ　評伝

1　織機づくりとの出会い

ダイナミック・シナジーの活用

静岡県浜松市を中心とする遠州地方は、織物、楽器、オートバイ・自動車を主要産業とする複合企業都市である。明治から昭和初期にかけては織物が、戦後は輸送用機器が主力産業となってきた。この地域は鈴木道雄をはじめ、豊田佐吉、本田宗一郎など企業家精神旺盛な、数多くの人材を輩出してきたことで知られている。

遠州地方は日本の3大オートバイメーカーである、本田技研工業、スズキ、ヤマハ発動機の発祥地である。戦後まもなく、本田宗一郎が補助エンジン付き自転車を販売したのが[1]、オートバイ産業が誕生するきっかけとなった。

一方、自動織機メーカーの鈴木式織機（現・スズキ株式会社）は、1952（昭和27）年にバイクモーターの生産を始め、翌年からオートバイ完成車の生産に着手している。日本楽器製造（現・ヤマハ発動機株式会社）は、1955（昭和30）年からオートバイ生産を開始した。

スズキは先行産業だった自動織機事業から早々と撤退し、バイク・自動車事業への転進を果たした。一見無謀とも思える事業ドメインの変革を推進したのが、創業者の鈴木道雄だった。

企業家としての道雄の特長は、既存のビジネスから生み出されるナレッジを活用して、新事業を創出するダイナミック・シナジーを活用したことである。本章では自動織機メーカーから軽自動車のスズキへの脱皮に成功した、道雄の企業家活動を振り返ってみたい。

生い立ち

１８８７（明治20）年、道雄は現在の静岡県浜松市南区で生まれた。生家は代々農家であった。尋常小学校を卒業した道雄は、祖父から教員になるよう勧められた。しかし、手先が器用で大工仕事が好きだった道雄は、大工棟梁の今村幸太郎に弟子入りする。職人気質の今村の下で、大工の腕は磨かれていった。道雄は当時を振り返って「なかなか忙しく、また相当厳格な親方だった」[2]と述べている。

１９０４（明治37）年、日露戦争が勃発すると、国内では建築需要がなくなった。今村は、やむなく木製の足踏織機の製作を手掛けるようになった。これが道雄と織機の出会いである。１８９６（明治29）年には豊田佐吉が小巾《はば》織物用の動力織機を発明し、小規模ながら豊田式織機を導入した織布工場が設立された。しかし、動力源が石油発動機であったため、織りムラが多発し、本格的な普及には至らなかった。

遠州地方で自動織機が本格的に普及するのは、電力の安定供給が開始された明治末期から大正初期にかけてである。[3]当時の織機は木製あるいは木鉄混製が主流だったため、家大工から織機大工への転身は比較的容易だった。遠州地方の織機製作者に大工出身者が多いのは、こうした理由からである。

2　鈴木式織機製作所の設立

企業家としてのスタート

１９０８（明治41）年、徒弟契約が終了した道雄は、独力で木鉄混製の足踏織機を作り始めた。この足踏織機は好評を博し、注文が舞い込むようになった。自信を得た道雄は、１９０９（明治42）年に個人経営の鈴木式織機製作所を設立した。道雄が手掛けた織機は、当時としては一般的な一挺杼《ひ》の足踏織機だった。[4]注文が増えるにつれて、人件費や設備資金の負担が増え、運転資金は瞬く間に底をついてしまった。

道雄は知人が催した１００円取りの無尽[5]に加入していたが、偶然にもその抽選に当選したのである。しかし、実績が乏しい道雄が大金を手にすることに、異を唱える者が出てきた。無尽の世話人だった旧庄屋が個人保証を引き受けてくれることになった。予期せぬ１００円と1年分の利息を手にしたことによって、道雄は倒産の危機を回避することができたのだった。

無尽という銀行類似機能を持つ民間金融システムは、明治から昭和初期にかけて遠州地方では広く普及していた。道雄のようなアーリーステージの企業家にとって、無尽を通じた資金調達は大きな支

鈴木式織機製作所社屋（創業当時）

（出所）スズキ株式会社

杼《ひ》（shuttle）

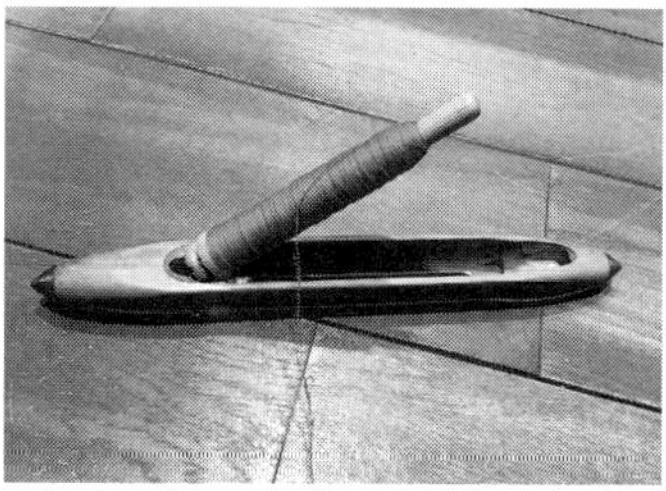

（出所）公益財団法人鈴木道雄記念財団

えとなっていた。

二挺杼足踏織機の開発

製品開発力が企業の競争力に多大な影響を及ぼすことは言うまでもない。後発参入者の道雄には、今までにない革新的な製品を生み出すことが求められた。

織布業者から織機の評価や要望を丹念に聞いていたが、中でも縞《しま》模様が織れる織機を求める声が多かった。道雄が開発した一挺杼足踏織機は白無地の綿布を織ることはできたが、経緯《たてよこ》縞模様を織ることができなかった。

早速、道雄は縞模様が織れる織機の開発を始めた。研究を始めてからから僅か1カ月で、緯《よこ》縞模様が織れる二挺杼足踏織機が完成した。革新的な織機の登場に、織物業界は大いに沸いた。

それを裏付けるように、二挺杼足踏織機の納入先は、尾張、足利、青梅、兵庫、富山、新潟等の織物産地へ拡大していった。道雄はこの織機で初めての実用新案を取得している。[6] 創業当時に開発した木鉄混製足踏織機の販売価格は1台18円50銭だったが、付加価値を高めた二挺杼足踏織機には、1台50円の値が付いたのである。

技術開発が支えた地場産業の発展

二挺杼足踏織機に盛り込まれた技術は、多挺杼織機を開発するための起点となり、さまざまな形で応用されていった。今日の技術水準からみれば極めて初歩的な機能に過ぎないが、当時としては画期的なものだった。これによって、鈴木式織機製作所は織機メーカーとしての基盤を確立することが出来たのである。

遠州地方の織機製作は、もともと小規模な手工業から始まったが、織物需要が増大すると、織布業者からの要望も多様化した。ユーザーからの要望に応えようと、メーカーも創意工夫を凝らした織機づくりに励んだ。

新技術を盛り込んだ織機によって遠州織物の評価が高まり、それが新たな需要を生んだ。織布業者はめまぐるしく変わる市場動向や顧客嗜好に適応するため、新しい織り方を求めて織機メーカーに多様な機能を要求した。こうした好循環が織機の技術開発を支えていたのである。

3　鈴木式織機株式会社の胎動

大戦景気の到来

第一次世界大戦によって欧米からの繊維製品の供給が途絶え、代替需要が急速に高まった。当時、アジア向けに輸出されていた欧米製の広巾綿布の品質は高く、足踏機で生産された日本の製品は足元にも及ばなかった。しかし、欧米から繊維製品の輸出が途絶えたことで、国内では広幅織機の開発が進んだ。外部環境の変化に適応して、遠州織物は内需から輸出、小巾から広巾へと生産構造を転換していったのである。

１９１６（大正５）年、道雄が開発した一挺杼力織機と木鉄混製四挺杼動力織機は、群馬県足利市で開催された織維共進会で１位を獲得した。この織機に注目した横浜の貿易商熊沢商店は早速50台を発注した。アジア向けの輸出需要の拡大と自動織機の技術革新によって、遠州地方の繊維産業は飛躍的な成長を遂げたのである。

鈴木式織機株式会社の誕生

１９２０（大正９）年、鈴木式織機製作所は株式会社に改組され、道雄は取締役社長に就いた。鈴木式織機よりも１カ月ほど早く設立されたのが、鈴政式織機株式会社（大正12年に遠州織機へ改称）

スズキ(株)元取締役会長
稲川誠一

（出所）特定非営利活動法人
日本自動車殿堂

である。愛知県に移転した豊田自動織機製作所を除くと、遠州の織機メーカーで、株式会社は鈴木式織機と遠州織機の2社のみだった。

しかし、当時の鈴木式織機は、中堅企業に過ぎなかった。この点について、スズキ株式会社元会長の稲川誠一氏は「浜松には織機会社がいくつかあったが、鈴木はトップではなかった。遠州織機は技術的には豊田よりも良い織機を作っていた。織機時代は鈴木式織機よりも遠州織機の方が格上だった。遠州織機には良い人材が集まっていた。結局、遠州の織機メーカーで最後まで残ったのは鈴木と遠州織機だけだった」[7]と述べている。

鈴木ブランドの確立

道雄が開発した四挺杼動力織機によって、初めて経緯縞柄《たてよこしまがら》織りが可能となった。縞柄織りができる織機を手掛けているメーカーは鈴木式織機だけであった。このため激しい企業間競争に晒されることもなく、鈴木式織機は比較的安定した成長を辿ることができた。

競争戦略の目的は、いかに絶対的な優位性を作り出すかにある。当時の鈴木式織機と遠州織機を比較すると、技術力では遠州織機が優れていた。道雄が白無地用織機を主力製品としていたならば、遠州織機との競争に敗れていたかもしれない。しかし、道雄は企業間競争が激しい白無地用織機を避け、他社が手掛けていなかった縞柄用織機の開発に的を絞った。こうした独自戦略が競争優位を生み出すことに結びついたのである。

鈴木式織機の成長を支えたのは、①顧客ニーズへの適応力、②ニッチ市場をターゲットにした開発戦略、③製品開発を支える技術力だったといえよう。

Ⅱ　企業家活動の神髄

1　革新的な自動織機の開発

経緯縞柄《たてよこしまがら》織りへの挑戦

１９２９（昭和４）年に発生した世界恐慌によって、日本経済は壊滅的な打撃を受けた。経済情勢が悪化するなかで、道雄はサロン織機と呼ばれる革新的な自動織機の開発に成功した。サロン（Sarong）とは、東南アジアのイスラム教徒が使用する腰巻風の衣類であり、イギリス、オランダ、インドが主な生産国だった。サロン織機に盛り込まれた技術は「四挺杼織機カード節約装置」として特許を取得している。[8]

サロン織機には4本の「杼《ひ》（shuttle）」が搭載され、「カード」節約装置によって複雑なサロン柄をプログラムすることが可能となった。1930年（昭和5）年に、東南アジア地域を視察した永久社専務理事加茂喜一郎は次のように述べている。

「驚いた事に日本から輸出されたサロンは僅か1万円しかない。ところがオランダやイギリスは、1100万円ほど輸出している。サロンは腰に巻く衣類であり、織物のお尻の部分にカパラという特殊な縞柄がある。これがサロンの特長である。日本からの輸出がほとんどない理由を調査したところ、カパラを織ることができる織機があれば、サロンは大量かつ安価に生産できる事がわかったのであります[9]」

豊田自動織機製作所と遠州織機は、いずれもサロン織機の開発を手掛けていなかった。それは、サロン特有のカパラを織ることが、技術的に難しかったからである。道雄は経緯《たてよこ》縞柄織りが可能な四挺杼織機を既に開発していたが、これに改良を加えて完成させたのがサロン織機だった。

サロン織機の開発経緯について、道雄は次のように語っている。「東京の青梅で生産している青梅縞は夜具として有名です。これを四挺杼織機で織るようになりまして、非常によく売れました。そのうち、座布団を四挺杼織機で織りたいという要望がありました。座布団は非常に柄が大きいので、これを作るのに一苦労致しまして、カード節約装置を考えたのであります。サロンにはカパラという独特な縞柄が真中にあります。大きさは座布団の比ではなく、いろいろ苦心して、やっとサロンが織れるようになったのですが、完成するまで一年位ほどかかりました[10]」

サロン織機の革新性

サロン織機の最大の効用は、経緯《たてよこ》縞柄織りのコストを大幅にダウンさせたことである。具体例を挙げれば、男性用ハンカチを1枚織る場合、従来の織機では杼換カード876枚、金額にして5256円を要していた。これに対しサロン織機では、杼換カードは僅か66枚、金額にして420円で済むようになった。コスト削減率は実に9割を超えており、繊維産業における革新的なイノベーションとなったのである。

サロン織機

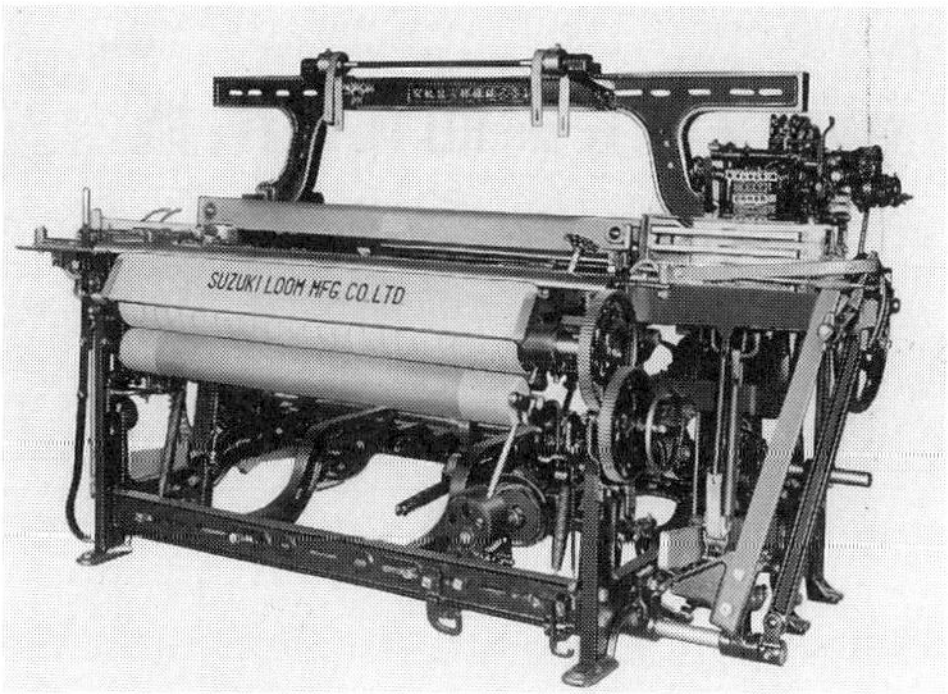

（出所）公益財団法人鈴木道雄記念財団

サロンの輸出は遠州地方の織物業界に大きな恵みをもたらした。一方、道雄も縞柄《しまがら》専用織機のトップメーカーとしてのブランドを築くことができた。

遠州地方でサロンを生産していたのは、織機台数が20台以下の中小織物業者だった。資金力が劣る彼らに対して、道雄は月賦販売を用意した。

少ない初期投資でサロン織機が手に入るため、織物業者は月賦販売を利用して、われ先にサロン織機を購入したのである。当時は珍しかった月賦販売を採用した背景には、これまで会社を支えてくれた中小織物業者に対する恩返しという意味が込められていた。

鈴木式織機の組織風土

道雄は「豊田佐吉の織機製作の並々ならぬ苦心談を耳にし、一年発起して一生を織機生産を主体とした機械産業に貫いてきた生粋の機械の中の人である[11]」と評されていた。企業家としての道雄の強みは、常に顧客に寄り添った製品開発を心掛けたことである。

彼はユーザーからの些末な依頼にも真摯な態度で臨み、故障した織機を徹夜で修理することもあったという。修理された織機に新しい工夫が施されていることも少なくなかったようである。鈴木ブランドは、こうした顧客との草の根交流によって築かれたのである。

伊丹（1984）は「経営資源の中でも見えざる資産とも呼ぶべき情報的経営資源が最も大切な資源である[12]」と述べている。道雄と顧客の交流は、イノベーションのヒントを得る貴重な場であった。織物業者の製造現場は情報の宝庫である。顧客ニーズ、自社製織機の使用実態、他社製織機の評価など、さまざまな情報を得ることが出来る。さらに、道雄が顧客の多種多様な要求やクレームと直接向き合うことで、顧客志向の企業風土が築かれていったと考えられる。

企業内で行われる意思決定と行動の背後には、必ず情報の流れがある。[13]顧客ニーズをマーケティング部門が入手し、その情報をもとに開発部門が製品開発を行うことによって、企業は競争力を獲得できる。獲得した情報が死蔵され、情報に基づいた的確なアクションが喚起されなければイノベーションは生まれない。

法人化されたとはいえ、戦前の鈴木式織機では、研究、設計、製造、販売、アフターサービスに至る業務全般を、道雄が一人で管理していた。企業の成果は、組織に働く人々の業務活動の積み重ねとしてのみ具体化するのであり、現場で実際にとられる行動が、具体的な企業成果の出発点となる[14]。経営トップが的確な判断を下しても、それが現場の従業員の行動に反映されなければ成果を生み出すことはできない。現場での社員の行動は、組織風土と言い換えることもできるであろう。

顧客志向に基づく製品開発と技術革新に対する妥協を許さない道雄の姿勢が、鈴木式織機の組織風土を形作っていったのである。顧客目線でものを考える組織風土を築いた背景には「事業というものはただ良いものをつくるだけではだめで、それが有利に売れなければ成り立つものではない[15]」という道雄の思いがあったといえよう。

2　小型自動車開発に挑戦

自動織機の限界を悟る

サロン織機が大成功をおさめたものの、道雄は自動織機の将来に限界を感じていた。自動織機の寿命は長く、買い替え需要が期待できなかったからである。1936（昭和11）年当時の自動織機は耐久性が著しく進歩しており、織機の需要が将来的に先細って行くことが予想された。

織機の寿命について、稲川元会長は「織機は回転数が遅く、1分間でせいぜい100回転程度であり、自動車エンジンのように何千回転もするわけではないので寿命が長い。回転しているクランク軸の作動幅も小さい。したがって、自動車エンジンが10年もつとすれば、織機は100年ぐらいもってもおかしくない。鈴木道雄社長も同じように考えていたと思う。当時の織機メーカーの経営者で目先のきく人は、長く続ける商売ではないと感じていたようだ[16]」と述べている。

道雄は織機に変わる新たな事業ドメインとして自動車を選んだ。道雄が自動車を選択した背景には、豊田自動織機製作所の動向が少なからず影響していたようである。

稲川元会長は「豊田の影響はあったでしょう。鈴木社長は遠州出身の豊田佐吉の弟子連中とは非常に懇意にしていた。豊田が自動車をやるという話しは彼等からも聞いていたはずだ。昭和14年に高塚の本社工場を建設した時に、鈴木社長は自動車の本格製造をやりたかったということを本人から聞いたことがある[17]」と語った。

道雄が自動車開発に着手したのは、自動車製造事業法が公布された1936（昭和11）年である。国産自動車工業の確立に向けて、わが国の自動車工業政策が大きく転換しようとした時期だった。

幻の自動車開発計画

自動車の試作にあたって、道雄は小型車を選んだ。鈴木自動車工業『40年史』は、その理由について「当社の資力を考えると、ただちに日産等の大自動車メーカーと伍し得ないのみならず、国民の購買力や用途からみて、むしろ小型自動車の製造に主眼を置くべきだと考えた[18]」と述べている。

消耗品である自動車は、織機とは異なり買い替え需要が見込まれる。サロン織機の開発で自信を深めた道雄は、自前の技術で自動車開発は可能であると判断していた。さらに、ダットサンに対する国内外の需要の高さを目の当たりにして、小型自動車のニーズは高く事業化の見込みは十分あると考えたのであろう。

１９３６（昭和11）年、道雄はバイクエンジンの研究を命じた。翌年、イギリス製オースチン７を購入し研究を開始した。同車は１９２３（大正12）年から第二次世界大戦までに約25万台が生産されたベストセラーカーであり、車体規格が内務省自動車取締令で規定された小型自動車規格にマッチしていた。

研究開発は、道雄の娘婿である鈴木三郎をリーダーとする10数名のチームで行われた。１９３７（昭和12）年秋には、バイクエンジンの試作に成功。１９３９年（昭和14）年、研究チームはオースチン７を忠実にコピーした、４サイクル４気筒７５０ＣＣエンジン搭載の試作車を完成させた。

完成した試作自動車

（出所）スズキ株式会社

戦後、本田技研工業が軽四輪車の生産を開始したのが１

966年（昭和41）年であるが、道雄はこれに先立つ27年前に小型自動車の試作に成功していたのである。

開発計画の断念

1939（昭和14）年、道雄は現在の本社である高塚工場を新設し、本格的な自動車生産を始めるつもりであった。しかし、日増しに増大する軍部の要求に応じるため、高塚工場は兵器生産に特化することとなり、自動車開発は中止のやむなきに至った。鈴木式織機での自動車開発は途絶えたものの、高塚工場はいすゞ自動車の下請け工場として、軍用自動車用の部品加工を行っていた。

1936（昭和11）年に始まった戦前期の自動車開発は、僅か4年で幕を閉じた。しかし、当時の開発メンバーは、戦後のオートバイ・軽自動車開発において中心的に役割を果たすことになる。軽自動車メーカーの原点は戦前の自動車開発にあったといえよう。

3　事業ドメインの大転換に挑む

石田退三の支援

ドッジラインによる不況のあおりを受け、鈴木式織機は会社再建に向けて従業員の賃金カットと人員整理を行った。これに反発した労働組合は闘争宣言を発し、「東の東芝、西の鈴木」といわれた大争議が勃発した。

８カ月に及ぶ争議の影響は予想以上に大きかった。織機の受注は激減し、財務状況は深刻さを増していた。メインバンクから支援を拒否された道雄は、豊田自動織機製作所社長の石田退三に救いを求めた。石田は道雄の要請を快諾し、資金援助と役員派遣を行った。１９５０（昭和25）年、石田退三[19]が鈴木式織機本社工場に来社し、全従業員を前にして次のように語った。

「自分（石田退三）は、鈴木道雄社長と友人である。鈴木さんが困っているというのでお手伝いに来た。豊田織機から人を出すが、鈴木の経営に口を出すつもりは無い、鈴木式織機が立直ったら引き上げますから安心して、頑張ってください」[20]

石田はドッジラインの影響から勃発した、トヨタ自動車の労働争議を収拾させた経験をもっていた。道雄が石田を訪ねたのは、労働争議の責任をとって辞任した豊田喜一郎の後任として、トヨタ自動車工業社長に就任したころであった。戦前、石田はトヨタ自動車の子会社となった東海精機株式会社時代の本田宗一郎を高く評価していたという。

再生に向けた始動

豊田自動織機製作所の支援と朝鮮特需によって、辛うじて経営危機を乗りきったものの、自動織機の将来性には陰りが見えていた。１９５１（昭和26）年、本田宗一郎が旧陸軍の無線用発電機を改造

石田退三

（出所）トヨタ自動車工業（1958）

したバイクエンジンを開発した。これにヒントを得た鈴木俊三常務（当時[21]）は、開発部門にバイクエンジンの試作と半年以内の事業化を命じた。

開発陣は１９５２（昭和27）年に「パワーフリー号（２サイクル36ＣＣ）」を完成させた。開発メンバーには、戦前の自動車開発に携わった者も多く、バイクエンジンの開発は順調に進んだ。「パワーフリー号」は、以下のような特長を持っていた。

①安定性を高めるためモーターの装着位置を車体中央部とする。
②自転車チェーンをそのまま使用して駆動する。
③ペダルも楽に使用できるようにする。
④ペダル部分にフリー装置をつける。

１９５２年に道路交通法が改正され、原動機付自転車（２サイクルは60ＣＣまで、４サイクルは90ＣＣまで）については無試験許可制となった。この法改正を受けて排気量60ＣＣのダイヤモンドフリー号が開発された。ダイヤモンドフリー号は、高出力と二段階変速という機能が評価され、１台３万８０００円という高価格にもかかわらず、月産６０００台を超えるヒット商品となった。

オートバイ完成車の開発

ダイヤモンドフリー号の成功で自信を得た鈴木式織機は、１９５３（昭和28）年に「コレダ号ＣＯ型（４サイクル90ＣＣ）」を発売し、本田技研工業に遅れること５年で、オートバイ完成車メーカーの仲間入りを果した。翌年、日本楽器製造（現・ヤマハ発動機）もオートバイ完成車を開発し、オートバイ事業への参入を果たしている。

オートバイ事業の成功は、自動織機の生産を通じて蓄積されたナレッジが寄与したことはいうまでもない。鋳物、機械加工、部品加工などの技術は、オートバイ生産に直接転用された。自動車エンジンの研究やバイクエンジンの試作経験を持つ技術陣にとって、先行企業の製品をベースに、オリジナリティを付加した製品を開発することは、それ程難しいことではなかった。後発組であった鈴木式織機がオートバイ事業で成功したのは、企業としての総合力が優れていたからである。

パワーフリー号

（出所）スズキ株式会社

ダイヤモンドフリー号

（出所）モーターマガジン社（2011）

4　軽自動車メーカーへの飛躍

自動車事業を巡る確執

鈴木式織機は、自動織機に代わるオートバイという新たな事業ドメインを見出した。この成功を支えたのは、戦前の自動車開発で蓄積されたナレッジである。道雄は自動車事業への早期参入を目指していたが、後に第二代社長となる鈴木俊三やメインバンクは強く反対した。道雄は自動車事業へ参入する余地を残しながら、当面は経営再建という課題を優先するため、オートバイ事業に注力する決断を下している。

予想を上回るオートバイ事業の成功によって、新規事業への投資余力が生まれたことから、自動車事業への参入を巡る激しい議論が再燃した。推進派（鈴木道雄）と慎重派（鈴木俊三）の対立が先鋭化し、社内にも動揺が広がった。

１９５３（昭和28）年、道雄は小型自動車の開発を決意し、鈴木三郎取締役製造部長をリーダーとする、社長直轄の開発チームを組織した。鈴木三郎は戦前の自動車開発でもリーダーを務めた人物である。しかし、リスクを伴う自動車開発には反対論も根強く、作業がスタートしたのは１９５４（昭和29）年1月のことであった。

開発チームは、浜松高等工業学校（現・静岡大学工学部）出身の若手エンジニア5名で構成されていた。しかし、誰も自動車を造った経験がない。そこで、国産のダットサンやアメリカ製ポンティアックなどを分解しながら、自動車の基本メカニズムを学ぶことから始めた。

社名変更に込めた決意

１９５４（昭和29）年、道雄は社名を「鈴木自動車工業株式会社」に変えた。ヤマハ発動機、日本高速機関工業、東京発動機など、バイクメーカーの社名はエンジン製造を表すものが多かった。試作車が完成していない段階で、敢えて社名に「自動車」を付したのは、自動車事業に対する不退転の決意の現れであった。

道雄の強力なリーダーシップの下、自動車開発は異例の速さで進んだ。戦前の自動車開発で蓄積されていたナレッジも大いに役立った。開発チームはドイツ製ロイトＬＰ４００をベースに、ＦＦ方式（フロントエンジン・フロントドライブ）、排気量３６０ＣＣ、２サイクルエンジンの小型自動車を完成させた[22]。

軽自動車「スズライト」の誕生

１９５４（昭和29）年、道雄は自ら試作車に乗り込み、東京までの長距離走行テストを敢行した。最大の難所である箱根を無事踏破し東京に辿り着いた道雄は、ヤナセ創業者の梁瀬次郎を訪ね、試作車の評価を委ねた。梁瀬は試作車を高く評価し、道雄に量産化を促した。

１９５５（昭和30）年、３号試作車が完成した。この試作車をベースにセダン、ライトバン、ピックアップの三車種が型式認定を取得し、「スズライト」と命名された。販売価格はセダン42万円、ライトバン39万円、ピックアップ37万円と設定された。戦前の自動車開発から数えて18年の歳月が経過していた。

自動車メーカーとしての第一歩を踏み出したものの、鈴木自工の生産能力は月産４～５台に過ぎなかった。道雄は月産30台を目標としたが、生産体制の不備や販売網の未整備によって量産効果は発揮できず、自動車事業の赤字は拡大の一途を辿った。幸いにも好調なオートバイ事業の収益が下支えとなり、自動車事業は継続された。

国産軽自動車の嚆矢となった「スズライト」は、次のような特長を有していた。

①元来小型オートバイ向きと考えられていた2サイクルエンジンを、わが国で初めて四輪車に搭載した。

②現代の小型自動車では一般的となったＦＦ（フロントエンジン・フロントドライブ）方式を日本で始めて採用した。

③ステアリングギヤは、ラック・アンド・ピニオンを採用し、当時としては画期的な操作性を誇った。

④免許証は軽自動車免許（スクーターと同格）で乗ることができた。

⑤軽自動車のため車体検査はなく、税金は１５００円（小型車は1万６０００円）、自動車保険料は年額８００円（小型自動車は２４１０円）であり、維持費が安価であった。

⑥エンジン（360CC・2サイクル2気筒）は出力加速が大きく、FF車であるため走行安定性と室内居住性が高かった。
⑦セダン、ライトバン、ピックアップの三車種を揃え、多様な顧客ニーズに対応できた。

自動車開発に際して、道雄は実用性と耐久性を重視した。「スズライト」に盛り込まれたハイレベルな技術も、堅実で実用性の高い自動車に仕上るためのものだった。道雄が求めたものは、人の暮らしに役立つ道具としての自動車である。実用性と耐久性を重視する姿勢は、織機メーカー時代から一貫しており、それはオートバイや軽自動車の製品コンセプトにも反映されている。

スズライトSS（1959年）

（出所）スズキ株式会社

走行テストに挑むスズライト（箱根峠にて）

（注）右から三人目が鈴木道雄社長
（出所）スズキ株式会社

5　経営の第一線から身を引く

量産化の断念と引退

スズライトの量産化を巡って、再び社内の対立が激しさを増した。道雄はオートバイ事業の収益を投入して、早期量産化に踏み切ることを強く求めた。しかし、慎重派は自動車に対する国内需要が伸びていないことや、財務基盤の脆弱さを理由に消極的な姿勢に終始した。結局、道雄は鈴木俊三専務ら慎重派の進言に従い、スズライトの量産化を断念した。

１９５７（昭和32）年、道雄は社長を退き、娘婿の鈴木俊三専務を後継者に指名した。辞任後は会長職にも就かず、経営から完全に身を引いた[23]。

「スズライト」の開発によって、念願の自動車事業への参入を果たしたとはいえ、量産化を見ることなく引退したことは残念である[24]。自動車事業の本格的な展開は、鈴木俊三新社長に委ねられることとなった。

稲川元会長によれば「道雄社長は自分の意思を継いで、自動車事業を発展させてくれと言い残して退任した。しかし、新社長は自動車事業に本気で取り組むつもりはなかったと思う。当時はオートバイで収益が挙がっていたので、慌てて自動車をやらなくてもいいと思っていたようだ[25]」と語っている。

社長退任の挨拶をする鈴木道雄

（出所）スズキ株式会社

第二代社長鈴木俊三

（出所）スズキ株式会社

「スズライト」量産化へ

「スズライト」が発売された1955（昭和30）年、通産省は国民車構想を掲げた。国民車構想で示された製品規格は軽自動車の規格に最も近く、これによって軽自動車開発に拍車がかかった。この構想は、軽自動車の量産化を目指す鈴木自工に明るい希望を与えるものであった。

1958（昭和33）年、富士重工業（現・株式会社SUBARU）が開発した「スバル360」は、軽自動車初の量産車として、マイカー需要の発掘に成功した。1961（昭和36）年の生産台数は2万1800台に達し、軽自動車ナンバー1の座を獲得している。一方、1961年の「スズライト」の生産実績は1万3283台であり、「スバル360」の6割程度の水準にとどまっていた。

1959（昭和34）年、伊勢湾台風の襲来によって、鈴木自工の四輪車工場が倒壊した。これまでオートバイ中心の事業戦略を進めてきた俊三社長は、四輪車工場の再建を機にスズライトの量産化を決意した。経営戦略の一大転換ともいえる決断の背景には、国民車構想やスバル３６０の成功が大きく影響したことは想像に難くない。量産化の対象車種は、物品税がかからず乗用・貨物双方に利用可能なライトバンに絞られた。これによって生産プロセスの効率化が進み、量産効果が生まれた。軽自動車メーカーへの実質的な第一歩はこの時から始まったのである。

Ⅲ　経営思想

1　「差別化」と「絶対価値」の追求

道雄の企業家特性について振り返ってみたい。一点目は優れた自己革新の能力である。道雄は自動織機での成功体験に固執せず、常に新しい分野への挑戦を続けてきた。トップマネジメントによる絶え間ない自己革新への取り組みは、継続的なイノベーションを生み出す自立した組織を育み、それがスパイラル的な成長をもたらしたといえよう。

二点目はナレッジの活用である。新しい分野に挑戦するにあたって、道雄は蓄積されたナレッジを最大限に活用している。鈴木式織機時代から培ってきた製造技術の蓄積は、極めて深いものがあった。こうした技術的ナレッジの転用が積極的に模索され始め、それがオートバイ・自動車事業を生み出したのである。

三点目は共通価値の創造（ＣＳＶ）である。共通価値の創造とは、多様な社会のニーズに対するソリューションを、本業を通じて提供するという考え方である。織機メーカー時代、道雄はサロン織機という革新的製品を通じて、顧客ニーズを満たし、地域経済の発展に貢献した。織機需要が斜陽化した戦後は、モータリゼーションの到来に注目し、庶民のニーズにマッチした実用性の高い軽自動車を生み出した。

社会の変化からオポチュニティを掴み取るという道雄の姿勢が、織機メーカーからオートバイ・自動車メーカーへの転進を可能にしたといえよう。

2　鈴木道雄の言葉

道雄を理解するには、彼が残した言葉を読み解くことが欠かせない。稲川元会長からうかがった言葉や資料に残された言葉の中から、彼の経営観や行動原理を示しているものを紹介しよう。

＊＊＊＊＊＊＊＊＊

お客様の欲しがっているものなら、どんなことをしてでも応えろ。

＊＊＊＊＊＊＊＊＊

人がやってからでは遅い。事業は誰もやらないうちにやらなければいけない。人がいない、技術がない、資金がないと言っていたら事業は出来ない。資金がなければ借りてくればいい。人がいなければ外部から採用してもいいし、時間はかかるが自前で養成してもいい。

機械は資金を借りれば買うことが出来る。だから、設備や資金がなくても始めなければいけないのだ。事業を始める時は、誰もがそのような状態なのだ。自分が一人で商売を始めた時もそうだった。それでもこれだけの会社が出来た。その時の状況に比べれば、今の方がはるかに恵まれている。バイクモーターの成功で得た資金を使って人材を育成すれば、自動車は必ず出来るはずだ。だから私は自動車開発をやめない。[26]

＊　＊　＊　＊　＊　＊　＊　＊　＊

免許の点や税金の上から、やっぱり大衆に望まれるものは軽自動車であると考えて、この規格のものを製作したわけであります。2サイクルのエンジンを採用したのは、小さい容積で大きい力が得られること、それにコストを安くできるという理由からであります。[27]

＊　＊　＊　＊　＊　＊　＊　＊　＊

スクーターやオートバイを需要される人々に向くような車となると、どうしてもお粗末になる。むしろ、外車を乗り廻す人々に乗って貰う車を造りたい。[28]

＊　＊　＊　＊　＊　＊　＊　＊　＊

性能がいい車にする努力は致しておりますが、ただ、技術面だけを徹底するわけにも参りません。

経営面も考慮されなければならないのでして、やはり規格を３６０ＣＣ以上にすることは軽自動車の魅力をなくしてしまいます。スピードは40㎞で十分だと思っています。それ以上スピードが出るようにすると、交通事故を起こす割合も多くなるように思います。私は中型車や大型車に乗っている人にこの車で我慢しなさいとは申し上げませんので、この種類でも便利でよいという方々を満足させたいと考えております。[29]

【鈴木道雄　年譜】

１８８７（明治20）年　現在の静岡県浜松市南区に生まれる。

１８９９（明治32）年　今村幸太郎のもで大工の修行を始める。

１９０８（明治41）年　足踏織機の製作を始める。

１９０９（明治42）年　鈴木式織機製作所を設立する。

１９１１（明治44）年　二挺杼足踏織機を完成し初の実用新案を取得する。

１９１３（大正２）年　木鉄混製の鈴木式力織機が完成する。

１９１６（大正５）年　織維共進会で一挺杼力織機と木鉄混製四挺杼力織機が1等賞となる。

１９２０（大正９）年　鈴木式織機株式会社を創設し取締役社長に就任する。

１９２９（昭和４）年　サロン織機の開発に成功し特許を取得する。

１９３９（昭和14）年　4気筒７５０ＣＣ水冷エンジン搭載の小型自動車の試作に成功する。

１９５２（昭和27）年　バイクモーター「パワーフリー号」を発売する。

１９５４（昭和29）年　自動車開発を再開し、試作車を完成する。

1955（昭和30）年　軽自動車「スズライト」を発売する。

1957（昭和32）年　社長を辞任し、娘婿の鈴木俊三を後継者に指名。

引退後は浜松市内で家具インテリアを扱う鈴屋百貨店を経営。

1966（昭和41）年　産業発展に寄与した功績により勲三等旭日中綬章を授与される。

1982（昭和57）年　死去（享年95歳）。

第 IV 部

無形資産を通じた価値創造

第9章

大原孫三郎

―労働理想主義の実践―

1880～1943年

（出所）倉敷紡績株式会社

【SDGsで読み解く大原孫三郎の軌跡】

	活動の内容	関連するSDGs目標
経済	・紡績事業の近代化（倉敷紡績） ・人造絹糸（レーヨン）事業の創出（クラレ） ・金融インフラの整備（中国銀行） ・電力インフラの整備（中国電力）	8 働きがいも経済成長も 9 産業と技術革新の基盤をつくろう 10 人や国の不平等をなくそう 12 つくる責任つかう責任
社会	・労働環境の改善 ・健康経営の推進 ・従業員教育／奨学事業の推進 ・社会問題の科学的研究（大原社会問題研究所） ・医療機関の設立（倉敷中央病院） ・美術館の運営（大原美術館） ・水力発電の推進	1 貧困をなくそう 3 すべての人に健康と福祉を 4 質の高い教育をみんなに 5 ジェンダー平等を実現しよう 7 エネルギーをみんなにそしてクリーンに 11 住み続けられるまちづくりを 16 平和と公正をすべての人に
共通	・社会企業家との連携 ・外部機関／有識者との連携 ・地域社会への参画	17 パートナーシップで目標を達成しよう

（出所）筆者作成。

【本章のポイント】

倉敷紡績と倉敷絹織（現・クラレ）の創業者である大原孫三郎は、事業とCSRを両立させた経営者として評価されている。孫三郎は労働理想主義を経営理念として掲げ、労働環境の改善や従業員教育に注力し、物心両面で従業員の幸せを目指した。当時としては異色の経営を実践した背景には、会社に対する共感と信頼が従業員のモチベーションを高め、企業の持続的な成長に寄与することを確信していたからである。

事業経営とともに、社会問題にも深い関心を寄せ、学校、病院、研究機関を創設し、SDGsを先取りした活動を展開した。大原社会問題研究所は、法政大学に移管され現在も労働問題や社会問題の研究が続けられている。

モネやエル・グレコの名作を収蔵する大原美術館は、日本初の本格的な西洋美術館として誕生した。第二次世界大戦中、倉敷は戦禍を免れた。大原美術館が価値の高い西洋絵画を所蔵していたため、連合国軍が倉敷を空襲の対象から外したといわれている。こうした背景から、倉敷には江戸末期から大正・昭和に至る貴重な景観が残され、美観地区として観光資源になっている。

企業家としての孫三郎の特長は、従業員や地域社会に対する責任を自覚し、人々の幸せを創出することを目指して、営利事業と非営利事業を絶妙なバランスで経営したことにある。

Ⅰ　評伝

1　青年期

遊蕩生活の果てに

1880（明治13）年、大原孫三郎は大原孝四郎の三男として生まれた。孫三郎の祖父大原壮平は庄屋を務める傍ら呉服業、繰綿《くりわた》問屋、米穀問屋、金融業などを幅広く営むこの地方屈指の大地主であり、父孝四郎は倉敷紡績初代社長を務めた。

孝四郎は大原家の婿養子である。壮平は儒者森田節斎に師事して「謙受説《けんじゅせつ》」を授けられた。「謙受」とは「満は損を招き、謙は益を受く」という教えで、謙虚な気持ちでより高い目標を目指して努力せよという意味を持つ。孝四郎はこの「謙受説」を倉敷紡績の社是としている。

孝四郎は三人の男子に恵まれたが、長男と次男は早世した。幼くして嗣子となった孫三郎は、跡取り息子として大切に育てられた。高等小学校時代の友人には、後年、社会主義者となる山川均《ひとし》[1]がいた。高等小学校卒業後、岡山藩の郷学だった閑谷《しずたに》学校[2]の予科に入学し、寄宿舎生活を始めた。しかし、2年足らずで退学している。

1897（明治30）年、孫三郎は上京して東京専門学校（現・早稲田大学）に入学した。勉学に意欲を持てなかった孫三郎は、友人たちとの遊蕩生活に耽った。一方、鉱毒事件が社会問題となっていた足尾銅山に関心を寄せ、友人らと現地まで赴いたこともあった。

怠惰な生活を続けた結果、孫三郎は1万5000円もの借金を抱えてしまった。現在の貨幣価値に換算すると1億円以上と推計される。大地主の息子とはいえ、その金銭感覚は庶民とは大きくかけ離れたものだった。

義兄の死

息子の行状に慌てた孝四郎は、娘婿の原邦三郎[3]に借金の処理を命じた。邦三郎は秀才の呼び声が高く、その才を見込んだ孝四郎が、三顧の礼をもって婿養子に迎えた人物である。借金の処理に奔走する最中、邦三郎は31歳の若さで急死してしまった。

孫三郎は義兄の死に大きな衝撃を受けた。実姉である邦三郎の妻に付き添って、亡骸を岡山まで運ぶ道中は針の筵であった。義兄の死は自分の責任であるという思いが、孫三郎の生き方を大きく変えていくことになった。

倉敷で謹慎生活を送る孫三郎のもとへ、東京の友人から二宮尊徳の『報徳記』[4]が贈られた。報徳思想に関する文献は精神修養の書として人気があり、豊田佐吉（トヨタグループ創業者）や波多野鶴吉（グンゼ）など、明治時代の企業家に大きな影響を与えた。孫三郎は報徳の教えに共感し、自分に与えられた使命を実践していくことを決意している。

2　企業家としての使命を自覚する

石井十次との出会い

石井十次《じゅうじ》との出会いは、孫三郎にとって大きな転機となった。1865（慶応元）年、石井は宮崎県高鍋で生まれた。医師を目指して岡山県甲種医学校（現・岡山大学医学部）で学んだ。在学中に洗礼を受けた石井は、「孤児教育会」（岡山孤児院の前身）を設立して、孤児救済事業に生涯を捧げた。

倉敷に帰郷後、謹慎の日々を送っていた孫三郎は、友人の林源十郎から誘われて、孤児たちの演奏を鑑賞した。石井は孤児の情操教育のために「風琴音楽隊」（1893年）を組織し、演奏を披露していた。さらに、音楽幻燈隊（1898年）を編成し、演奏に加えて幻燈で孤児院の様子を上映して参加者から寄付を募っていた。当時は孤児を救済する社会福祉制度がなかったため、孤児院の運営は市民の善意に頼るしかなかった。

孫三郎は石井の理念と活動に心を揺さぶられた。クリスチャンであった林は孫三郎を石井に紹介し、「牛肉会」と称される会合が始まった。石井の勧めで開かれた聖書研究会に参加したことで、孫三郎は精神的に大きく成長していったのである。

孫三郎の日記には「余がこの資産を与えられたのは、余の為にあらず、世界の為である。余は其の世界に与えられた金を以て、神の御心に依り働くものである。金は余のものに非らず、余は神の為、

石井十次

音楽幻燈隊

（出所）社会福祉法人　石井記念友愛社

世界の為に生まれ、この財産も神の為、世界の為に作られているのである」と記されている。放蕩息子だった孫三郎の心に、社会のために尽くそうという思いが芽生えていた。

社会課題の解決に挑む

企業家としての使命に目覚めた孫三郎は、次のような社会活動を展開していった。

①倉敷教育懇話会の創設
②貸資育英事業の展開
③岡山孤児院への援助
④倉敷日曜講演会の開催

儒学者の家系から大原家に入った父孝四郎は、勤倹にして謙虚な性格の持主であり、社会事業にも積極的であった。父の資質を受け継いだ孫三郎は、初等中等教育を改革するため倉敷教育懇話会を設立した。その活動は倉敷紡績職工教育部の設立、私立倉敷商業補習学校の開設、財団法人倉敷奨学会の設立に発展していった。

1899（明治32）年、早世した義兄邦三郎が行っていた学資援助の志しを受け継ぎ、これを制度化して大原奨学会を発足させた。孫三郎は育英事業を単なる資金援助ではなく、教育を通じた社会改革であると捉えていた。

1901（明治34）年、孫三郎は石井に請われて、岡山孤児院の基本金管理者となった。石井は経済的に自立した孤児院運営を目指していたが、孤児の急増によって慢性的な資金不足に悩まされていた。事業収入による経済的自立が不可能であることを悟った石井は、賛助会員の出資による基本金構想を考案した。一口100円で募った出資金が20万円に達すると、これを基本金とし、基本金の運用益を孤児院の運営費に充当するという仕組みだった。1914（大正3）年、石井が48歳の若さで他界すると、孫三郎は岡山孤児院の事業をすべて引き継いだ。孫三郎は「余と岡山孤児院は一物一体たるべき責任がある」[6]と語っている。

倉敷日曜講演会は、信濃毎日新聞主筆の山路愛山の記事がきっかけとなった。これに目を留めた石井は人々の道徳心を涵養するため、倉敷で日曜講演会を開催し、その講演録を一般に配布することを孫三郎に勧めた。1902（明治35）年、第1回講演会が開催され、回を重ねるたびに評判は高くなった。運営費は孫三郎の私費で賄われ、1925（大正14）年までに76回の講演が行われた。本書に登場する金原明善（第4章）は、第19回講演会に招かれ「経歴と希望」という題目で講演している。

Ⅱ　企業家活動の神髄

1　倉敷紡績の構造改革

倉敷紡績社長に就任する

1904（明治37）年、24歳の孫三郎は家督を相続し大原家第七代当主となった。翌年、正式に洗礼を受けて岡山キリスト教会に入会している。孫三郎は倉敷紡績に職工教育部を創設したが、その当時はまだ正式な社員ではなかった。倉敷紡績入社の経緯については明確な記録が残っていないが、1906（明治39）年頃のことであったとみられている。

孫三郎はイギリスの社会改革家ロバート・オウエン[7]やドイツのグルップ社[8]の福利厚生政策を研究していた。1906年、倉敷紡績の女子寄宿舎で腸チフスが発生し、同社の対応が非難の的となった。父孝四郎はこの事態を収束させるため引退を決意し、倉敷紡績社長と倉敷銀行頭取の職を孫三郎に譲ったのである。

社長に就任した孫三郎は、早速、経営改革に取り組んだ。改革の骨子は人事制度の刷新、人道主義による労務管理の確立、積極的な拡大戦略の三点であった。

人材育成については、学卒者を採用し、積極的に登用した。採用された学卒者の中には、前社長時

本社工場

（出所）倉敷紡績株式会社

代に創設された、大原奨学会の奨学生も含まれていた。

女工たちの待遇改善

労働環境の見直しは、飯場制度の改革から始まった。当時の紡績会社は労務コストを削減するため、外部の業者に飯場と呼ばれる炊事関係の業務を請け負わせていた。一種のアウトソーシングである。

食事から日用品販売を一手に引き受ける飯場業者は、会社の管理が及ばないことを悪用して、食事の質を落とし、女工採用の紹介料を徴収するなど荒稼ぎをしていた。こうした実態を看過できなかった孫三郎は、飯場制度を廃止してしまう。請負業者は激しく抵抗したが、孫三郎は一歩も引かず当初の方針を貫徹した。

次に手掛けたのは、従業員宿舎の改善である。紡績工場で働く女工たちは、劣悪な環境での生活を強いられていた。倉敷紡績もその例に漏れず、大部屋式寄宿舎に多数の女工が収容されていた。工場は昼夜二交代の12時間勤務であり、早番と遅番の女工が同部屋で生活するという過酷なものであった。2人で一つの布団を使うことは当たり前だった。こうした不衛生な生活環境が原因となって、呼

家族的分散式寄宿舎（外観）

家族的分散式寄宿舎（内部）

（出所）倉敷紡績株式会社

吸器疾患や肺結核など重篤な病気に罹患する者も少なくなかった。

倉敷紡績でも１０００人ほどの女工が劣悪な寮生活を強いられていたが、孫三郎は分散式家族的寄宿舎の建設を決断した。従来の雑居型の宿舎ではなく、４～５名が居住する衛生的で、家庭的な雰囲気を持つ宿舎であった。

人道教育主義の実践

利益を生まない福利厚生施設の建設に対して、一部の株主から反対の声が挙がった。孫三郎は役員賞与を減額する一方、利益処分の大半を株主配当に回すことで、こうした反対の声を抑えている。

１９１２（大正元）年、裁縫室、食堂、学校などを備えた新宿舎76棟が竣工し、１９１４（大正３）年には診療所、浴場などの付属施設も完成した。孫三郎は分散型宿舎の完成に際し、次のように女工たちに語りかけた。

「先年から、病人のないようにしたいと思って、寄宿舎を建て替えました。また物品分配所を設けて、皆様に無駄なお金は使わせないようにしました。そして学校も作り、皆様が一人前の女性として、必要な文字も読め、裁縫もできるようにしました。（中略）この方針は、人道教育主義ということで、人間として生まれた以上は、皆様の後々のおためになるよう、立派な人間にするように、お世話致すのであります。（中略）会社の考えとしては、皆様の居心地が良く、病人もなく、無駄な金を使わないようにし、皆様の父母に送金も多くでき、貯金も沢山できるようにしたい、と思うのでありますから、皆様は仕事や勉強に精を出して、幸福な生涯を送って頂きたいと思います。それが今までの成り行きと、私の希望でございます」[9]

紡績工場に勤務する女工の悲惨な状況を描いた、細井和喜蔵の『女工哀史』（１９２５年）が出版される十年以上前の出来事である。１９１１（明治44）年、工場法が制定され、労働者の権利に対する社会的な関心が高まった。しかし、女工の福利厚生よりも生産性向上に大きな関心を持っていた当時の紡績業界にあって、孫三郎の取り組みは稀有な事例であったといえよう。

2　積極経営への転換

紡績業は明治中期から大正期にかけて右肩上がりの急成長を遂げた。しかし、過剰な設備投資が災いして供給過多となり、操業短縮と企業合同を余儀なくされた。１社当たりの設備規模は１万７２１

５錘（１９００年）から６万３８２３錘（１９１１年）に拡大していた。

１９０１（明治34）年、鐘淵紡績の武藤山治は『紡績大合同論』[10]を発表し、合併の必要性とその経済的効果を説いた。１９０６（明治39）年、倉敷紡績は他社から合併の勧誘を受けたが、孫三郎は合併を拒否する社長談話を発表し、独立自尊の経営を堅持した。１９０８（明治41）年当時、三重紡績（東洋紡績の前身）は17万９６０４錘、鐘淵紡績は17万９１６８錘、摂津紡績は12万５８３２錘の生産規模を誇っていたが、倉敷紡績は僅か2万９５８４錘に過ぎなかった。

孫三郎も３万錘未満の紡績会社が生き残れないことを自覚していた。生産能力を高めるには、工場新設か他社の買収しか選択肢はない。紡績会社の合併が進んだ結果、岡山県内で１万錘以上の規模を持つ企業は、倉敷紡績を含め３社を残すのみとなっていた。孫三郎は三井物産傘下の吉備紡績の買収に成功し、これを倉敷紡績玉島工場とした。この買収によって倉敷紡績の生産規模は５万８９２０錘に拡大している。続いて万寿《ます》工場（１９１５年）と高松工場（１９２０年）が新設された。

その後も合併等によって、坂出工場・松山工場（１９１８年）、早島工場（１９２１年）、岡山北方工場（１９２２年）、枚方工場（１９２４年）の５工場を傘下におさめている。こうした拡大戦略が功を奏し、倉敷紡績の生産能力は23万１３４８錘（１９２４年）となり、業界第６位の規模を誇った。

万寿《ます》工場の新設によって、飛躍的に生産能力が拡大したことに加え、第一次世界大戦後の好況が追い風となり業績は順調に伸びた。この間、孫三郎は財務体質の強化に努めた。

倉敷紡績の生産能力

	1888年		1905年		1924年	
資本金（円）	100,000		400,000		12,350,000	
自己資本比率（％）	1889/下期	83.0	下期	78.2	下期	73.1
年間利益（円）	1890/通期	20,444	通期	150,019	通期	2,537,369
配当率（％）	1889/下期	16.5	上期	35.0	上期	20.0
			下期	30.0	下期	20.0
紡績設備（錘）	4,472		29,584		231,348	
全国設備（錘）	129,376		1,472,253		5,125,696	
全国に占める比率（％）	3.5		2.0		4.5	

（出所）倉敷紡績株式会社（1988）105頁をもとに筆者作成

3　倉敷絹織の設立

人造絹糸（レーヨン）の開発

1920（大正9）年から始まった戦後不況によって糸価が暴落した。生産能力を拡大した紡績業は極度の不振に陥った。糸価の暴落を防ぐため、業界レベルでの生産調整が行われた。しかし、談合ともいえる生産調整は社会的な批判を浴び、僅か2年ほどで全面解除に追い込まれてしまった。

紡績各社は独自の生き残り策を模索せざるを得なくなった。大手企業は中国大陸への生産移転、職布兼営、製品の高付加価値化、人絹の開発など、事業の多角化を図って窮地を乗り切ろうとした。倉敷紡績では、孫三郎が推し進めた福利厚生策のコスト負担が、経営を圧迫していた。

鐘淵紡績、東洋紡績などの大手は、製糸絹紡事業、羊毛事業、人絹事業を中心に多角化を進めていた。中でも生糸の輸出に大きな打撃を与えた、人絹（レーヨン）に注目が集まった。国内での人絹開発は、明治末期に商社の鈴木商店が手掛け、１９１８（大正７）年に帝国人造絹糸（現・帝人）が事業会社として設立された。

１９２５（大正14）年、孫三郎は倉敷紡績内に京化学研究所を創設し、京都帝国大学から技術者を招いて人絹の研究開発に着手した。翌年、倉敷絹織株式会社（現・株式会社クラレ）が設立され、２年後に人絹の生産が開始された。

１９６４（昭和39）年、同社は靴、カバン、スポーツ用品、ジャケット、ソファーなどさまざまな分野で使用され、人工皮革の原点となったクラリーノを生み出している。

クラリーノ素材を利用した製品

（出所）株式会社クラレ

４　中国地方の発展を目指す

金融インフラの整備─中国銀行の設立─

倉敷紡績の急成長に伴って、旺盛な資金需要への対応が課題となった。孫三郎は父孝四郎から託された、倉敷銀行頭取の職を兼ねていた。岡山県内の金融機関の多くは、規模が小さく信用力に課題があった。第一次世界大戦後の反動不況に備え、政府は一県一行主義政策を掲げて、金融機関の統合を奨励していた。

政府の方針に賛同した孫三郎は、県内銀行合併の推進役としてリーダーシップを発揮していった。1919（大正8）年、倉敷銀行を中心に6行が合併して第一合同銀行が設立され、孫三郎は新銀行の頭取に就任した。その後、第一合同銀行は県内の弱小金融機関を次々と傘下に収めていった。しかし、浜口内閣による金輸出解禁の影響から輸出が落ち込み、これに世界恐慌が追い打ちをかけたため、輸出不振はいっそう深刻となった。

市場環境の変化によって、倉敷紡績の経営は悪化の一途をたどった。倉敷紡績の業績悪化は、第一合同銀行の資産内容の劣化を招いた。経営危機を回避するため、孫三郎は日本興業銀行に救済融資を要請した。金融当局はその見返りとして、経営が悪化していた山陽銀行との合併を孫三郎に強く迫った。1930（昭和5）年、第一合同銀行は山陽銀行と合併し、新たに中国銀行が誕生した。危機を脱した孫三郎は、倉敷紡績と中国銀行の経営合理化を加速させていった。

エネルギーインフラの整備―中国電力の設立

1909（明治42）年、倉敷電燈株式会社が設立された。同社の経営を通じて、孫三郎は基幹エネルギーの主役が蒸気から電力へ変わることを確信した。1912（大正元）年の臨時株主総会では、自家発電所（2000kw）の新設計画を提案している。1915（大正4）年、倉敷紡績倉敷発電所は送電を開始し、余剰電力を倉敷電燈にも供給している。

工業化が著しい岡山県南部の電力需要の拡大を見越して、孫三郎は北部山岳地帯で大規模な水力発電を行う構想を持っていた。岡山県内の電力会社の統合を加速させるため、中小電気会社を合併して、中国合同電気を創設した。

孫三郎は所有する中国合同電気の株式を山陽中央水力電気へ譲渡し、両社の合併を図った。１９４１（昭和16）年、両社は合併し山陽配電となった。翌年、配電統制令に基づき山口県電気局、出雲電気、山陽配電、広島電気の四事業者が統合して中国配電が設立された。戦後、中国配電と日本発送電が合併して中国電力が発足している。

中国銀行や中国電力の礎を築いた孫三郎は、倉敷のみならず、中国地方全体を俯瞰した事業構想を描いていたのであった。

5　ソーシャルビジネスの実践

岡山孤児院の事業を受け継ぐ

青年期に享楽生活を送った孫三郎は、報徳思想やキリスト教との出会いからピューリタン的な生活信条を身につけていった。なかでも岡山孤児院を運営する石井十次《じゅうじ》との出会いは、孫三郎の人生にとって大きな転機となった。

１９１４（大正３）年、志半ばで世を去った石井の事業を承継するため、孫三郎は岡山孤児院の院長を引受けた。石井は経済的に自立した孤児院運営を目指していたが、寄付に依存する体質からの脱却は難しく、第一次世界大戦の勃発によって大阪分院の運営は困窮を極めていた。1917（大正6）年、孫三郎は大阪の岡山孤児院分院を独立させ、私財を投じて財団法人石井記念愛染園を設立した。

孫三郎は石井による救貧事業を通じて、対症療法的な救済では本質的な問題解決にはならず、貧困を社会問題として研究することの必要性を感じるようになった。

大原社会問題研究所

孫三郎は新設した石井記念愛染園内に救済事業研究室を設置し、私費で貧困問題の科学的研究を始めた。この研究室が後に大原社会問題研究所へと発展することになる。

救済事業研究室が開設された翌年、富山県で勃発した米騒動はまたたく間に全国へ波及した。経済格差の拡大や階層対立が激化する状況をみて、孫三郎は広く社会問題を研究する必要性を抱くようになった。孫三郎は徳富蘇峰[11]や河上肇[12]らに協力を求め、米騒動を受けて発足した原敬内閣の存在も追い風となった。

1919（大正8）年、孫三郎は大原社会問題研究所を設立した。同研究所では社会科学的な視点に基づく、労働問題の研究が開始された。1937（昭和12）年、東京への移転を機に同研究所は独立経営に移行した。第二次世界大戦後は法政大学に移管され、法政大学大原社会問題研究所として現在に至っている。

労働科学研究所

大原社会問題研究所は、社会問題とともに労働衛生に関する研究も行っていた。孫三郎は研究員を倉敷紡績万寿《ます》工場に招き、女工たちの労働実態を公開した。

当時、紡績工場の視察は悉く拒否され、女工の労働実態は知られていなかった。「女工たちがもっと明るく働き、幸せな生活ができるよう、工場に来て研究してくれませんか[13]」という孫三郎の言葉に研究員は感激したといわれる。

１９２０（大正９）年、大原社会問題研究所から社会衛生分野が独立し、倉敷紡績社内に倉敷労働科学研究所が発足した。ここでは工場内の温湿度と生産能率・健康管理の関係、労働者の必要カロリーと献立など、特色ある研究が行われた。同研究所は公益財団法人労働科学研究所として現在も研究活動を続けている。

大原社会問題研究所（1920年頃）

（出所）法政大学大原社会問題研究所

倉紡中央病院

紡績設備は1906年～1924年の18年間で約8倍（23万1348錘）となり、倉敷紡績の従業員数は急増した。従業員の病気やケガの治療は、工場内に設置された医局で行われていたが、その処理能力は限界を超えつつあった。

1918（大正7）年、万寿《ます》第二工場の稼働を機に、従業員の健康管理を目的とした病院の建設が決まった。孫三郎は次のような方針を掲げて、建設の陣頭指揮をとった。

①設計はすべて治療本位とする。
②病院臭くない明朗な病院とする。
③患者を平等公平に扱う。
④東洋一の理想的な病院をつくる。

1923（大正12）年、平等主義と治療本位を理念とする倉紡中央病院（現・公益財団法人 大原記念倉敷中央医療機構 倉敷中央病院）が開院した。

入院費は一律2円50銭と定められ、従業員と家族は会社からの補助によって、実質負担は規定料金の2割以下であった。開院後も病棟の増設が行われ、1926（昭和元）年には220床規模となった。

利益を生まない病院への巨額投資に対して、一部株主からは不満の声があがった。孫三郎は「自分が中央病院をもって営利会社の社会化という言葉を使ったため、社会化という言葉からの誤解もある

創業当時の倉紡中央病院

現在の倉敷中央病院

（出所）公益財団法人　大原記念倉敷中央医療機構　倉敷中央病院

らしいが、営利会社としての立場で計画する場合、自分はかつて算盤を持たずにやったことはない。（中略）私が中央病院を造ったがために年々倉紡は損失だけするように見えるが、それは廻り廻って倉敷の経済に利益をもたらし、倉敷の資本経済への好影響は更に倉紡に対して増大して帰ってくると思う。万一それは算盤や数字の上に現れないとしても、倉紡がこれによって数字を超えて更に大きく恵まれるという確信を自分は持っている[14]」と、批判の声を一蹴している。

大原美術館

大原美術館（現・公益財団法人大原美術館）の歴史は、岡山県出身の洋画家児島虎次郎との出会いから始まる。児島は大原奨学会の奨学生として孫三郎の知己を得たが、二人の交遊は児島の死まで続いた。

明治天皇の后妃である昭憲皇后は、児島が岡山孤児院で書き上げた「情の庭」と題する絵をことのほか気に入り、宮内省が買い上げたほどである。

児島は孫三郎の援助を受けてヨーロッパに留学した。彼は絵画制作用の資料や若い画家たちの教材として、西洋絵画を体系的に蒐集する

設立当時の大原美術館

（出所）公益財団法人　大原美術館

ことを思い立った。孫三郎は私財を投じて、児島の志を支援した。児島が蒐集したモネの「睡蓮」やエル・グレコの「受胎告知」などの貴重な絵画が大原美術館創設の基盤となった。

１９２７（昭和２）年、児島は美術館建設を提案し、孫三郎もこれに賛同した。しかし、昭和金融恐慌によって、計画は中止を余儀なくされた。２年後、児島は47歳の若さで世を去ってしまう。児島の死を悼んだ孫三郎は美術館の建設に着手した。１９２９（昭和４）年、ニューヨーク株式市場の暴落に端を発した世界恐慌によって、日本経済も大きな打撃を受けた。不況の最中に巨費を投じた美術館建設は非難を浴びたが、児島の作品と児島が蒐集した絵画の公開を目的とした大原美術館は１９３０（昭和５）年に開館した。

開館当時は西洋美術に対する関心が薄く、参観者は僅かであった。孫三郎も自分が手がけた仕事の中で、美術館が一番の失敗作であると述懐している。しかし、大原美術館の存在によって、倉敷は第二次世界大戦の戦禍を免れた。貴重な西洋美術が多数所蔵されていることを知った連合国軍は、倉敷を空襲の対象から外したのである。江戸末期から昭和の建物が残る倉敷の美しい町並みは、孫三郎の遺産なのである。

Ⅲ　経営思想

1　労働理想主義を掲げて

　孫三郎は父祖から受け継いだ豊富な財力を基盤に、近代的な紡績業や電力・金融などのインフラ産業を営み、明治・大正・昭和前期を代表する企業家となった。事業の傍ら社会問題や労働問題に深い関心を寄せ、組織統治、人権、労働慣行、公正な事業慣行、コミュニティの発展などの分野で先駆的な社会活動を行った。[15]

　これまで地主階層出身の企業家は、封建的で寄生的な性格を持ち、商業資本家や金融資本家とともに、封建的な色彩の濃い天皇を中心とする統治体制を支えたと考えられてきた。しかし、ＳＤＧｓを先取りした事業活動を展開した孫三郎は、この時代にあっては極めて特異な存在だったといえよう。

　鐘淵紡績の武藤山治は、社会問題の解決と事業活動を両立させた企業家として、先駆的な存在だった。武藤は人道主義、温情主義の下、労働環境を改善して女工たちを悲惨な状況から救い出した。一方、破綻寸前の鐘淵紡績を、わが国有数の大企業に育て上げることに成功した。武藤と孫三郎は、ともにキリスト教的倫理観を経営のバックボーンとしており、その事業精神には共通点が多い。

　孫三郎は武藤の人道主義的な経営思想を認めつつも、それだけでは社会問題の解決にはならないと主張した。科学的な手法によって問題の本質を明らかにし、そのうえで具体的な解決策を講じる必要があると考えたのである。

こうした真理探究の場が大原社会問題研究所であり、孫三郎は「人格主義」という言葉で労働理想主義を実践していった。孫三郎の経営思想の根幹をなす労働理想主義とは、人々の幸せを創りだすことにあったといえよう。

お金の使い方の才人

かつて大原社会問題研究所に籍を置いた法政大学元総長大内兵衛[16]は、孫三郎を高く評価し次のように述べている。

「大原は、大正・昭和を通じて大阪以西の関西において最大の事業家であったが、彼はその作りえた富を散じて公共の事業をしたという点では、三井も、三菱も、その他いかなる実業家よりも、なお偉大な結末を生んだ財界人であった。（中略）金を儲けることにおいては大原よりも偉大な財界人はたくさんいた。しかし、金を散ずることにおいて高く自己の目標を掲げてそれに成功した人物として、日本の財界人でこのくらい成功した人はなかった[17]」

ＳＤＧｓはサステナビリティを基軸とした、社会経済システムの再構築を求めている。サステナビリティとは、企業と社会の共生を意味する。現代企業にはバランスの取れた社会価値と経済価値の向上を目指す、長期的な事業戦略の実践が求められている。

こうした認識に異を唱える経営者や投資家は少ないだろう。しかし、経営者と投資家は収益に対する強い欲求がある。利他心と利己心の相克に、どのように折り合いをつけていくのかが問題なのである。

市場経済メカニズムに利己心と利他心を調整する機能はない。サステナビリティの実現を図るには、企業と投資家それぞれが利己心を抑制する、内的な規制を持たなければならない。SDGsは過度な収益志向を抑制する内的規制の一つといえよう。

利己心と利他心のバランスをとることは難しい。孫三郎はそうした難しさを「下駄と靴と片足ずつ履く」と表現した。企業の役割が問い直されているいま、孫三郎の生き方は私たちに数々の示唆を与えてくれるだろう。

大内兵衛（法政大学元総長）

（出所）法政大学

2　大原孫三郎の言葉

孫三郎を理解するには、彼が残した言葉を読み解くことが欠かせない。さまざまな資料に残された孫三郎の言葉の中から、彼の経営観や行動原理を示している言葉を紹介しよう。

＊　＊　＊　＊　＊　＊　＊　＊　＊　＊

大原孫三郎が携わった事業

種別	事業名	設立年	事業内容
公益事業	大原貸資奨学金制度	1899	学資貸与による奨学金制度
	倉敷日曜講演会	1902	社会教育の推進、実施回数76回（1925年終了）
	大原農業研究所	1914	財団法人大原奨農会として発足
	岡山孤児院	1887	1914年、岡山孤児院院長に就任
	石井記念愛染園	1917	岡山孤児院大阪分院から独立、貧民の教育・救済事業
	大原社会問題研究所	1919	社会問題の研究と知識の普及、法政大学大原社会問題研究所へ承継
	倉敷労働科学研究所	1921	産業組織についての医学的心理学的研究、（財）労働働科学研究所へ承継
	倉紡中央病院	1923	従業員および市民を対象とした地域医療機関、倉敷中央病院へ承継
	大原美術館	1930	児島虎次郎の作品と西洋絵画の展示
営利事業	倉敷紡績株式会社	1888	1906年社長就任
	倉敷絹織株式会社	1926	人造絹糸（レーヨン）の製造、株式会社クラレの前身
	中国銀行	1930	1906年倉敷銀行頭取（1891年設立）、1919年第一合同銀行銀行頭取、岡山合同貯蓄銀行（1944年）、中国信託（1945）を吸収
	中国合同電気	1926	倉敷電燈（1909年）、中国水力電気（1922年）

（出所）各種資料をもとに筆者作成。

わしの目は10年先が見える。10年たったら世の中の人に、わしのやったことがわかる。

＊　＊　＊　＊　＊　＊　＊　＊　＊　＊

片方の足に靴を履き、一方の足に下駄を履くのは難しい。[18]

＊　＊　＊　＊　＊　＊　＊　＊　＊　＊

十人の人間のうち、五人が賛成するようなことは大抵手遅れだ。

七、八人がいいといったらもうやめた方がいい。

二、三人位がいいということをやるべきだ。

＊　＊　＊　＊　＊　＊　＊　＊　＊　＊

余は余の天職のための財産を与えられたのである。

神のために遣い尽くすか、或いは財産を利用すべきものである。

【大原孫三郎　年譜】

１８８０（明治13）年　大原孝四郎の三男として岡山県倉敷市で生まれる。

１８９７（明治30）年　東京専門学校（現・早稲田大学）に入学。

１９０１（明治34）年　岡山孤児院基本金管理者に就任。

１９０２（明治35）年　倉敷紡績に職工教育部を設置、倉敷日曜懇話会を開催（〜１９２５年）。

１９０４（明治37）年　家督を相続する。

1905（明治38）年　キリスト教の洗礼を受ける。

1906（明治39）年　倉敷紡績株式会社第二代社長、倉敷銀行頭取に就任。

1909（明治42）年　倉敷電燈株式会社設立、長男總一郎誕生。

1914（大正3）年　大原奨農会設立、岡山孤児院院長に就任。

1919（大正8）年　大原社会問題研究所（現・法政大学大原社会問題研究所）を設立。

1921（大正10）年　倉敷労働科学研究所（現・公益財団法人労働科学研究所）を設立。

1923（大正12）年　倉紡中央病院（現・公益財団法人倉敷中央病院）を設立。

1926（昭和元）年　倉敷絹織株式会社（現・株式会社クラレ）を設立し社長に就任。

1930（昭和5）年　中国銀行を設立し頭取に就任、大原美術館開館。

1939（昭和14）年　倉敷紡績・倉敷絹織の社長を辞任、倉敷絹織社長に長男總一郎が就任。

1941（昭和16）年　倉敷紡績社長に長男總一郎が就任。

1943（昭和18）年　倉敷市内の自宅で死去（享年62歳）。

第 10 章

波多野鶴吉

―人財マネジメントを通じた価値創造―

1858～1920 年

（出所）グンゼ株式会社

【ＳＤＧｓで読み解く波多野鶴吉の軌跡】

	活動の内容	関連するＳＤＧｓ目標
経済	・郡是製糸の設立 ・生産プロセスの抜本的な改革 ・世界品質の実現 ・欧米への輸出拡大	
社会	・工女に対する組織的な教育活動 ・労働環境の改善 ・健康経営の推進 ・養蚕農家の意識改革 ・女性の自立支援	
共通	・養蚕農家とのパートナーシップ ・所有と経営が一体化した経営 ・外国企業との提携	

（出所）筆者作成。

【本章のポイント】

郡是製糸創業者の波多野鶴吉は、在来産業である養蚕業を基盤にして、地域社会の経済的自立を目指した。「地域のための企業」であることを示すために、「郡是＝郡（地域）の方針」という社名をつけた。さらに、郡是製糸を支える養蚕農家を株主に加えることで、企業と地域社会の一体感を高めた。

「品質の良し悪しは、作り手の人格による」と考えた鶴吉は、企業内に学校を設立し、従業員の意欲やモラルを高める努力を続けた。

郡是製糸の成長を支えたのは、ミッション経営である。企業はステークホルダーのために存在するという経営姿勢が、地域社会や従業員からの信頼と共感を獲得し、国際品質を備えた製品を生み出す要因となった。

クリスチャンの鶴吉は、キリスト教や報徳思想の利他心を背景とした経営を実践し、ステークホルダーの物心両面での幸せを実現することに生涯を捧げたのである。

Ⅰ　評伝

1　生い立ち

波多野家の養子となる

郡是製糸は、京都府の北部に位置する綾部市で誕生した。綾部市は人口４万人程度のいわゆる中山間地域。新産業を育成していくうえで、必ずしも恵まれた立地条件ではない。こうした厳しい環境の下で生まれたのが郡是製糸である。鶴吉は物心両面で地域の人々と従業員が豊かになることを目指し、郡是製糸を国内有数の製糸会社に育て上げた。

１８５８（安政５）年、鶴吉は羽室家の次男として生まれた。１８８７（明治20）年の納税者番付によると、羽室家は京都府で11位、綾部・福知山では1位を占める名家だった。7歳になった鶴吉は波多野家の養子となる。波多野家の一人娘葉那《はな》[1]との結婚を前提とした養子縁組だった。

養母と養祖母が相次いで他界し、鶴吉に転機が訪れた。波多野家には15歳の鶴吉と13歳の葉那だけが取り残された。鶴吉は定職に就いておらず、二人は波多野家の土地を切り売りしながら生活していた。

綾部市の地図

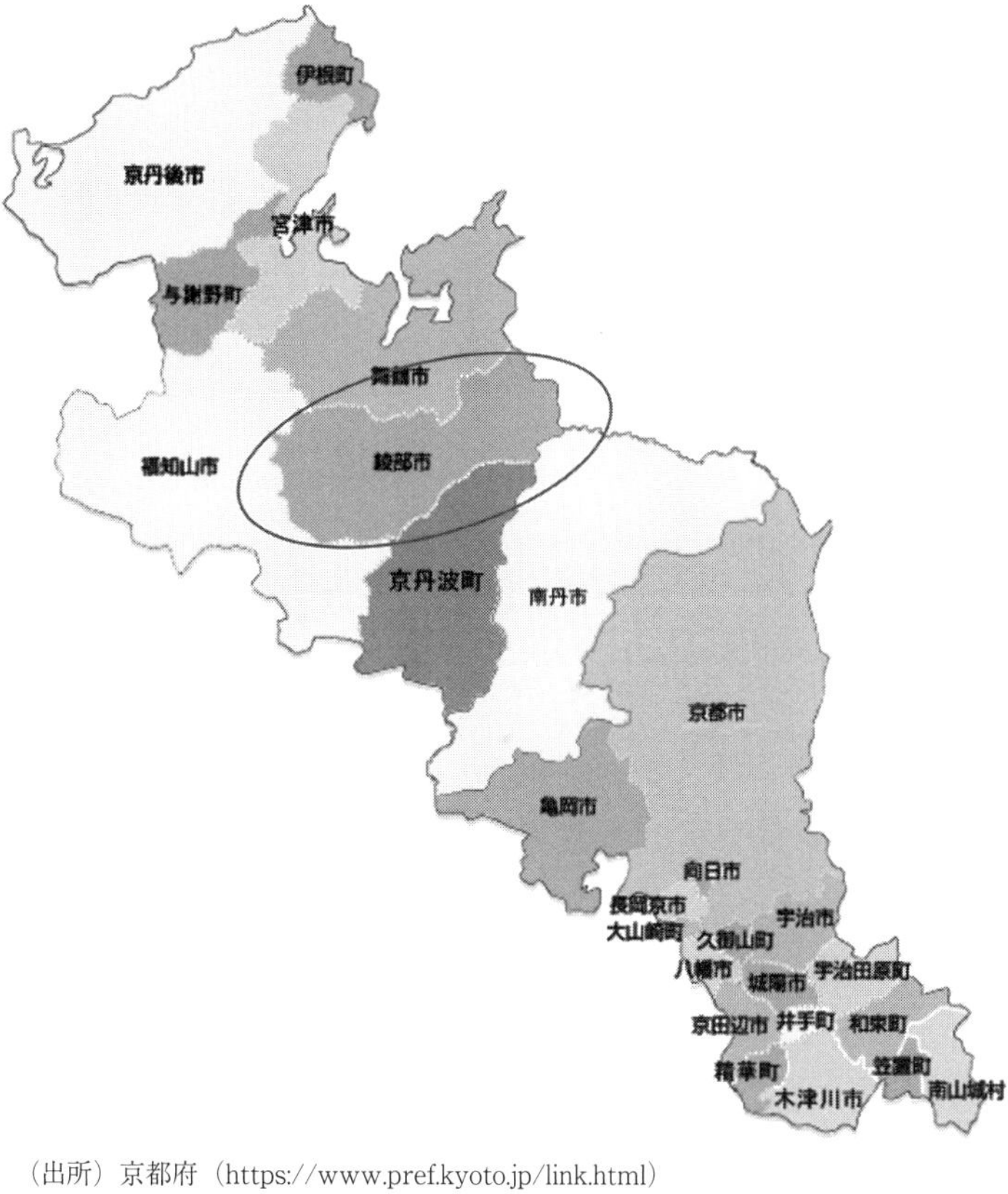

（出所）京都府（https://www.pref.kyoto.jp/link.html）

京都遊学

１８７５（明治８）年、17歳となった鶴吉は旧制京都中学に入学し数学と英語を学んだ。波多野家に養子に入る際、京都で勉強することが条件になっていた。翌年、綾部に戻った鶴吉は葉那と結婚したが、新妻を残して再び京都に戻って学業を続けた。

京都での生活は足掛け7年間に及んだ。鶴吉は養家の財産を使い果たしただけでなく、１０００円もの借金を抱えてしまった。現在の価値に換算すると２０００万円程度と推計される。後年、キリスト教に入信した鶴吉は、京都時代の自分を新約聖書ルカ伝に出てくる「放蕩息子」に例えている。

京都では『啓蒙方程式』[2]という教育書を執筆し、数理探求塾という私塾を開設した。しかし、鶴吉は学問で身を立てることができず、悶々とした日々を送っていた。このような時期に鶴吉は若気の至りから梅毒を患ってしまい、故郷の綾部に戻る決心をする。

葉那夫人は心の優しい女性だった。京都で生活していた鶴吉は、彼女に対して頻繁に生活費の無心をしている。彼女は何一つ文句を言わず土地を切り売りして、鶴吉に金を送り続けた。周囲の人々から鶴吉との離婚を勧められたが、葉那は「どうしても離縁せねばならぬなら、どうぞわたしも一緒に離縁してください。二人で首にふくろを下げて流浪の旅をいたそうとも、わたしは思い切ることはできません」と言って断った[3]。葉那夫人は鶴吉を終生支え続けた。彼女の存在なくして、企業家波多野鶴吉は生まれなかったといえよう。

挫折と帰郷

1881（明治14）年、失意の中で帰郷した鶴吉は、知人の紹介で小学校の代用教員となった。正式な教員資格を持っていなかったが、生徒の評判は大変良く、教員生活は4年余り続いた。

それまでの身勝手な振る舞いから、帰郷した当初は周囲から冷たい目で見られたこともあった。しかし、教員として新たな人生を歩み始めた鶴吉は、地域の人々からも徐々に信頼されるようになっていった。

教員時代の体験は、鶴吉の人生に大きな転機をもたらした。彼は教え子を通じて、養蚕農家の厳しい生活を知ったのである。綾部の基幹産業である養蚕業を通じて、鶴吉は地域が抱える課題と深くかかわっていくことになる。

2　養蚕業の立て直しに挑む

疲弊した養蚕農家

明治時代の綾部では、農家の副業として養蚕が広く行われていた。江戸時代末期、綾部藩は佐藤信《のぶ》淵《ひろ》[4]の助言によって、商品作物の栽培に力を注ぐようになった。藺、木綿、茶、たばこなどの生産を試みた結果、綾部の土地柄に最も適していたのが養蚕だった。こうして、養蚕業は綾部の地場産業として発展していったのである。

当時の養蚕農家には、横のつながりが欠けていた。農家同士で繭の価格情報を共有することも無かったため、問屋は言葉巧みに農家を誘導して、繭を安く買い叩いていたのである。現状に甘んじ、昔ながらのやり方を繰り返すだけの農家は、お互いに協力して繭の品質改善に取り組もうという意識もなかったのである。

繭の品質や価格に関心を示さず、旧態依然とした方法を繰り返す農家の姿を目の当たりして、鶴吉は忸怩たる思いを募らせていた。彼は養蚕農家が抱える問題を、地域社会が抱える構造的な課題として捉えていた。鶴吉が着目したのは品質の低さであった。農家間の連携の乏しさが品質面に悪影響をもたらしていたのである。

１８８５（明治18）年、東京で開かれた全国五品共進会において、綾部から出品された繭と生糸は、最も粗悪な品質を意味する「粗《あら》の魁《さきがけ》たらん」という評価を受けた。鶴吉の危惧していたことが、現実となったのである。翌年、鶴吉は推されて、何鹿《いかるが》郡蚕糸業組合長に就任した。彼は疲弊した養蚕業の立て直しを託されたのであった。

改革の胎動

鶴吉を組合長に推薦したのは、何鹿郡蚕糸業界の第一人者であった梅原和助である。貴重な輸出品である生糸を扱うため、英語に堪能な鶴吉に白羽の矢が立ったのである。後年、梅原は「私はどえらい拾い物をした」と語っている。どえらい拾い物とは鶴吉を指していることは言うまでもない。梅原の言葉どおり、鶴吉を組合長に推薦したことが、郡是製糸の誕生につながったのである。蚕糸業組合長として経験が、郡是製糸の経営に活かされることになった。

鶴吉に課せられた最大の使命は、粗悪品の極みと酷評された繭の品質改善だった。品質改善に必要な要素は、技術革新と人材育成である。鶴吉は養蚕の先進地域である群馬県に人を派遣して、蚕糸業の実態を調査させた。群馬県の蚕糸業の高い品質は、先進技術の活用とキリスト教によって支えられていることを知ったのである。

先進技術が品質向上に結びつくことは容易に理解できる。一方、キリスト教が品質向上とどのように結びつくのだろうか。蚕糸業が盛んな群馬県では、早くから生糸の輸出ビジネスに関わる外国人が多数居住していた。そのため、この地域ではキリスト教が早くから根付いていたのである。

「女工」から「工女」へ

群馬県の有力な蚕糸業経営者にはキリスト教徒が多く、彼らの信仰は事業経営にも活かされていた。例えば、当時、製糸工場で働く女性労働者は「女工」と呼ばれていたが、クリスチャン経営者の工場では「工女」と呼ばれていた。

「女工」という呼び名には、やや侮蔑的な要素が含まれているように感じる。キリスト教の影響を受けた企業家は、「工女」と呼ぶことで女性労働者の人格を大切にしていたのである。その背景にはキリスト教の利他主義と博愛精神が影響していたと思われる。クリスチャン経営者たちは、労働者を搾取の対象としてではなく、企業を繁栄に導く大切なパートナーと位置づけたのであった。こうした事業精神は、鶴吉に大きな影響を与えた。

人を大切にする経営と品質向上はどのように結びつくのだろうか。高度経済成長期の日本企業では、ＱＣサークルと呼ばれる品質改善運動が盛んに行われた。ＱＣ活動を背景とした品質改良によって、日本企業は機能、品質、価格にすぐれた製品を生み出し、グローバル市場を席捲した。日本企業の驚異的な成長の背景には、高いモラルとモチベーションを持った労働者の存在があったことを忘れてならないのである。

たとえ先進技術を導入しても、従業員の意識や能力が伴わなければ品質向上は実現できない。意識の高い従業員のプロアクティブな行動が、品質向上の原動力なのである。従業員の人権を尊重し、中身の濃い従業員教育を行うことで、高い職業倫理と自発性を併せ持った人材が生まれる。こうした人材が企業の持続的成長には欠かせないのである。

鶴吉は自発性や労働意欲に乏しい養蚕農家の意識改革から始めた。生産者の意識を変革し、モラルとモチベーションを身につけさせることが、品質向上への近道であると考えたのであった。

Ⅱ　企業家活動の神髄

1　郡是製糸株式会社の誕生

社名の由来

地域社会の共同利益の拡大に取り組んだ鶴吉は、蚕糸業のさらなる発展を目指すには、企業化が必要であると考えるようになった。しかし、地域の人々は尻込みするばかりで、彼の構想はなかなか理解を得られなかった。

このような折、鶴吉は日本実業会会頭である前田正名《まさな》[5]の演説に感銘を受けた。前田は農商務次官まで務めた人物で、在来産業を育成することが殖産興業や富国強兵につながるという考えを持っていた。国においては国の方針である国是があるように、府県においては府県是、郡においては郡是、町村においては町村是を定め、それらを統合して国産を奨励し貿易を盛んにするべきであると説いたのである。

郡是を定めて産業を育成するという理念に共感を覚えた鶴吉は、新会社の社名を郡是製糸とした。この社名には、地域の人々の力を結集し、地域社会の発展を目指すという意味が込められていたといえよう。

郡是製糸本社（1917年）

（出所）グンゼ株式会社

株主構成に込めた思い

１８９０（明治23）年、郡是製糸株式会社（資本金９万８００0円、正規職員20名、作業員２００名）の設立総会が開かれ、鶴吉の実兄である羽室嘉右衛門が社長に就任した。鶴吉自身も取締役に就き、実質的な経営の舵取りを担うこととなった。新会社の設立目論見書には「会社の性質は専ら蚕糸業奨励の機関たるを以って、特にこの精神により経営すること」と記されていた。

鶴吉が新会社に込めた思いは株主構成に表れていた。設立当時の郡是製糸の株主構成をみると、10株以下の株主が85・６％（６４４名）に達していた。中でも１～２株の株主は59・８％を占めていたが、少数株主の実態は養蚕農家であった。株式会社の所有者は株主である。地域の養蚕農家を株主とすることで、郡是製糸が資本家のためではなく、地域社会のためにあるということを示したのである。

企業の所有者である株主は、その持株比率に応じてインカムゲイン（配当金）を受ける権利を持っており、郡是製糸の利益は株主である養蚕農家へ還元されていく。鶴吉は一部の富裕層が利益を独占するのではなく、郡是製糸の収益が地域社会へ還元されることにこだわったのである。郡是という社名に込めた創業理念を実践するために、鶴吉は意図してこのような株主構成にしたのであろう。

郡是製糸株主分布（第4期営業報告書）

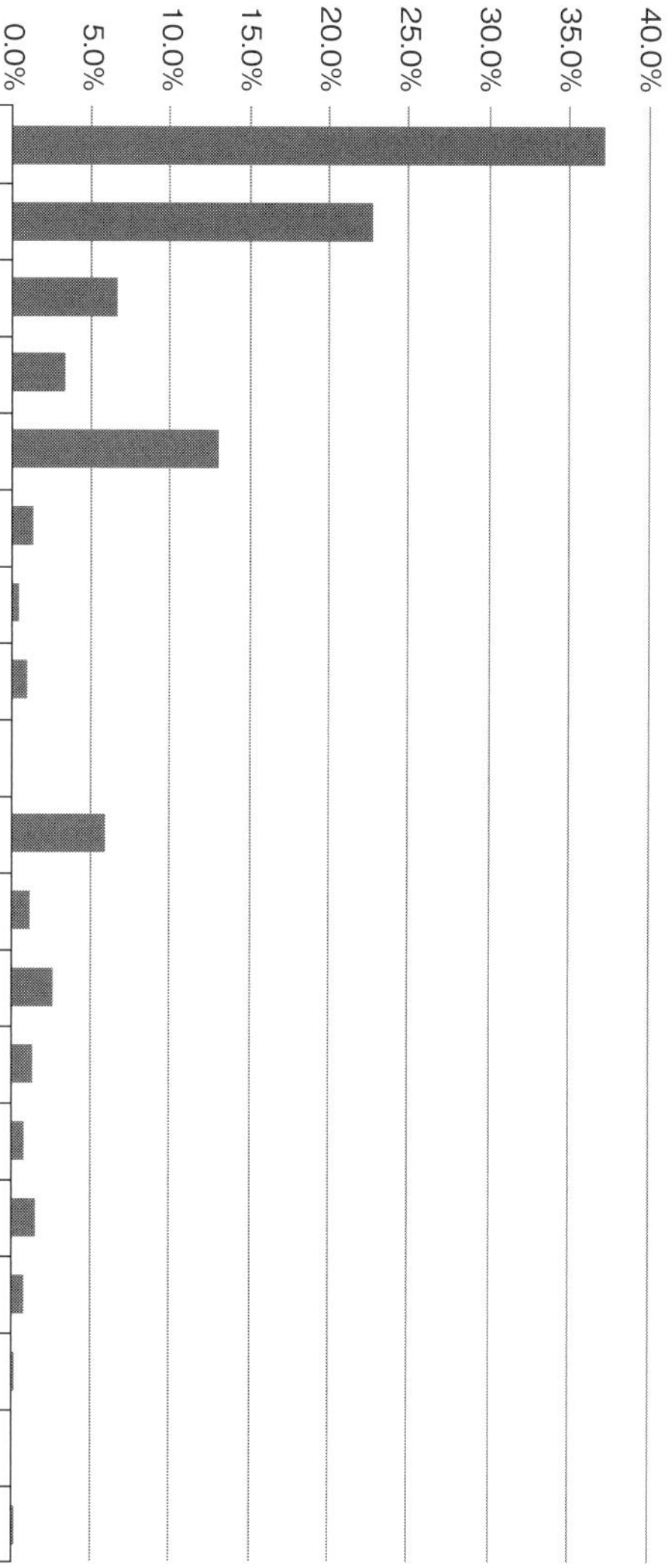

	1株	2株	3株	4株	5株	6株	7株	8株	9株	10～14株	15～19株	20～29株	30～39株	40～49株	50～99株	100～149株	150～199株	200～249株	250株以上
比率	37.1%	22.7%	6.6%	3.3%	13.0%	1.3%	0.4%	1.1%	0.0%	5.9%	1.2%	2.7%	1.3%	0.8%	1.5%	0.8%	0.1%	0.0%	0.1%

（出所）四方（2016）136頁を基に筆者修正。

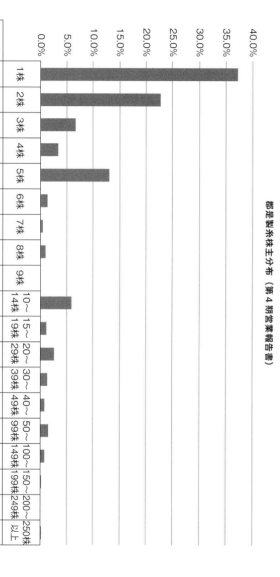

コーポレートガバナンスの目的はステークホルダーの利益を守ることである。鶴吉が作り上げた郡是製糸のガバナンス構造には、地域社会の人々を豊かにするという、強い思いが込められているといえよう。

同社の業績推移をみると、初年度は赤字を計上したものの、2年目から単年度ベースで黒字を確保し、3年目には1割の株式配当を実施している。三井物産との取引が開始された4年目には、4割の株式配当を行った。郡是製糸はその後も順調に業績を伸ばし、戦前は片倉製糸に次ぐ国内第二位の製糸メーカーへと発展したのであった。

2　品質向上への取り組み

見本取引の弊害

品質問題を解決するため、鶴吉は繭の取引方法の改革に着手した。長年にわたって採用されてきた見本取引から正量取引への変更である。

見本取引の仕組みを紹介しよう。養蚕農家は生産した繭の中から、品質の優れた繭を見本として問屋に提供する。問屋は提供された見本を鑑定して、等級や価格を決める。後日、納品された繭と見本品を問屋が照合し、合格した繭だけを買い取るという仕組みである。

見本取引の欠点は、見本品と実際に納品された繭の品質に、大きな格差があったことである。納品された製品の合格率は僅か1～2割に過ぎず、残りはすべて不良品として処分されていた。また、納品された繭を一個ずつ見本と照合していく作業は膨大な時間を要し、問屋にとっても負担が大きかった。

買手の鑑定作業をすり抜けると、質の悪い繭でも見本品と同じ価格で買い取ってもらえる。そうなると、養蚕農家はうまく誤魔化すことに気を取られて、地道な品質改善に取り組もうとしなくなる。鶴吉は見本取引が繭の品質向上の妨げになっていると考え、これを改めようと試みた。

養蚕農家の意識を変えた正量取引

彼が新たに考案した方法は、正量取引といわれるものだった。正量取引とは、事前に組合と問屋が契約を結び、養蚕農家が生産した繭を組合単位で納品する。繭は糸に加工してから科学的な鑑定方法で品質を評価し、取引価格を決めるという方法である。鶴吉は勘と経験に頼る方法から、科学的なデータで繭の価格を決定するという公正な方法を取り入れたのであった。

この方法を導入したことによって、問屋との駆け引きや経済動向に左右されず、品質に見合った価格を設定することが可能となった。さらに、繭の品質に関するエビデンスが広く社会に公開されることで、製品に対する社会からの信頼を獲得することにもつながったのである。

村落単位で契約を結ぶ正量取引では、粗悪な繭が混在すると村落全体の品質評価が下がり、買い取り価格も低くなってしまう。そのため、養蚕農家は品質に対して強い責任感を持つようになった。これまでのように、自己流のやり方で繭を生産することは許されなくなったのである。正量取引の導入によって鶴吉の目論見は成功し、繭の品質は格段に向上していったのである。

3　工場の学校

品質向上の担い手

鶴吉は養蚕農家の意識改革と工場で働く工女（郡是製糸では女工ではなく工女と呼んでいた）のモラルの向上が、品質改善の鍵を握ると考えていた。彼は原材料の生産工程と製品の製造工程で、それぞれ品質を向上させようとした。繭の正量取引の導入によって、原材料の生産工程では品質改善の成果が徐々に上がっていた。

鶴吉が工女たちの意識を変える手段として選択したのが教育であった。ＣＳＲやＳＤＧｓという概念のなかった明治時代、紡績工場で働く女性たちは代替可能な消耗品のような扱いを受けていた。彼女たちの過酷な労働実態は、細井和喜蔵の『女工哀史』（１９２５年）に克明に記されている。[6]

鶴吉は工女たちの気持ちが素直で、会社に対する信頼と共感があれば、必ずや品質の高い製品を生み出すことができると信じていた。彼は工女たちのモラルとモチベーションを高めるため、当時としては類を見ない方法で、工女たちの教育に力を注いだ。

鶴吉は工女たちが自発的に仕事に取り組む環境を作ることが、良質な製品を生み出す第一歩であると考えた。工女たちを消耗品のように扱うのではなく、大いなる愛情を込めてその能力と人格を磨いていこうとしたのである。

表からみれば工場・裏からみれば学校

鶴吉は、創業の翌年から工女向けの夜学を開講した。講義内容は、修身、読書、算術、裁縫など、当時の女性が身につけるべき一般教養が中心だった。1908（明治41）年、社内に教育部と郡是女学会を設置し従業員教育の充実を図った。1913（大正2）年には教育部に師範科を設置し、師範科の卒業生を教育係として各工場に派遣した。世間からは「表からみれば工場だが裏からみれば学校」と噂をされるようになっていた。

郡是製糸のように本格的な従業員教育を行っていた紡績企業は、倉敷紡績と鐘淵紡績ぐらいである。当時は低賃金と長時間労働が当たり前であり、劣悪な労働環境と不衛生な生活環境によって、健康を害した女性は少なくなかった。

郡是製糸の工女たちは、この会社で働くことが、自分達の幸せに通じることを実感していたのであろう。彼女たちの高い勤労意欲とモラルが良質な製品を生み出す原動力となったのである。

工女たちへの教育

（出所）グンゼ部式会社

4　ミッション経営の実践

従業員を慈しむ

鶴吉は地域の人々や従業員を愛した。工女たちには、人として生きていくうえで欠かせない教養を身につけるための教育を施し、モラルやモチベーションを高めることに力を注いだ。

初代教育部長を務めた川合信水[7]は次のように述べている。

「わが社の教育の根本思想は愛と信です。愛する心がなければ、深くものの道理を究め、又真に人をしることはできません。（中略）会社の教育は困難であるという人がありますが、自分は真正の教育を施せば、どんな人でも遂には善美の人となることができると信じるものであります」[8]

従業員に惜しみない愛情を注いだ鶴吉の決断の背景には、キリスト教や報徳思想の影響がみられる。

キリスト教の受容

京都から故郷綾部に戻った鶴吉は、田中敬造という人物に出会う。田中は綾部におけるキリスト教徒の第1号だった。鶴吉は田中から二つの事を学んだと述べている。一つは養蚕方法に関する知見であり、もう一つはキリスト教の真理を理解したことである。

養蚕方法には、天蚕方式と家蚕方式の二種類があった。天蚕方式は蚕を屋外で飼い、家蚕方式は文字通りと蚕を家屋の中で飼育する方法である。田中は天蚕方式の効率性を主張していたが、鶴吉は田中との対話を通じて、安全性と品質向上の観点から家蚕方式の優位性を確信していった。

田中を通じてキリスト教に出会ったことは、企業家としての鶴吉に大きな影響を与えた。蚕糸業組合長に就任した当時、鶴吉は群馬では女工を大切に扱っている企業があり、そうした企業の経営者にはキリスト教徒が多いことを知った。

鶴吉は田中を介してキリスト教の教えに強く惹かれたのであった。1890（明治23）年、葉那《はな》夫人らの反対を押し切って、キリスト教への入信を決意した。その時、鶴吉に洗礼を授けたのは留岡幸助[9]であった。

報徳思想への共感

鶴吉の経営観に影響を与えた要素として、報徳思想の存在を忘れてはならない。「郡是」という社名が示すように、地域社会に対する企業の責任を果たすことが、鶴吉にとって最大の関心事だった。この目的を実現するため、鶴吉は報徳思想を事業精神の拠り所としたのであった。

江戸時代末期に二宮尊徳が唱えた報徳思想は、「至誠」、「勤労」、「分度」、「推譲」という四つの基本理念で構成され、個人の勤勉性を基盤に道徳と経済の調和を目指す教えである。「至誠」とは私欲を抑制し真心をもって事にあたること。「勤労」とは労働を通じて社会に貢献すること。「分度」とは贅沢を慎み、身の丈に合った生活をすること。「推譲」とは分度から生まれた余剰を人や社会のために使うことである。

鶴吉は、神から与えられた使命として郡是製糸の経営を担い（至誠）、工女たちには働きがいを実感できる労働環境を提供した（勤労）。一方、自らは慎ましい暮らしを続け（分度）、優れた製品で社会に貢献するとともに、事業利益を地域社会に還元した（推譲）。

鶴吉の心の中で、キリスト教の教えと報徳思想の理念は深く融合し、他者を利することを目的とした、異色の経営が生み出されたのである。鶴吉は利己的な欲求を強い意志と倫理観で統制し、地域社会の人々の物心両面での「幸せ」を追求したといえよう。

安田善次郎との邂逅

経営者としての鶴吉の人物像を示す逸話を紹介しよう。ある日、安田財閥総帥の安田善次郎が鶴吉を訪ねてきた。郡是製糸のメインバンクであった百三十銀行が日露戦争中に倒産し、その整理を引き受けたのが、善次郎が率いる安田銀行（現・みずほ銀行）だった。

何の前触れもなく善次郎が郡是製糸を訪ねると、一人の男が粗末な木綿の着物を着て、会社の門前で草むしりをしていたという。善次郎はその男が鶴吉であるとは知らず、社長への取り次ぎを頼んだ。部屋に通されて暫く待っていると、先程門前で草むしりをしていた男が社長だといって、再び善次郎の前に現れたのである。鶴吉の姿を見た善次郎は「あなたの会社とその精神はよくわかりました。金融のことは何もご心配に及びません。この安田が引き受けました[10]」と言い残して帰ったという。優れた企業家であった善次郎は、鶴吉の企業家としての資質を即座に理解したのであろう。

世界が認めた品質

1900（明治33）年、パリで開かれた万国博覧会において、郡是製糸の製品は金賞を受賞した。かつて綾部産の生糸は「粗の魁たらん（最も粗悪な品質）」と酷評された。しかし、鶴吉は僅か15年で、世界最高水準の製品を生み出すことに成功したのである。

アメリカの織物業者ウィリアム・スキンナー商会は、日本から輸入した生糸の中で、とりわけ良質な製品があることに気づいた。その製品こそが郡是製糸の生糸だった。スキンナー商会は、郡是製糸に対して、製品を一手に買い取ることを申し入れてきた。

当時、アメリカで最も需要があったのは、女性用ストッキングに使われた細糸だった。まだ、ナイロンなどの化学繊維が開発されておらず、ストッキングには絹糸が使われていた。細糸はストッキングやハンカチに使用されていたが、郡是製糸が生産した細糸の品質が非常に優れていたのである。

当時の郡是製糸は、片倉製糸に次いで国内第二位の地位にあった。しかし、輸出先からの指名買いは、生糸の輸出では前例のないことであり、スキンナー商会との取引は、郡是製糸の評価を一躍高めることとなった。

スキンナー社の来訪を出迎える波多野夫妻

（注）前列左から３人目が葉那夫人、その右隣が鶴吉。
（出所）グンゼ株式会社

Ⅲ　経営思想

1　会社の精神は愛なり

１９１８（大正７）年2月23日、鶴吉は地元の在郷軍人会での講演中に脳溢血で倒れ、意識が回復しないまま、波乱に満ちた60年の人生を終えた。鶴吉の死後、葉《は》那《な》夫人はキリスト教の洗礼を受け、96歳（１９５７年没）の天寿を全うするまで質素な生活を送った。鶴吉夫妻の生涯は、綾部の人々と工女たちの幸せのために捧げた人生であったといえよう。

鶴吉は在来産業である養蚕業を基盤に、地域社会の経済的自立化を目指した。養蚕農家を株主に加えることで、ステークホルダーと一体化した経営を展開した。さらに、工女に対する教育を充実させることで、人としてのモラルや仕事に対する意欲を喚起することに成功した。こうした鶴吉の努力が、世界最高水準の製品を生み出す原動力となったのである。

郡是製糸の成長を支えたのは、地域社会とともに生きていくことを目指した、鶴吉のミッション経営であった。株主、経営者、従業員、地域社会が固い絆で結ばれた郡是製糸は、コーポレートガバナンスのお手本だったといえよう。

かつて鶴吉に洗礼を授けた社会福祉の先駆者である留岡幸助は、鶴吉の人間像を次のように評している[11]。

①地味な成功者
②打算よりも人道を重んず
③経済と道徳との調和並行
④至誠は信用を呼び起こす
⑤刻々修養を怠らぬ人
⑥自ら奉ずるの薄き人（自分のためにお金を使わない人）

鶴吉は地域社会の人々や工女たちの幸せを願い、すべてのステークホルダーとともに歩むことを選んだ。他者を思う大いなる愛と推譲の精神が、鶴吉の行動力の源泉であった。

鶴吉の経営姿勢は、誰一人取り残さない世界の実現を目指しているＳＤＧｓと軌を一にするものといえよう。鶴吉は常に真心をもって人々と向き合った。多様性を受け入れる真摯な姿勢が、工女や社会からの信頼と共感を呼び起こしたのであろう。

2　鶴吉の事業精神に学ぶ

現代企業が抱える課題の一つにショートターミズム（短期的な利益の追求）がある。台頭著しい機関投資家は、短期的に株価を押し上げるビジネスを評価する傾向が強い。本来、株主には経営者の過度な営利の衝動を抑制し、長期的な成長をサポートする役割が期待されていた。しかし、いまや株主自身が営利の衝動を抑えきれず、短期的な収益拡大と株価上昇に経営者を駆り立てている。

ショートターミズムは、地球温暖化を加速させる要因の一つでもあり、ＳＤＧｓには、こうした貪欲な株主たちの営利の衝動を抑制することが期待されている。ショートターミズムに走る株主と経営者は、ともに企業と社会の未来に対する責任を放棄した者といえよう。優れた経営とは、株主と経営者の相互理解と持続的なパートナーシップから生み出されるのである。

株主を選べないと経営者は言うが、経営者は自らの努力で株主を選び、未来を見据えた建設的な対話を行うべきであろう。持続可能な成長には、株主と経営者の相補的なパートナーシップが欠かせないのである。

ＳＤＧｓの目標17はパートナーシップの重要性を指摘している。経営者と株主が長期ビジョンや価値観を共有しなければ、持続可能な社会の実現は難しい。株主、従業員、地域社会が一体化した経営を実現した鶴吉の活動は、ＳＤＧｓが求めている理想的な経営スタイルの一つといえるだろう。鶴吉の事績から学ぶべきことは多いのである。

3　波多野鶴吉の言葉

鶴吉を理解するには、彼が残した言葉を読み解くことが欠かせない。さまざまな資料に残された鶴吉の言葉の中から、彼の経営観や行動原理を示している言葉を紹介しよう。

＊＊＊＊＊＊＊＊＊＊

会社の精神は愛である。

＊＊＊＊＊＊＊＊＊＊

金よりも何よりも大切なのは人であります。

＊＊＊＊＊＊＊＊＊＊

自分ははじめ、片荷を負って随分苦しんだものであったが、その後、一荷の荷を負うようにしてから、大層楽になった。片荷というものは一方ばかり重くて、遠路など歩けるものでない。しかしこれが一荷となると、重いけれども平均がとれて、かえって負い易くなる。

片荷とは、何であったかというと「会社のため」ということである。随分苦しかったが、これに「世の中のため」という荷を加えて一荷となったので、平均がとれて大層よくなった。

諸君のうち、もし片荷を負って重さを感じておる人があるならば、どうか自分のように「世の中のため」という荷を加え、一荷にしてもらいたい。

＊　＊　＊　＊　＊　＊　＊　＊　＊　＊

品質の良否は、これを造る者の人格に伴う。

＊　＊　＊　＊　＊　＊　＊　＊　＊　＊

心が清ければ、光沢の多い糸ができる。心が直ければ、繊度の揃うた糸ができる。心に平和があれば、節のない糸ができる。心に油断がなければ、切断のない糸ができる。自ら省みて恥ずるところがなければ、力の強い糸ができる。善い人が良い糸をつくり、信用される人が信用される糸を作る。

＊　＊　＊　＊　＊　＊　＊　＊　＊　＊

善き人は、善き繭、善き糸を造り、悪しき人は悪しき繭、悪しき糸を造る。善き人は、悪しき繭、悪しき糸を造らず、悪しき人は、善き繭、善き糸を造ること能わざるなり。

＊　＊　＊　＊　＊　＊　＊　＊　＊　＊

一度会社に入れた以上は、自分の娘として入れたわけであるから、どんなことがあっても退社させず、よく面倒をみて立派な人に仕立てなければならぬ。

【波多野鶴吉　年譜】

1858（安政5）年　羽室嘉右衛門の次男として、現在の京都府綾部市に生まれる。

1860（万延元）年　妻・葉那生まれる。

1866（慶応2）年　波多野家の養子となる。

1875（明治8）年　単身で京都に赴き勉学に励む。

1876（明治9）年　波多野葉那と結婚する。

1881（明治14）年　京都から綾部に戻る。

1886（明治19）年　何鹿郡蚕糸業組合長に就任する。

1890（明治23）年　キリスト教の洗礼を受ける。

1896（明治29）年　郡是製糸株式会社設立。

1901（明治34）年　郡是製糸社長に就任。スキンナー商会と特約販売契約を締結する。

1904（明治37）年　安田善次郎来社。

1909（明治42）年　ウィリアム・スキンナー氏来社。

1917（大正6）年　郡是女学校設立。

1918（大正7）年　波多野社長死去（享年60歳）。

1957（昭和32）年　妻・葉那智死去（享年98歳）。

第 V 部

レジリエントな社会を築く

第11章

矢野恒太

―相互主義による生命保険事業の確立―

1866～1951年

（出所）公益財団法人　矢野恒太記念会

【SDGsで読み解く矢野恒太の軌跡】

	活動の内容	関連するSDGs目標
経済	・相互会社形式による生命保険会社の設立 ・独自データに基づく適切な保険料の算出 ・コストをかけないマーケティングの実践 ・精緻なアンダーライティングの実施	8 働きがいも経済成長も 9 産業と技術革新の基盤をつくろう 10 人や国の不平等をなくそう 12 つくる責任つかう責任
社会	・保険業法制定に貢献 ・生命保険に関する研究 ・生命保険の数理統計データの整備 ・公衆衛生の啓蒙 ・統計年鑑の出版	3 すべての人に健康と福祉を 4 質の高い教育をみんなに 16 平和と公正をすべての人に
共通	・相互主義に基づく経営の実践 ・ステークホルダーを重視した経営の実践 ・外部人材の登用 ・外国生命保険会社の経営モデルの導入	17 パートナーシップで目標を達成しよう

（出所）筆者作成。

【本章のポイント】

第一生命保険相互会社（現・第一生命保険株式会社）の創業者である矢野恒太は、日本生命の保険医を務めた後、農商務省初代保険課長として保険業法の制定に携わった。

恒太は生命保険とは相互扶助の精神に基づき、人々が共生する社会を維持するための経済システムであると説いた。

非営利主義の生命保険会社設立を使命と考えた恒太は、日本初となる相互会社形式による生命保険会社を設立した。

「最大たるより最良たれ」を経営理念に掲げた恒太は、保険数理とデータに基づく科学的な生命保険の開発を推進した。企業経営に成功するための要素として、恒太は「事業計画の科学的妥当性」と「信用の重要性」が必要であると説いた。

恒太は統計年鑑である『日本国勢図会』の発行、結核の撲滅に向けた公衆衛生の向上など、生命保険以外の分野でも幅広い活躍をみせた。

Ⅰ　評伝

1　生い立ち

漢学から医学へ

1865（慶応元）年、矢野恒太は医師矢野三益の長男として、現在の岡山市東区生まれた。小学校に通うかたわら、私塾で漢文を学んだ。後年、矢野は『ポケット論語』を出版するが、漢文の素養は子どものころに養われていた。

卒業した小学校で助教を務めた後、1878（明治11）年、家業を継ぐべく岡山藩医学教場（現・岡山大学医学部）に入学した。しかし、2年後、学校や両親に無断で医学教場を退学し上京してしまった。恒太は退学理由を終生語ることはなかった。

上京後、東京帝国大学法科大学に学んでいた郷里の先輩のもとに身を寄せた。両親から東京遊学の許しを得た恒太は、東京大学医学部受験のため東京独乙語学校に入学している。その後、東京大学予備門に入学したものの学資が続かず、郷里に戻って岡山県医学校（医学教場が改称）に再入学した。

岡山県医学校は恒太の在学中に第三高等中学校医学部へ改組された。1889（明治22）年、24歳になった矢野は同校を卒業し、ようやく医者としてのスタートラインに立った。

2　生命保険との出会い

日本生命の保険医となる

1889（明治22）年、恒太は恩師清野勇を頼って大阪に赴いた。医者としての経験を積むつもりであった。当時、清野は大阪医学校長と大阪病院長の職にあり、1889年に設立された日本生命の顧問医を兼務していた。

日本生命は業容拡大を予想して、社医[1]の募集を行っていた。恒太は清野の勧めもあって、日本生命への入社を決意する。これが生命保険との出会いとなった。

彼は診査医として入社するまで、生命保険には全く関心がなかった。しかし、探究心に富む恒太は、年間500件にのぼる診査をこなし、生命保険の理論や制度など幅広い領域の研究にも励んだ[2]。営業社員と顧客のもとへ同行することも度々あり、生命保険に対する市民の意識やニーズに精通していったのである。

日本生命を追われる

1892（明治25）年、恒太は副社長片岡直温《なおはる》[3]に、社医の待遇改善を求めた。会社は社医の待遇改善を約束し、事態は収束へ向かった。日本生命での勤務は三年間と心に決めていた恒太は、社医の待

片岡直温

（出所）国会図書館
近代日本人の肖像

遇改善の道筋をつけたことを機に退職するつもりであった。会社からの再三にわたる慰留にもかかわらず、恒太の気持ちは変わらなかった。

しかし、日本生命は態度を翻して恒太を解職処分とした。もともと退職するつもりではあったが、片岡から解雇同然の扱いを受けたことが許せなかった。片岡への感情的な反発は激しく、恒太は帰郷して家業を継ぐこと断念し、生命保険の研究に専念する決意を固めた。

日本生命を退職した翌年、恒太は在職中の研究成果をまとめて「新案生命保険規則」を出版している。相互扶助の精神や契約者への配慮を欠き、営利を目的とした株式会社形式の生命保険会社が乱立している状況を憂いていた。恒太は生命保険事業のあるべき姿を経営論にまとめて出版したのであった。

3 「相互主義」への共感

相互会社の研究

日本生命を解職された恒太は、退職金を生活費に充て、生命保険や経済学の文献を渉猟しつつ研究を続けた。ドイツの文献研究から、営利を目的とせず、利益を契約者に返戻する相互会社の存在を発見する。

恒太は生命保険とは相互扶助の精神を基軸とし、人々が共生する社会を維持するための、経済システムであると理解していた。相互会社こそが自分の思いを実現する組織の姿であると確信した恒太は、相互会社形式の生命保険会社の設立を使命と考えるようになった。

1893（明治26）年、恒太は生命保険に関する16編の論文を上梓した。その中で注目すべき論文は、「相互生命保険会社」（日本商業雑誌1893年8月所収）、「本邦生命保険事業の欠点」（東京経済雑誌1893年7～10月所収）の二編である。

「相互生命保険会社」では、国民に対して保険事業の社会的意義を知らしめたのは相互会社の賜物だと指摘し、最良の生命保険会社はドイツのゴータ生命保険相互会社であると述べている。後年、恒太はゴータ生命保険に留学し、相互主義に基づく生命保険経営の実際を学ぶことになる。

「本邦生命保険事業の欠点」では、日本の生命保険会社が保険料の算出根拠として使用していた死

矢野恒太の研究業績（1893 年）

	発行時期	掲載誌	論文タイトル
1	1893 年 2 月	東京経済雑誌	生命保険会社の責任積立金に就いて
2	1893 年 2 月	医海時報	応用医学の一新領地
3	1893 年 3 月	東京医事新誌	保険医
			保険医学
			保険医の職務
			保険医の職務困難
			診査医の困難
			保険医の責任
4	1893 年 3 月	医海時報	保険医学管見一二
5	1893 年 3 月	医海時報	医者はツクヅクいやで候
6	1893 年 4 月	法医学雑誌	保険医学と法医学
7	1893 年 4 月	日本	労働者保険
8	1893 年 6 月	東京経済雑誌	答客問
9	1893 年 6 月	中外医事新報	日本人の命数
10	1893 年 6 月	国会	本邦火災保険策
11	1893 年 7 月	日本	保険会社の監督
12	1893 年 7 月	日本	内国生命病災保険を評ず
13	1893 年 7 月	東京医事新誌	保険医最後の処置
14	1893 年 7 月	医海時報	医学統計二つ三つ
15	1893 年 8 月	日本商業雑誌	相互生命保険会社
16	1893 年 7 月〜10 月	東京経済雑誌	本邦生命保険事業の欠点
			死亡表の不完全
			政府の取締宜しきを得ず
			生命保険の知識に乏し
			保険医其人を得るのも少し
			被保人の取捨寛に失し年増の程度低きに過ぐるものの如し
			非射利主義の会社なし

（出所）矢野恒太記念会編（1957）34〜35 頁。

亡表の欠点を指摘するとともに、日本には非射利主義（非営利主義）の生命保険会社がないと述べている。

共済生命保険合資会社への入社

恒太は一連の研究成果を『非射利主義生命保険会社設立を望む』（1893年）と題して自費で出版し、わが国で設立された生命保険会社は、悉く射利（営利）を追求する株式会社であると指摘した。さらに、営業方法は株式会社とは異ならないにもかかわらず、株主への配当が不要なため保険料が低廉であり、倒産リスクも低いなど、非射利（非営利）主義に基づく相互会社の優位を主張している。

恒太の論文は、共済五百名社（1880年創設）創業者の安田善次郎[4]の目にとまった。恒太は安田に相互主義に基づく保険事業を提案した。安田が相互主義の本質をどこまで理解したのか明らかではないが、恒太の進言を受け入れて、共済五百名社を共済生命保険合資会社に改組している。[5]恒太は同社支配人に就任し、営業部門を統括することとなった。

保険会社組織の比較

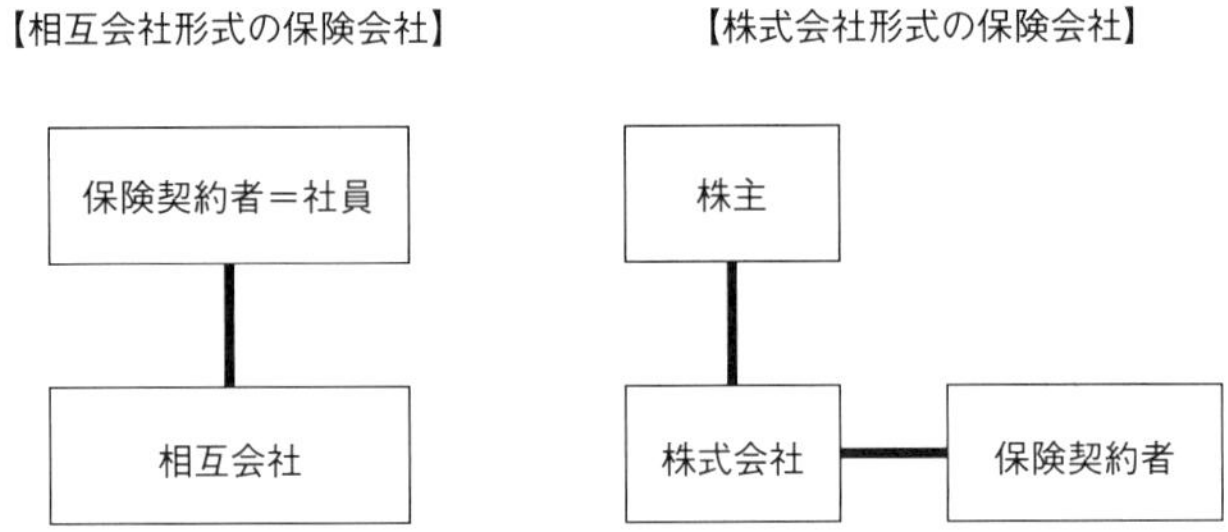

（出所）橋木俊詔・植松千裕（1998）「生命保険相互会社のコーポレートガバナンスを巡る問題について」『文研論集』第123号

4　ドイツへの留学

ゴータ生命保険での学び

1895（明治28）年、安田の了解を得た恒太は、ドイツのゴータ生命保険相互会社を訪ねた。同社が唱えた相互主義の利点とは次のようなものであった。

相互会社が保険契約者（＝社員）に対して、すべての剰余金を分配するというシステムは、ある程度まで株式会社に模倣されてきた。

しかし、相互会社の保険契約者は、排他的にすべての剰余金を受け取る権利がある。相互会社においては株主が存在しないため、保険契約者と利益分配権者（株主）との利害対立がない。この点において、相互会社は株式会社よりも優れている。

約1年間にわたるゴータでの留学生活は、相互主義による生命保険経営に対する確信をますます深めるものとなった。

帰国後の挫折

帰国の際に立ち寄ったイギリスでは、1762（宝暦12）年に設立されたエクイタブル生命の営業方針に魅了された。同社は保険募集には必要不可欠と考えられていた代理店を、一切置かない方針を採っていた。そのため、代理店に支払う募集手数料が不要となり、経費率は低い水準に抑えられていた。こうしたマーケティング手法に強い影響を受けた恒太は、保険契約の募集を扱う代理店を置かず、保険契約を引き受ける際のアンダーライティング[6]を厳格に行う方針を採った。

帰国後、恒太は共済生命保険において、相互主義を実践するための施策を立案していった。しかし、保険事業で得た利益を契約者に還元するよりも内部留保を高め、安田財閥の各事業への投資を優先すべきと考える共済生命保険の幹部との間に軋轢が生じた。相互主義に対する理解が得られないと感じた恒太は、1898（明治31）年に共済生命保険を退職している。

Ⅱ　企業家活動の真髄

1　近代生命保険の発展

イギリスの生命保険

生命保険の起源は、古代ローマのコルレーギア・テヌイオールムや、イギリスの友愛組合とされる。いずれも相互扶助を目的として誕生した自発的組織であり、地域的あるいは宗教的な結びつきも強かった。

１６９８（元禄11）年、イギリスで世界初の生命保険会社である、マーサーズカンパニー[7]が設立されたが間もなく消滅した。１７０６（宝永３）年、アミカブル・ソサエティ[8]という相互組織の生命保険会社が現れたが、保険金や保険料の算出方法に欠陥があった。１７２１（享保６）年には、複数の海上保険会社[9]が生命保険事業に進出している。

近代的な生命保険は、１７６２（宝暦12）年に設立されたエクイタブル・ソサエティ[10]から始まったといわれている。同社が開発した統計的な合理性を持つ保険料は、生命保険の飛躍的な発展を可能とした。エクイタブル・ソサエティは、年齢別の死亡率に基づく料率表を作成して生命保険を引き受けた、初めての生命保険会社である。さらに加入時における審査の強化、保険金額の制限、定期決算や

イギリスにおける生命保険会社の推移

	1800年	1824年	1840年	1855年
会社数	9社	55社	107社	199社

（出所）財団法人生命保険文化研究所（1990）15頁

契約者配当の実施、公平な解約返戻金の支払い等の制度を整備している。

同社は株式会社ではなく、相互会社形式を採用し、募集活動に従事する外務員も配置していなかった。業績面では華々しい成果は挙げていないが、死亡表や保険約款を改善するなど、近代的な生命保険ビジネスの基盤を築いたことが高く評価されている。

１７９２（寛政４）年、ウエストミンスター・ソサエティが設立された。同社は株式会社形式を採用した初めての生命保険会社であった。当時のイギリスでは、医療技術の進歩、死亡率の低下、経済発展の担い手であった商工業者の台頭などを背景に、生命保険に対するニーズが飛躍的に拡大していた。

ドイツの生命保険

ドイツでは生命を金銭で評価することに対して、否定的な考えが支配的であった。しかし、寡婦年金などは例外的に認められていた。１７００年代、ドイツ国内で生命保険会社は設立されていない。

産業革命の影響を受けたドイツでは、経済活動が活発化し、生命保険に対する国民の意識にも変化が見られるようになった。自前の生命保険会社を持たないドイツ人は、イギリスの生命保険会社に加入していた。

1828（文政11）年、ドイツでゴータ生命保険相互会社が設立された。同社は相互会社形式を持つ保険会社の嚆矢である。1895（明治25）年、恒太は同社に留学して相互保険事業の経営実態を学び、帰国後、同社をモデルに第一生命保険相互会社を創設している。

2　明治期の生命保険事業

生命保険会社の誕生

わが国の生命保険は、1880（明治13）年に安田善次郎によって設立された、共済五百名社（旧安田生命保険相互会社の前身）が起源である。

近代的な保険制度を日本に伝えたのは福沢諭吉である。慶應義塾では、早くから保険に関する講義が開講されており、福沢門下を中心に生命保険会社設立の機運が高まっていった。その中には、東京海上取締役として活躍した荘田平五郎も含まれている。

1880（明治13）年、荘田平五郎は福沢門下の小泉信吉[11]や阿部泰蔵らの協力を得て、東京生命保険会社設立見込書を起草した。同社は、1879（明治12）年に設立された東京海上保険会社や外国の生命保険事業をモデルにしたものであった。

1881（明治14）年、阿部泰蔵らによって、有限明治生命保険会社（現・明治安田生命保険相互会社）が設立された[12]。わが国の近代的生命保険会社は、相互会社ではなく株式会社として誕生したのである。

幻の相互会社―日東保生会社―

明治生命が設立される2年前、相互会社形式による生命保険会社の設立が計画されていたことは、あまり知られていない。わが国の相互会社形式による生命保険会社は、１９０２（明治35）年に設立された第一生命を嚆矢とする。しかし、第一生命が誕生する約20年前に、若山儀一によって相互会社形式の日東保生会社の設立計画があった。

１８４０（天保11）年、若山は医師の子として江戸に生まれた。緒方洪庵に学んだあと、岩倉使節団に随行し、アメリカにとどまって財政問題の研究を続けた。帰国して大蔵省に勤務した後、日東保生会社の設立を目指したのであった。

日東保生会社はアメリカの相互会社をモデルにしたもので、１８８０（明治13）年に設立認可を受けた。安田善次郎に日東保生会社の基金（株式会社の資本金に相当）への出資を依頼したが断られている。投資妙味が乏しい相互会社には、魅力を感じなかったようである。

日東保生会社は当初から資金難に見舞われた。さらに開業までに獲得する予定であった契約者１００名の募集にもつまずき、開業に至らないまま解散したのだった。

安田善次郎

（出所）国立国会図書館
近代日本人の肖像

安田善次郎と生命保険

安田が設立した共済五百名社は、１名１０００円の死亡保険金を給付する仕組みを有していた。しかし、共済五百名社の運営に窮した安田は同社を解散し、１８９４（明治27）年に共済生命保険合資会社[13]を設立した。

１９８８（明治21）年、帝国生命株式会社（現・朝日生命保険相互会社）が国内二番目の生命保険会社として設立され、翌年、有限責任日本生命保険会社（現・日本生命保険相互会社）が続いた。明治生命、帝国生命、日本生命の三社は、株式会社形式を採用していた。

明治生命と帝国生命は、保険料表としてイギリスで作成された英国17社表[14]を使用していた。これに対し、日本生命は日本人の人口統計から算出された、藤原氏生命表[15]を用いていた。この三社が黎明期のわが国生命保険業界をリードしていったのである。

3　保険事業を巡るインフラ整備

乱立する保険会社

明治生命や日本生命の成功に触発された人々によって、1893（明治26）年～1897（明治30）年には、30社を超える生命保険会社が設立された。生保類似会社や組合を含めると、生命保険事業は乱立の様相を呈していた。その実態は利益を目的とした、企業家の事業欲を満たすためのものが多数を占めていたのである。

明治政府は保険事業について放任主義を採った。保険事業を取り締まる法規はなく、会社設立には何の制限もなかった。そのため、多くの泡沫保険会社が誕生し、被害をうける顧客も少なくなかった。こうした事態が、生命保険事業の発達に少なからぬ弊害をもたらしていた。

岡野敬次郎

（出所）国立国会図書館
近代日本人の肖像

漸く保険会社を監督する必要性を認識した明治政府は、農商務省参事官岡野敬次郎[16]を中心に保険業法の制定に取り掛かった。岡野は「利益を役員株主のみが享受し、保険契約者にはほとんど還元されないというのは好ましくない。この欠点を除くためには相互組織の会社をなるべく早く出現させて保険業の安全を期さねばならぬ。そのためには相互会社法を制定するしかない」[17]と考えていた。

共済生命保険を退職した恒太は、ドイツ留学時代に知己を得た岡野に、再就職の斡旋を依頼した。岡野は実務に詳しい恒太を農商務省に採用し、保険業法の起草に従事させた。恒太は梅謙次郎[18]らとともに法案策定に取り組み、実務家の立場から保険経営や実務知識に関する意見具申を行った。

保険業法の制定

１９００（明治33）年、保険業法は帝国議会を通過し施行された。恒太らが起草した保険業法の骨子は以下の通りである。

①生命保険会社を経営するためには主務官庁の免許が必要である。
②保険会社は株式会社または相互会社に限る。
③保険会社は他の事業を兼営できない。

これによって、生命保険会社に対する監督が強化され、経営基盤の脆弱な保険会社の整理統廃合と生命保険類似会社の取締りが進んだ。

恒太は保険業法が成立した時点で退官し、相互主義に基づく生命保険会社の設立に取り組むつもりであった。しかし、保険実務に通じた人材が少なかったことから慰留され、初代保険課長（１９００年～１９０１年）を務めた。

保険課長就任後は生損保約70社の検査を行った。結果の芳しくない会社に対しては、新契約の引受

相互会社と株式会社の相違

	相互会社	株式会社
性質	保険業法に基づき設立される 非営利法人	会社法に基づき設立される 営利法人
資本	基金拠出者が拠出する基金 （基金拠出者は会社の債権者）	株主が支出する資本金 （株主は会社構成員）
構成員	社員 （保険契約者）	株主
意思決定機関	社員総会 （総代会）	株主総会
保険関係	相互保険 社員関係と保険関係が同時に発生	営利保険 保険契約により保険関係が発生
損益の帰属	社員	株主

（出所）金融庁金融審議会第二部会第15回議事録より筆者作成

停止や財産の整理命令を下した。

保険業法の施行に伴い導入された保険契約準備金の積立制度は、保険会社の経営基盤強化にとって極めて有効であった。一連の検査によって、片岡直温《なおはる》が社長を努める日本海陸保険会社の損失金問題が発覚し、同社は解散に追い込まれた。片岡は日本生命副社長を務めていた当時、恒太を解雇同然の形で追放した張本人である。

理解されない相互会社の意義

保険業法の施行によって、相互会社形式による生命保険会社の設立が可能となった。安田善次郎が経営する共済生命合資会社は、相互会社への転換が最も有力視されていた。しかし、相互会社形式の生命保険会社は現れなかったのである。

相互会社への転換が有力視されていた共済生命合資会社は、幹部たちの反対で株式会社に改組されてしまった。収益を重視する企業家たちには、相互主義の理念が十分理解されなかったようである。

株式会社の株主は、業績が好調であればインカムゲイン（株式配当）や増資というメリットを享受できる。一方、相互会社の出資者は、基金配当率が事前に決められているため、好業績でも配当金の増額や増資のメリットはない。さらに、剰余金によって出資金が逐次償還される可能性もあるため、投資リターンを求める企業家は、経済面での妙味に欠ける相互会社に魅力を感じなかったのである。

4　第一生命相互会社の設立

相互主義の実践に挑む

１９０１（明治34）年、恒太は中外商業新報に「相互保険会社首唱之辞」を発表して、相互主義による生命保険会社の設立に着手した。新会社はわが国初の相互会社であることから、第一生命保険相互会社と名付けられた。株式会社の資本金にあたる基金は20万円とし、保険業法の基準である予定社員１００名の勧誘に着手した。恒太は相互会社形式の生命保険会社と火災保険会社を設立する予定であったが、相互会社の理念はなかなか理解されず、出資者を集めることは困難を極めた。

苦境をみかねた岡野敬次郎は、第百銀行取締役支配人の池田謙三を恒太に紹介した。池田の紹介によって原六郎（横浜正金銀行頭取）、森村市左衛門（森村財閥創始者）、服部金太郎（服部時計店創業者）、住友吉左衛門友純《ともいと》（住友家当主）らが出資者に加わり、第一生命に対する信用は一気に高まった。１９０２（明治35）年、創立総会が開催され、社長に柳沢保恵《やすとし》伯爵[19]、専務取締役に恒太が就任した。

最良の会社を目指して

恒太は「最大の会社たらんとするにあらずして、常に最良の会社たらんとするにあり」という経営理念を標榜し、「確実、低廉、親切」を行動指針とした。第一生命の経営理念がゴータ生命保険やエクイタブル生命保険から強い影響を受けているのは言うまでもない。

第一生命が採用した死亡表と募集方法には、恒太の理念が色濃く反映している。明治生命をはじめとする多くの生命保険会社は、保険料算出の基礎資料として英国17社表を使用していた。恒太は日本人の死亡率に基づく死亡表（矢野氏第２表[20]）を自ら考案し、第一生命ではこれを保険料計算に採用した。矢野氏第２表によって、わが国死亡率の実態に基づく適正な保険料の算出が可能となったのである。

当時の生命保険会社では、代理店や外務員を通じて保険契約の募集を行うのが主流であった。地域の有力者に代理店を委嘱し、その有力者の影響力を利用して、生命保険を斡旋するという営業手法が行われていたのである。

代理店には、募集手数料として保険料の５％程度が支払われた。さらに代理店に対する接待等の営業経費の負担も少なくなかった。勿論、こうした手数料や営業経費は、加入者が支払う保険料に上乗せされる。

　恒太は加入者に保険料以外の負担をさせないという事業精神を掲げ、代理店や外務員を用いない営業活動を展開した。つまり、成功報酬や紹介手数料で、生命保険契約を買わない姿勢を示したのである。

持続可能な成長の実践

　第一生命は急速な量的拡大を求めない、漸進主義を営業方針とした。そのため業績の進展は遅々としていた。同社の保険契約が１０００万円に達したのは、創立7年後の１９０９（明治42）年である。一方、第一生命に次ぐ相互会社として、１９０４（明治37）年に設立された千代田生命は、代理店制度を取り入れた積極的な営業活動を展開していた。同社は１９０６（明治39）年に保有契約が１０００万円に達し、１９０８（明治41）年には２０００万円を突破しており、短期的にみると、第一生命との募集力の差は歴然としていた。

　保険募集の高コスト体質からの脱却と経営の効率化に向けた努力によって、第一生命は第一期決算から僅かではあるが剰余金を出すことができた。さらに、１９０６年には第一回目の社員配当金として、既払込保険料に対して３％の配当を実施している。

　同社の定款第42条は「社員配当は会社において其総額を保管し、３年の後尚社員たる者にのみ配当す」と規定されており、恒太はこの約束を履行したのであった。第一生命に対抗するため、他社でも契約者に配当金を還元する動きが常態化していったのである。

東京朝日新聞は、生命保険29社の多くが代理店に対する営業経費、責任準備金の欠陥、財産運用上の不備など経費の管理に問題があると指摘し、業界内で最も経費率の低い第一生命を最良の会社と論評している。[21]

5　最大たるより最良たれ

第一生命社長に就く

1915（大正4）年、恒太は第二代社長に就任し、名実ともに第一生命のＣＥＯとなった。彼が目指した経営は次の四点に集約されるだろう。

①漸進主義
②無代理店主義
③高額契約主義
④厳格なアンダーライティング

これらの方針は、恒太が範としたゴータ生命保険とエクイタブル生命保険の経営理念に基づいている。"Not Best Because The Biggest But Because The Best"という理念の下、恒太は規模の拡大ではなく、顧客にとって最良の会社であることを目指したのである。

漸進主義とは、短期的な量的拡大を追求しない姿勢であり、多額の営業コストをかけて、他社と契約件数や保険料総額を競う愚かさを嫌ったのである。

第一生命の創業当時、代理店を通じた新契約の獲得は当たり前となっていた。しかし、量的拡大を目指さない第一生命は代理店を設置しなかった。さらにコストの大きい少額契約を避けて、1件あたり500円以上の契約のみを引き受けることとした。

契約者への配当金を確保するためには、損害率を低く抑えることが求められるが、同社はリスクの高い契約を排除するため、厳格なアンダーライティングを実施し、良質な契約を引き受けることに注力していた。

これらの方針は、自らを利するのではなく、契約者を利する目的で遂行されたのである。株式会社では利益は株主に還元されるが、株主がいない相互会社では、利益は契約者に還元される仕組みだからである。

後継者の指名

恒太の経営観を語る上で忘れてはならないのが、役員の登用方針である。東洋経済新報（1930年）に掲載された「我社の経営方針」において、使用人を役員には登用しないと明言している。銀行や保険会社は使用人から役員を抜擢しているが、それは人材登用ではなく論功行賞であると批判している。生命保険会社の事業基盤は人的信用であるが故に、役員は社会から絶対的な信用を得られる人物でなければならないというのである。

これは現代企業の多くが採用している社外取締役にも通じる考え方である。役員登用にみる恒太の

第一生命館

（注）第二次次世界大戦後、連合国軍総司令部（GHQ）がおかれた。
（出所）第一生命ホールディングス株式会社

マッカーサー記念室

（注）第一生命社長室はマッカーサーの執務室となった。
（出所）同前

石坂泰三

（出所）アラビア石油

姿勢には、最良の相互会社を築くためには、社内外のステークホルダーから信頼を得なければならないという強い思いを読み取ることができよう。

企業規模が拡大するにつれ、マネジメントを統括できる人材の必要性を感じた恒太は、岡野敬次郎に適任者の紹介を依頼した。岡野が紹介した人物は、後に第一生命社長となる石坂泰三であった。当時、逓信省為替郵貯局課長として将来を嘱望されていた石坂は、第一生命への入社に逡巡した。しかし、周囲の勧めもあって、1915（大正4）年、秘書役として第一生命に入社した。

1938（昭和13）年、恒太の後継者として社長となった石坂は、同社を中堅生保から業界トップクラスの企業へと成長させた。第二次世界大戦後、石坂は改正公職追放令施行前に恒太とともに同社を去ったが、その後、東京芝浦電気社長、経団連第二代会長などの要職を歴任している。

第一生命会長職を退いた5年後の1951（昭和26）年、恒太は家族に見守られながら85歳の生涯を閉じた。1970（昭和45）年には日本の生命保険事業の発展を牽引したことが評価され、国際保険殿堂入りを果した。国際保険殿堂は、保険事業の発展に顕著な貢献をした者の栄誉を讃えることを目的としている。生命保険業界から日本人が殿堂入りを果したのは、恒太が初めてであった。

株式会社に改組した第一生命

２００５（平成17）年に発覚した生命保険会社の保険金不払いは社会問題に発展した。２００７（平成19）年に行われた調査の結果、第一生命の不払い件数は約７万件、不払い金額は１８９億円に達した。不払い金額は生命保険会社38社中第１位となった。顧客軽視のずさんな管理体制が明らかになったことで、恒太が大切にした社会からの信頼が一気に崩れたのである。

２０１０（平成22）年、第一生命は相互会社から株式会社に転換して上場を果した。少子高齢化など、生命保険業界を取り巻く事業環境の変化に適応し、持続的な成長を実現するためには、フレキシブルな経営戦略を実践し得る組織形態が必要というのが、株式会社化の理由である。

株式会社への転換から10年が経過した。日本生命、住友生命、明治安田生命、富国生命、朝日生命など歴史ある大手生命保険会社は、依然として相互会社のままである。第一生命の真価が問われるのはこれからであろう。

Ⅲ　経営思想

1　なぜ相互主義が必要なのか

合理性と顧客志向に支えられた事業精神

恒太の経営思想の核心的な要素は、次の四点といえるだろう。

①統計データに基づく客観的・合理的な商品開発
②保険事業者としての社会的責任の自覚
③契約者に対する奉仕の精神
④信用に基盤を置く経営

安田善次郎に請われて入社した共済生命保険において、日本人の死亡率に基づいた死亡表（矢野氏第1表）を自ら作成するなど、統計やデータに強い関心を抱いていた。

第一生命の決算報告書も詳細を極めていたが、これも経営の実態を数字によってすべて示すという、恒太の信念から生まれたものであった。定量データの分析に基づく合理的な経営判断と、相互主義を基盤とした顧客第一主義が恒太の生命保険事業を支えていたのである。

恒太は相互主義こそが、保険事業者としての社会的責任を果たすことにつながると考えていた。保険会社の形態を問わず、保険契約者が大切であることはいうまでもない。しかし、株式会社はその構造的な要因から、株主への利益還元は避けられない。

　昨今、ショートターミズムといわれる短期的な収益志向が、会社の健全な発展を阻害しているという批判がある。株主への過度な利益還元によって、契約者にしわ寄せが生じるリスクがあることは否めない。契約者への利益還元を重視した恒太にとって、相互会社はその目的を実践する最適な形態だったのである。

企業は誰のためにあるのか

　現代社会では、ＳＤＧｓ「持続可能な開発目標（Sustainable Development Goals）」、ＣＳＶ「共通価値の創造（Creating Shared Value）」、ＣＳＲ「企業の社会的責任（Corporate Social Responsibility）」などに関心が集まっている。

　これらに共通するのは、「企業は誰のために存在するのか」という問題である。過度な収益至上主義が企業不祥事の原因となったことへの反省を踏まえて、ステークホルダーに対するバランスのとれた価値向上を重視する傾向が加速している。

　生命保険は個人の生活リスクを軽減し、社会システムの持続可能性に資する使命を担っている。保険事業の意義とは、個人と企業によって構成される社会経済システムの持続可能性を支えることにあるといえよう。

企業家に求められる資質

企業経営に成功するための要素として、恒太は「事業計画の科学的妥当性」と「信用の重要性」を挙げている。日本人は、事業を興すにあたって成功を急ぎすぎる傾向が強いというのである。あらゆる状況を包含した緻密な計算の上に事業計画が立案されていることが、事業の成功には欠かせないと指摘している。

恒太は信用こそが保険事業の根幹であると説いた。東京海上の各務鎌吉（第12章）も、利益は信用という無形財産によって築かれると述べている。保険という形のないモノを提供する保険会社にとって、信用が企業経営の根幹なのである。

企業が社会から信用を得るには膨大な時間を要する。第一生命が社会から信用を獲得するのに十数年を要した経験を踏まえ、企業家は事業の根本である信用を獲得するまでに一定期間を要することを念頭において、事業を進めなければならないとも述べている。

保険会社の信用は経営者と従業員の行動から生み出されるものであり、信用を獲得するためには努力を惜しんではならないのである。

２　活発な著作活動

恒太は保険事業のみならず、統計データの整備や社会教育にも積極的に取り組んだ。『金利精覧』（１９０４年）、『ポケット論語』（１９０７年）、『芸者論』（１９１２年）、『日本国勢図会』（１９２７年）など多数の著作を残している。

『日本国勢図会』は、青少年教育に対する矢野の思いを具現化したものである。１９２７（昭和２）年の初版序文には「編者が若し教育家であって、幾人かの青年を預かったなら、本書に書いたことだけは何科の生徒にでも教えたいと思うことである」と記されている。

同書は創刊以来、学校関係者や一般社会人を中心に産業経済の現況を知るための得がたいデータ集として広く利用されている。

日本国勢図会

（出所）公益財団法人
矢野恒太記念会

３　矢野恒太の言葉

恒太を理解するには、彼が残した言葉を読み解くことが欠かせない。第一生命や恒太の著作に残された言葉の中から、彼の理念や思想を示している言葉を紹介しよう。

＊＊＊＊＊＊＊＊＊＊

最大たるより最良たれ

＊＊＊＊＊＊＊＊＊＊

およそ事業に必要なのは、成し遂げる能力ではなくやりとげる決心である。人間の地位や名誉、財産ほどくだらないものはない。わしは無一文で生まれてきたのだから、無一文で死ぬのが理想だ

＊＊＊＊＊＊＊＊＊＊

信じたならばその信念を固く抱き、確信をもって一生を貫け

【矢野恒太　年譜】

1866（慶応元）年　岡山市東区に生まれる。

1889（明治22）年　第三高等中学校医学部を卒業し、日本生命に保険診査医として入社。

1892（明治25）年　日本生命保険を退社。

1894（明治27）年　安田善次郎の招きで共済生命保険（現・明治安田生命）支配役に就任。

1898（明治31）年　共済生命を退社し農商務省で保険業法を起草。

1900（明治33）年　農商務省商工局初代保険課長に就任。

1902（明治35）年　第一生命保険相互会社を設立し専務に就任。

1907（明治40）年　「ポケット論語（初版）」を発行。

1915（大正4）年　第一生命保険相互会社社長に就任。
1924（大正13）年　東京横浜電鉄（現・東京急行電鉄）社長に就任。
1927（昭和2）年　「日本国勢図会（初版）」を発行。
1938（昭和13）年　石坂泰三に社長を譲り会長に就任。
1946（昭和21）年　第一生命保険相互会社社会長退任。
1951（昭和26）年　死去（享年85歳）。

第12章

各務鎌吉

—リスクマネジメントを通じた社会課題の解決—

1869～1939年

（出所）国会図書館　近代日本人の肖像

【ＳＤＧｓで読み解く各務鎌吉の軌跡】

	活動の内容	関連するＳＤＧｓ目標
経済	・東京海上の経営再建 ・損害保険事業の基盤整備 ・再保険ネットワークの構築 ・物流／貿易産業への貢献	
社会	・信用を核とする経営の実践 ・リスクマネジメントを通じた安心な社会の構築 ・アンダーライティング能力の向上 ・業界横断的な教育機関の創設	
共通	・外国企業との提携 ・同業他社との協調関係の構築 ・平尾釟三郎との協働	

（出所）筆者作成。

【本章のポイント】

東京海上（現・東京海上日動火災保険）の中興の祖といわれる各務鎌吉は、わが国損害保険の基盤を築いた人物である。日本初の損害保険会社として設立された東京海上は、損害保険に対する理解を欠いた会社運営によって、設立して間もなく経営不振に陥った。

単身ロンドンに赴いた鎌吉は、優れた語学力と精緻な分析力を駆使して、経営不振の原因が会計方式の不備と不良契約の引受にあることを突きとめた。

東京海上を経営危機から救った鎌吉は、ロンドンで再保険ネットワークの構築に成功し、東京海上の事業基盤の強化に貢献している。社会からの信用を重視した鎌吉の経営姿勢は、海外からも高く評価された。

東京海上の会長時代、鎌吉は創業50周年記念事業の一環として、業界全体の健全な発展を目的とした㈶損害保険事業研究所（現・公益財団法人損害保険事業総合研究所）を設立した。同研究所は業界横断的な人材教育や損害保険に関する調査研究など幅広い活動を続けている。

Ⅰ　評伝

1　青年時代

苦学の末、東京高等商業学校で学ぶ

1868（明治元年）、各務鎌吉《かがみけんきち》は各務省三の次男として、現在の岐阜市安食に生まれた。父の仕事の関係で東京に転居し、1884（明治17）年に東京府立中学校（後の東京府立第一中学校）を優秀な成績で卒業した。

駅逓寮《えきていりょう》を退職した父は、京橋で葉茶屋を営んでいた。しかし、素人商いは早々に行き詰まった。貧しいながらも子どもの教育には熱心だった省三は、鎌吉の学業を途中でやめさせるようなことはなかった。しかし、家計の逼迫は如何ともし難く、鎌吉は家計を助けるため、茶箱を担いで御用聞きに回った。

当時、海軍兵学校、陸軍士官学校、東京高等商業学校（現・一橋大学）は、学費が不要だった。貧しくとも勉学への思いが強かった鎌吉は、東京高等商業学校に進学した。東京高等商業学校を選択した理由は、英語と算術が得意だったからである。

同校では、終生に渡って深い交誼を結んだ平生釟三郎《ひらおはちさぶろう》（東京海上専務取締役[1]）、水島鉄也（神戸高

等商業校長）、下野直太郎（東京商科大学教授）らと出会った。

卓越した英語力を生かす

1888（明治21）年、東京高等商業学校を卒業した鎌吉は、京都府立商業学校の教師として赴任した。赴任先では簿記、商業算術等の講義を担当した。

高等商業学校の卒業生で、企業や銀行に入社しない者は、地方学校の教師として就職するのが一般的だった。教師としての評判は良く、そのまま教師の道を歩めば校長への道も開かれたに違いない。しかし、鎌吉は教師生活に物足りなさを感じていた。

1890（明治23）年、鎌吉は同校を退職して、大阪府立商品陳列所に監事として就職している。商品陳列所は外国人バイヤー向けに、国産品や国内企業の紹介を行っていた。鎌吉の英語力が評判となり、彼を目当てに訪問する外国人バイヤーも少なくなかったようである。

当時、住友財閥総理事であった伊庭貞剛（第1章）は、鎌吉の能力を高く評価し、住友への入社を勧めたほどである。将来は貿易関係の仕事に就きたいという希望を持っていた鎌吉は、陳列所が所有する欧米諸国の経済や財政に関する原書を貪るように読破していった。

2　東京海上の設立

華族に対する授産事業

1879（明治12）年、わが国最初の保険会社として、東京海上保険会社が設立された。同社設立の経緯は、1872（明治5）年に高島易断の開祖である高島嘉右衛門《かえもん》が構想した、東京～青森間の鉄道敷設事業に遡る。この事業の発起人には有力大名が名を連ねていた。明治政府は鉄道事業が莫大な資金を必要とし、事業リスクも大きいことから華族の事業としては相応しくないと判断した。

一方、華族が経済的自立を果たすための事業も必要である。政府は事業基盤がある既設鉄道（新橋～横浜）の払い下げを提案し、渋沢栄一を総代理人とする事業組合が発足した。しかし、金禄公債制度[2]の施行が華族の財政に影響を及ぼし、鉄道払い下げ事業は白紙撤回されることとなった。

この事業に関係した華族は鉄道事業に替わる新たな事業を模索し、①海上保険会社、②株式取引所、③北上川開墾野蒜《のびる》築港の三事業が候補となった。鉄道が未発達であった当時、物流の中心は海上輸送である。海上輸送のリスク分散の必要性に注目した渋沢は、海上保険会社の設立を主張し、後に東京海上保険会社の支配人となる益田克徳に調査を委嘱した。

欧米先進国に追いつくため、明治政府は官営模範工場を設立して、殖産興業政策を推し進めた。わが国における損害保険の発展は、殖産興業政策を抜きに語ることはできない。産業の発展に伴う物流の活発化は、海運業の成長を促し海上保険に対する関心が高まったのである。

岩崎弥太郎と保険事業

明治初期、わが国の国際的な海上物流は、アメリカの海運会社に独占されていた。これに対抗するため、1870（明治3）年に廻漕会社、1872（明治5）年に日本郵便蒸気船会社が設立されたものの、いずれも外国海運会社との競争に敗れた。明治政府は、外国海運会社を排除するため、岩崎弥太郎の率いる三菱会社を保護し、日本近海における航権を与えて外国海運会社の排除に成功した。

海上保険に対する岩崎の認識は必ずしも高くなかったが、外国人との取引が拡大するにつれて、その必要性を強く感じるようになった。1876（明治9）年、岩崎は明治政府に対して保険会社の設立と保険営業許可の申請を行ったが、大隈重信大蔵卿らの反対に合って却下されてしまう。

渋沢栄一

（出所）公益財団法人
渋沢栄一記念財団

1878（明治11）年、華族の出資を中心とする東京海上保険会社の設立計画が本格化すると、同社設立を主導した渋沢は、岩崎に東京海上保険会社への出資を要請した。但し、新会社が岩崎の支配下に置かれることを避けるため、渋沢は三菱の出資比率を3分の1以下とし、役員の選任も渋沢に一任することを条件として提示した。

明治政府から保険会社設立を却下されたものの、保険事業の

岩崎弥太郎

（出所）三菱重工業株式会社

必要性を強く感じていた岩崎はこの条件を受け入れた。こうして、わが国損害保険業界のリーディング・カンパニーである、東京海上保険会社が誕生したのである。

3　東京海上への入社

素人同然の経営者たち

草創期の東京海上では、三菱財閥出身の荘田平五郎（取締役）と益田克徳（支配人）が経営の実権を握っていた。商業学校時代に海上保険を学んだ益田は、保険事業に詳しい人材として、渋沢が送り込んだ人物であった。

順調な滑り出しをみせた東京海上だったが、１８９１（明治24）年頃からロンドンでの保険金支払いが増加し、次第に経営を圧迫し始めた。しかし、荘田と益田は保険経営については素人同然であり、保険収支が悪化した原因を究明することができなかった。有能な人材を外部から登用することが、東京海上にとって喫緊の課題となっていたのである。

東京海上支配人の益田が頼ったのは、東京高等商業学校で校長を務めていた矢野二郎だった。矢野の実妹は、益田の実兄である益田孝[3]の妻であった。益田孝が初代社長を務めた三井物産は、東京高等商業学校出身者を多数採用していた。益田兄弟は昵懇の間柄であった矢野に、同校出身の有能な人材の紹介を依頼したのである。

矢野が推薦したのが鎌吉だった。１８９１（明治24）年、鎌吉は東京海上の入社試験を受けた。鎌吉を含めた受験者３名全員が不合格となった。しかし、抜群の英語力が目に留まった鎌吉は、再選考の末に書記として採用されたのである。

得意先回り、帳簿係、ロンドンへの電報係などの実務を経験した後、入社３年目にロンドンへの赴任を命じられたのであった。目的はロンドンにおける業績不振の原因を究明し、保険営業を建て直すためであった。

損害保険業界の父へ

鎌吉の活躍によって、東京海上は窮地を脱した。その後も鎌吉の強力なリーダーシップに支えられて、東京海上はわが国損害保険業界のトップカンパニーとして発展していくことになる。

１９１７（大正６）年、専務取締役に就任した鎌吉は、明治火災保険会長（１９２２年）、三菱海上火災保険会長（１９２５年）、三菱信託会長（１９２７年）、日本郵船社長（１９２９年）など三菱財閥系企業や貴族院議員（１９３０年）の要職を歴任し、三井財閥の池田成彬《しげあき》とならんで三菱財閥を代表する経営者となった。

福地桃介は俗人受けはしないが会社のため株主のためには、またとない忠実な公僕であると鎌吉を評している。彼は一社員として東京海上に入社し、その実力によって経営トップに登りつめた典型的な専門経営者である。その意味では、実務の人、実力の人であった。

1939（昭和14）年、東京海上取締役会長の職にあった鎌吉は、71歳の生涯を閉じた。48年の長きにわたり東京海上と共に歩んできたその生涯は、わが国損害保険の発展史そのものであった。1970年、鎌吉は第一生命創業者矢野恒太（第11章）とともに、世界保険殿堂入りを果たしている。

Ⅱ　企業家活動の真髄

1　損害保険の歴史

商人の知恵から生まれた海上保険

古代ギリシア・ローマ時代にも、海上貸借といわれる取引は存在したが、中世イタリアで生まれた冒険貸借（bottomry）[4]が、海上保険の起源といわれている。航海リスクが比較的小さかった地中海貿易の発達とともに、船舶や船舶と積荷を対象にした危険分担の手法として、冒険貸借が大きく発展した。

現代とは異なり、事故の発生確率を統計的に把握することができない時代の話である。その名が示すように、冒険貸借はハイリスク・ハイリターンの契約であり、元金に対する利息は、1航海につき24〜36％という高水準であった。[5]

1230（寛喜2）年、ローマ法王が発した利息禁止令によって冒険貸借は禁止された。しかし、地中海貿易の進展によって、海上輸送に伴うリスク分散の必要性は高まっていた。北イタリア諸都市の富裕層が保険の引受人となったことから、海上保険が始まったのである。[6]

損害保険の歴史とは海上保険の発達史にほかならないが、海上保険は14〜15世紀の北イタリアで誕生し、17世紀にイギリスを中心とする海運業の隆盛にともない、商人のサイドビジネスから発展したという見方が一般である。

ロイズの誕生

17世紀中頃、ロンドンには多数のコーヒー店が誕生した。エドワード・ロイド（Edward Lloyd）が営んだコーヒー店（Lloyd's Coffee House）は、後に損害保険のメッカとなった。

ロイドはさまざまな情報を集めて客に提供した。同業者に先駆けて、いち早く情報を入手できるロイドのコーヒー店は、商人たちの情報拠点となった。そこにはビジネスチャンスやリスク回避につながる、有益な情報が行き交っていたのである。

ロイドが集めた情報は、気象、海流、国際情勢など海運や貿易に関するものが多く、店には船主、荷主、保険業者などが多数集まった。1713（正徳3）年、コーヒー店の常連客たちによってロイ

ロイズコーヒー店

（出所）Lloyd's of London

ズ[7]が設立された。ロイズを拠点に、個人的な海上保険の引き受けが行われるようになったのである。

１７２０（享保５）年、株式会社の形態を持つ勅許保険会社として、London Assurance と Royal Exchange Assurance が設立された。両社は海上保険の引受が独占的に認められていたため、会社組織の保険会社は海上保険の引受が禁じられてしまった。

幸いロイズは個人企業であったため、引受禁止をまぬがれたのである。勅許保険会社は海上保険のみならず火災保険の営業にも力を注いだため、ロイズはロンドンにおける海上保険の大半を占めるまでに成長していった。19世紀に入ると、イギリス以外でも海上保険会社が設立されるようになった。

2　わが国における損害保険の発展

海上請負から保険へ

わが国では、17世紀初めの朱印船貿易時代にポルトガル人が伝えた、「抛銀《なげがね》」といわれる貿易貸借があった。「抛銀」は貿易や航海についての知識を持つ資本家と荷主の間で結ばれ、保険料に相当する利息は、1航海あたり3～8割であったといわれる。[8] しかし、江戸幕府の鎖国政策によって「抛銀」は消滅してしまう。

わが国で独自に発達した海上保険類似の取引として「海上請負」がある。江戸時代に発達した菱垣《ひがき》廻船や樽《たる》廻船など海上定期輸送が生み出したリスク回避の仕組みである。

海上請負は海難で積荷に損害が生じた場合、廻船問屋または船主が損害を負担しており、損害の補償費用は運賃に上乗せされていた。廻船問屋または船主が運送人であると同時に、海上保険の引受者となる制度であった。[9] 1979（明治12）年に東京海上が創設されるまで、「海上請負」が商業取引におけるリスクマネジメント機能を果たしてきたのである。

福沢諭吉が紹介した「災難請合」

私たちは、さまざまなリスクに取り囲まれて日々の生活を営んでいる。社会経済システムのグローバル化によってリスクの内容は複雑化し、影響範囲も拡大する傾向にある。こうしたリスクに対処する仕組みが保険である。保険という言葉が存在しなかった明治時代、"insurance"を「災難請合」という訳語で紹介したのは福澤諭吉であった。[10]

福沢は『西洋旅案内（巻之下附録）』において、火災保険と海上保険を次のように紹介している。

「家宅諸道具商売品田畑山林等を請合ひ、火事又は雷の落ることあるときは、其損亡を償ふ商人の組合ありこれを火災請合といふ。渡海中船の災難を請合ひ、万一其船難船するか又は賊船に掠取る、等のことあるときは、船并《ならび》に荷物の代金を償ふ仕法あり、これを海上請合といふ。西洋諸国に海上の請合を渡世にする商人の組合多けれども、其最も盛なるものは英吉利《いぎりす》のロイドなり」

明治維新後、わが国はイギリスを中心に発達した近代的保険制度に基づく、海上保険や火災保険を導入した。福沢の慶應義塾では、欧米の保険制度を紹介する講義が行われていた。学校教育に保険が取り入れられたのは意外に早く、1878（明治11）年に三菱商業学校で保険が専門科目として採用された。翌年には、東京帝国大学で海上保険法の講義が開始されている。

損害保険会社の設立

福沢の記述には、損害保険（火災保険・海上保険）の本質が的確に示されている。商法第629条は損害保険を次のように定義している。

「損害保険契約ハ、当事者ノ一方カ偶然ナル一定ノ事故ニ因リテ生スルコトアルヘキ損害ヲ塡補スルコトヲ約シ、相手方カ之ニ其報酬ヲ与フルコトヲ約スルニ因リテ其効力ヲ生ス」

生命保険は実際の損害額に関係なく、保険契約によって予め決めた保険金を受け取ることができる。これを「定額払い」方式という。一方、損害保険は実際に生じた損害に見合う金額を補償する、「実損払い」方式によって保険金が支払われる。

１８７９（明治12）年、日本初の海上保険会社として東京海上が設立され、１８８７（明治20）年には日本初の火災保険会社である東京火災保険（安田火災海上保険を経て現・損害保険ジャパン）が設立された。わが国の損害保険は、海上保険と火災保険を中心に発展してきたが、戦後のモータリゼーションを契機に自動車保険が主力商品となった。

3　経営危機に陥った東京海上

ライバル損保との競争

１８９３（明治26）年、ライバル会社の出現で東京海上の独占体制は崩れた。日本海陸保険株式会社、帝国海上保険株式会社（旧安田火災海上保険の前身の一部）、大阪保険株式会社（旧住友海上火災保険の前身）が相次いで設立された。

火災保険専業会社として、１８８７年（明治20）年に東京火災保険会社（旧安田火災海上保険の前身の一部）が設立されたのを皮切りに、明治火災保険株式会社（旧東京海上火災保険の前身の一部）、日本火災保険株式会社が続いた。明治期の損害保険業界は、海上保険専業会社と火災保険専業会社が、それぞれ独自の事業を展開しており、東京海上が火災保険を併営したのは１９１４（大正３）年のことである。

創業当時の東京海上は、東京、大阪、北海道、新潟、富山、石川、福井が主な営業地域で、鰊粕《にしんかす》や[11]米などの物品輸送に対する保険の引き受けを行っていた。国内隔地間の売買取引で利用された荷為替には、保険をつけることが条件となっていたことも幸いした。

競合他社が出現するまで、東京海上は海上保険を取り扱う国内唯一の保険会社として、高い水準の保険料率を維持することができたのである。しかし、片岡直温[12]が率いる日本海陸保険の登場で、東京海上の独占的地位は崩れ始めた。営業地域や保険の対象が同じであったため、両社は激しい顧客争奪戦を繰り広げた。

帝国海上の設立によって、保険料のダンピングが「無事戻し」「期末戻し」という名目で常態化していった。公益性が求められる保険事業にとって、激しい価格競争は好ましくない。しかし、保険契約の獲得を巡る企業間競争が、リスクや保険に対する市民の理解を深めたという側面もあった。

損害保険経営の特殊性

国内での競争会社の出現やイギリスにおける海外営業の収支悪化によって、東京海上の経営状態は

事後と保険金支払いの流れ

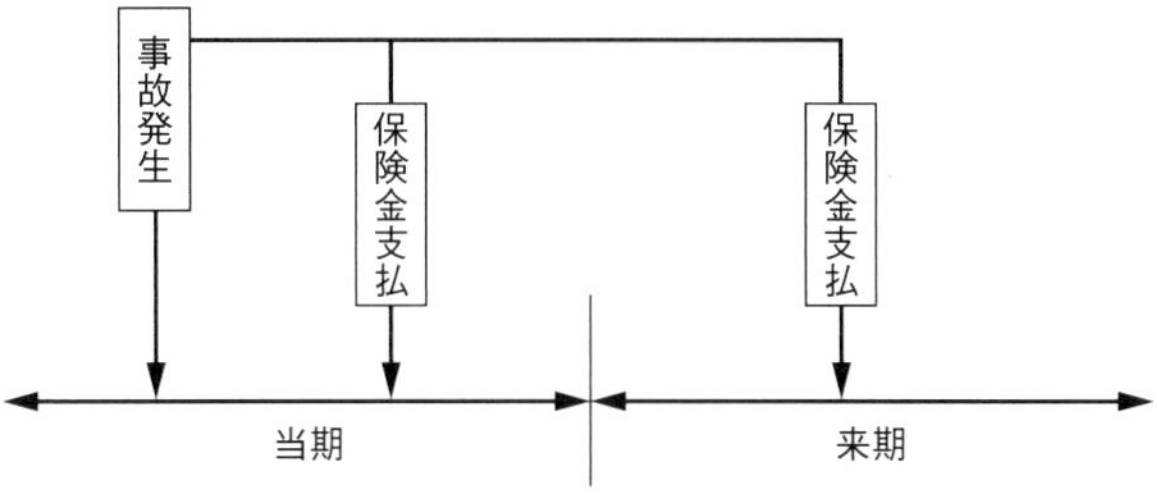

（出所）小暮（2010）107頁をもとに筆者作成

急速に悪化していった。イギリスにおける保険事業の失敗は、保険経営の特殊性に対する経営陣の理解の乏しさによるものであった。東京海上が経営危機に陥る原因の一つとなった、損害保険会計について振り返っておこう。

　保険契約の期間と期間損益算定上の会計期間は必ずしも一致していない。例えば、当期に発生した事故については、当期中に保険金が支払われる場合と来期に支払いがずれ込む場合がある。当期中に支払われる保険金だけを損失計上して、来期に支払われる保険金を当期損失に含めずに決算を行うことは、保険会社の損益実態を正しく反映していないことになる。

　東京海上支配人の益田克徳が行った損益決算は、すべての収入を保険料収入と資本収入とに分け、保険料収入から経費等を差し引いた営業利益を役員賞与と積立金とし、資本収入は株主への配当に充当するというものであった。これは現計計算方式と呼ばれる手法であるが、当期中に支払われる保険金だけを損失に計上して、来期に支払われる保険金を含めずに決算を行うという方法である。

設立当初、東京海上は高い配当率を誇っていた。例えば、１８９

1（明治24）年下季～1894（明治27）年上季の配当率は16％という水準であった。しかし、ロンドンにおける海外営業の赤字と国内の保険料収入の鈍化によって、1895（明治28）年下季に無配に転落している。

明治政府は東京海上の決算方法について疑問を呈することなく、むしろ高い配当率を歓迎していた。東京海上の高い収益力は、損益の実態を的確に反映しない会計手法が生み出した虚像だったのである。こうした杜撰な利益処分が見過ごされた原因は、保険経営に対する経営陣の知識不足によるものだった。

4　ロンドンにおける孤独な闘い

急増する保険金の支払い

1891（明治24）年頃から、ロンドンでの保険金支払いが増え始めた。イギリスの代理店から逆為替の依頼が急増し、東京海上の経営を圧迫していた。東京海上首脳陣は原因を掴めていなかったものの、事の重大性を認識するようになった。

鎌吉は、イギリスにおける営業不振の原因が、保険料収入と損失顕在化のタイムラグによるものであると予想していた。当時の東京海上が採用していた「危険損失準備積立金」方式では、営業収入と保険金支払いが別々に計算されていたのである。鎌吉はこの方式の欠点を改善すべく、「営業収入の決算を6カ月遅らせて、保険金の支払いに充当させる」という意見具申を行った。しかし、首脳陣は、鎌吉の提案を採用しなかった。

事態が一向に改善しないことに危機感を募らせた渋沢栄一は、鎌吉をロンドンに派遣して、原因究明と改善策の立案にあたらせることを提案した。取締役荘田平五郎と総支配人益田克徳も渋沢の提案に同意し、鎌吉のイギリス派遣が正式に決定された。明治期を代表する優良企業であった東京海上の将来は、入社4年目の青年社員の双肩に託されたのである。

精緻な分析で経営不振の原因を突きとめる

鎌吉の渡英は、1894年〜1898年と1898年〜1899年の二度に及んだ。イギリス到着後、鎌吉は直ちに代理店の契約実態の解明に着手した。鎌吉は古い船名録を取り寄せ、1890（明治23）年以降の引受内容を、船舶と貨物に区別するという膨大な作業を進めた。

その結果、営業開始初年度から損失が発生し、その後も保険金の支払いが増大している事実を掴んだ。綿密な調査によって、イギリスにおけるアンダーライティング（Underwriting：保険契約の引受）の問題点が次第に明らかにされていった。

アンダーライティングとはリスク選択を意味し、保険会社はリスクの低い良質な案件を選別して契約する。一方、ハイリスクの案件であっても引き受けを拒絶するのではなく、リスクに見合った保険料を提示して契約を引き受けることもある。保険営業のポイントは、申し込まれた契約に内在するリスクを見極め、リスクに見合った保険料を徴収できるか否かにある。

東京海上が委託したイギリスの代理店は、アンダーライティングに問題があった。委託した代理店が引き受けた保険契約は、イギリス国内の保険会社が拒絶したハイリスク案件で占められていた。ハイリスクであっても、契約を引き受ければ代理店には手数料が入る。保険金の支払いは保険会社の損失となるが、代理店の収入には影響しない。代理店は手数料稼ぎのために、他社が断ったハイリスク案件を引き受けていたのである。鎌吉は代理店との委託契約を解除したが、代理店を変えただけではイギリスでの事業収支は改善しなかった。

鎌吉はかつて東京海上が代理店を委嘱していたゲラトリー商会から資料を入手し、契約の実態を精査した。ゲラトリー商会は現計計算方式を採用していたため、同社の保険収支を年度別計算方式に変更して再計算した結果、ロンドンでの営業開始初年度から損失が発生していたことが判明した。

年度別計算方式の採用

鎌吉は現計計算方式の構造的欠陥を確信し、年度別計算方式への変更を強く迫った。東京海上首脳陣は鎌吉の提言を受け入れ、1899（明治32）年から年度別計算方式への移行を決断した。年度別計算方式は欧米の保険会社では一般化しており、とくに目新しいものではなかった。

イギリスの海事雑誌「フェアプレー」は、日本の保険会社が保険料収入をすべて利益計上し、損失

ロンドン時代の各務鎌吉

（注）前列左から1人目が平生釟三郎、前列中央が各務鎌吉。
（出所）東京海上日動火災保険株式会社

は別の準備積立金から支出するという奇異なバランスシートを作成していることを批判し、いずれ経営に失敗するであろうと指摘していた。日本国内においても、保険会社が高配当政策を実現するため、現計計算方式を採用しているという批判が少なからずあった。

現計計算方式の欠陥は、単年度内の収入保険料から営業費用および当該年度に発生した保険損失のみを差し引き、翌年度の未経過期間に対する責任準備金を全く想定していないことである。保険会社の特殊性を無視した、極めて不合理な損益算定方法だったのである。さらに、営業収入の多寡にかかわらず株主配当を実施するため、資本収入を当初から別建てにするという考え方は、安全性の観点から多くの問題点を含んでいた。

1895（明治28）年、益田克徳と荘田兵五郎が相次いで渡英し、鎌吉は自ら執筆した「英国保険視察報告書」による詳細な報告を行った。彼が指摘した問題点は、適正なアンダーライティングの実施によるハイリスク契約の排除、各種リスクに関する統計データを整備して成り行き任せの営業を改めるという二点であった。

抜本的な経営改革の断行

鎌吉の建策を重視した東京海上は、損失金の処理や決算方法の改正に取り組んだ。その内容は⑴1899年6月以降、現計計算方式を年度別計算方式に変更する、⑵減資を行う、⑶政府に対し下付金の申請を行うというものであった。

年度別計算方式への移行に伴う損失金額は64万7835円に達した。この損失に対し政府による下付金25万9134円、減資37万5000円、大阪支店地所建物の評価増2770円、所有株式の評価増1万9931円をもって補塡している[13]。

5　保険業法の制定と社業改革

責任準備金積立制度の導入

保険会社に対する監督行政にも変化の兆しが見えはじめた。保険事業に関する法規は商法に規定されていたが、商法とは異なる単独の立法によって保険事業を監督すべきという意見も根強かった。

1896（明治29）年、法典調査会は次の三点について決議を行った。⑴保険会社に関する特別法は、商法中保険に関する規定を議決した後、これを起草する。⑵特別法が制定されるまで、保険会社は相互会社を除くほか、株式会社たることを要する。⑶相互会社といえども政府の免許を必要とする。

1898（明治31）年、安田財閥系の共済生命保険で支配人を務めていた矢野恒太（第11章）が保険事務官として農商務省に移り、保険業法の作成に着手した。翌年施行された保険業法は現計計算方式を廃止し、責任準備金の積立を義務づけている。

保険会社の経営基盤を強化するうえで、この規定は大きな役割を果たした。滞英中の鎌吉は、生命保険研究のためドイツに派遣されていた矢野と交流を深めた。海上保険における責任準備金のあり方について、矢野から意見を求められた鎌吉は、次のような意見を述べている。

「収入保険料からその契約のために支払った損失金および一般営業費を控除した残額を直ちに利益として計上するのは誤りであり、全額を保留して二年目において支払うべき損失金に充てるべきである」[14]

鎌吉の見解は、保険業法施行規則に定められた責任準備金積立方式に反映されている。

期間損益を適正に把握する

期間損益を適正に計算するために導入された年度別計算方式は、アーンド（インカード）ベーシス損害率として、現在の損害保険会社にも受け継がれている。

この指標は、①契約の増減に影響されることなく、当期中の発生事故の保険金を反映していることと、②分母と分子の期間対応がとれており、いずれも経理上の決算数字を用いて算出することから、損害保険会社の経営実態の評価に活用されている。

支払保険金と支払準備金の関係について説明しておこう。前期末における準備金は、当期に支払われた［ア］と来期に支払われる［イ］（当期末は未払いのため備金計上）の合計となる（前期末備金＝ア＋イ）。

当期中の支払い保険金は、前期に発生したアと当期に発生したウの合計である。（当期支払保険金＝ア＋ウ）。当期末における準備金は、来期以降の支払いが予定されているイとエの合計となる。（当期末備金＝イ＋エ）

分子部分を上記計算式に当てはめると「（ア＋ウ）＋（イ＋エ）－（ア＋イ）＝ウ＋エ」となり、［ウ＋エ］が当期に発生した保険金として認識されるのである。

東京海上では、保険業法施行に先立って年度別計算方式へ移行していたが、日本海陸保険のように、計算方法の改正による損失金の増加によって解散に追い込まれた事例もあった。

アーンド（インカード）ベーシス損害率の計算式

$$\text{アーンド・ベーシスロスレシオ} = \frac{\text{支払保険金} + \text{当期末備金} - \text{前期末備金}}{\text{既経過保険料}} \times 100\%$$

（出所）小暮（2010）108頁をもとに筆者作成

支払保険金と備金の関係

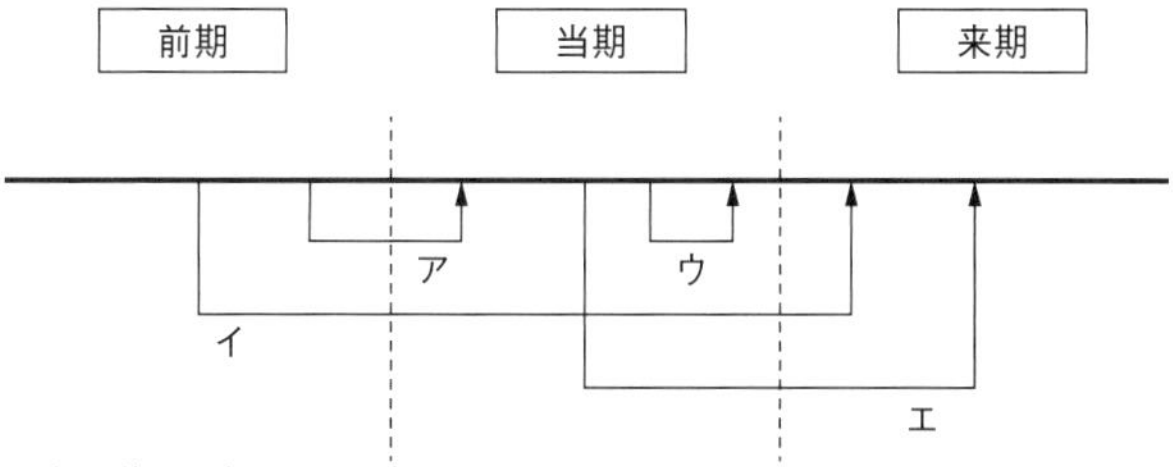

（出所）同前

6　成長の基盤を築く

保険事業は人なり

１８９６（明治29）年、鎌吉は「英国代理店営業報告および意見書」を上梓し、イギリスで保険営業が成功するためには⑴会社自身の資力信用、⑵会社の有する縁故および後援者、⑶人材の三点が必要であると述べている。[15]

ロンドンの保険会社はアンダーライティングの見識が高く、専門知識と経験を有する人材によって支えられていた。保険会社にオファーされた案件について、リスクの良し悪し、契約引受の可否、適用する保険料率など、最後は人間の判断力が決め手となる。

ロンドンでの失敗は、アンダーライティング能力の乏しい人間に代理店を委嘱した会社の責任であった。当時の東京海上には、アンダーライティングを正しく理解し実践できる人材はいなかったのである。

人材育成の必要性を痛感した鎌吉は、業界横断的な人材育成に取り組んだ。１９３３（昭和８）年、鎌吉の発意によって設立された財団法人損害保険事業研究所（現・公益財団法人損害保険事業総合研究所）もその一つである。

同研究所は、東京海上創業50周年を記念し、同社から提供された１００万円の寄附を基金として設立されたものである。創設以来、「教育研修」、「調査研究」、「学術振興」等の事業を通じて、損害保険業界の発展に貢献している。

再保険ネットワークの獲得

鎌吉は１８９８（明治31）年４月に一度帰国し、同年８月に再び渡英した。二度目の渡英目的は、東京海上ロンドン支店を閉鎖し、同社の保険営業を委嘱する有力な代理店を見出すことであった。鎌吉は新たなパートナーとして、ウィリス・フェーバー商会を選んだ。同商会はロイズに加入する海上保険ブローカーであり、保険料取扱高で全英第一位の実績を誇っていた。さらに、さまざまなリスクに対する豊富な経験と見識を持ち、手数料稼ぎのためにハイリスクな契約を引き受ける危険性はなかった。

鎌吉は貨物保険の包括再保険契約の締結にも成功した。当時、わが国損害保険会社は外国保険会社と包括再保険契約を締結しておらず、個別契約ごとに再保険契約を結ぶことを余儀なくされていた。高額な保険契約を引き受けた場合、事故が発生すると莫大な保険金を支払わねばならない。損害保険会社の経営には、常に不安定要素がつきまとうのである。そこで、経営への影響度を勘案して、引き受けた保険契約上の責任の一部または全部を、他の保険会社に引き受けてもらうことが必要となる。この保険契約が再保険である。

再保険は保険会社が安定した経営を行っていくうえで、欠かせないリスク分散機能を果たしているのである。再保険ルートの確保によって経営基盤が安定した東京海上は、国内での積極的な営業展開が可能となった[16]。

Ⅲ　経営思想

1　精緻な分析力と的確な判断力

海外からの高い評価

鎌吉の訃報に際し、ロンドンの「ザ・タイムズ」紙は次のような記事を掲載した。

「稀に見る判断、先見の明、知力に絶大なる努力、勇気、忍耐が統合され、いずれの国にあっても、また、人生のいずれの場合においても、誠に卓越した人物であった。5年間におよぶロンドン滞在を通して、ロンドンの保険市場における保険者の高い道徳性、慎重な行動から深く影響を受け、以来、東京海上保険会社のアンダーライターとして、顕著な成功をおさめた。各務氏は、一生を通じて清廉・公正・深慮という行動理念と如何なる取引においても双方に満足を与えるという経営理念を堅持した[17]」

鎌吉は東郷平八郎・昭和天皇に次いでアメリカの「TIME」誌の表紙を飾った人物でもあり、海外における信頼感は絶大であった。

データと信用に基づく経営

企業家としての鎌吉の特長は、(1)保険数理に基づく合理的な意思決定、(2)信用を基盤とした経営、(3)保険事業者としての企業責任の実践の三点に集約できよう。

鎌吉はデータを綿密に分析することによって経営不振の原因を究明し、近代的な会計方式の導入によって、わが国損害保険事業を国際水準に押し上げた。データが語る真実こそが、彼の経営判断の拠りどころであった。

アンダーライティングの成否は、データの分析にかかっている。リスク分析が不十分であれば、顧客から過大な保険料を徴収するのみならず、損害に対して十分な補償ができない事態が生じる。データを重視する鎌吉の姿勢には、保険事業者としての社会的責任の自覚と契約者への奉仕の精神が端的に表れていた。

鎌吉が重視したもう一つの要素が「信用」である。「信用」は保険事業者のレゾンデートルなのである。彼は無形財産である「信用」こそが、利益の源泉であることを説いている。

「Ｓ＆Ｐ５００ 市場価値の構成要素」のグラフが示しているように、企業の市場価値に占める無形資産のウエイトは年々大きくなっている。２００９年時点では、市場価値の８割は無形資産で構成されている。いまや企業の価値は、物的・財務的資産で表象されるものではなくなったのである。

さらに、ビリーフ・ドリブンと呼ばれる消費者が増えている。ビリーフ・ドリブン消費者とは、社会問題や環境問題に対する企業の姿勢によって、製品やサービスを購入するか否かを決める人々である。ＳＤＧｓやパリ協定によって、この傾向はますます加速している。鎌吉が指摘したように、社会からの信頼と共感なくして、企業価値を高めることができない時代が到来したのである。

損害保険事業は、社会経済システムと極めて密接に結びついている。鎌吉は共同救済機関としての保険事業者の責務は、社会からの信頼と適正なアンダーライティングによって果たされると考えていた。

TIME 誌の表紙を飾った各務鎌吉

（出所）Time magazine archive

現代社会は気候変動や地震による自然災害、コロナウィルスによる健康被害や経済損失などさまざまなリスクに晒されている。企業の事業継続リスクを軽減し社会経済システムの持続的成長を支えるうえで、保険事業に対する期待はこれまで以上に高まっているといえよう。

ロイズのアンダーライティングルーム

（出所）Lloyd's of London

S&P500　市場価値の構成要素

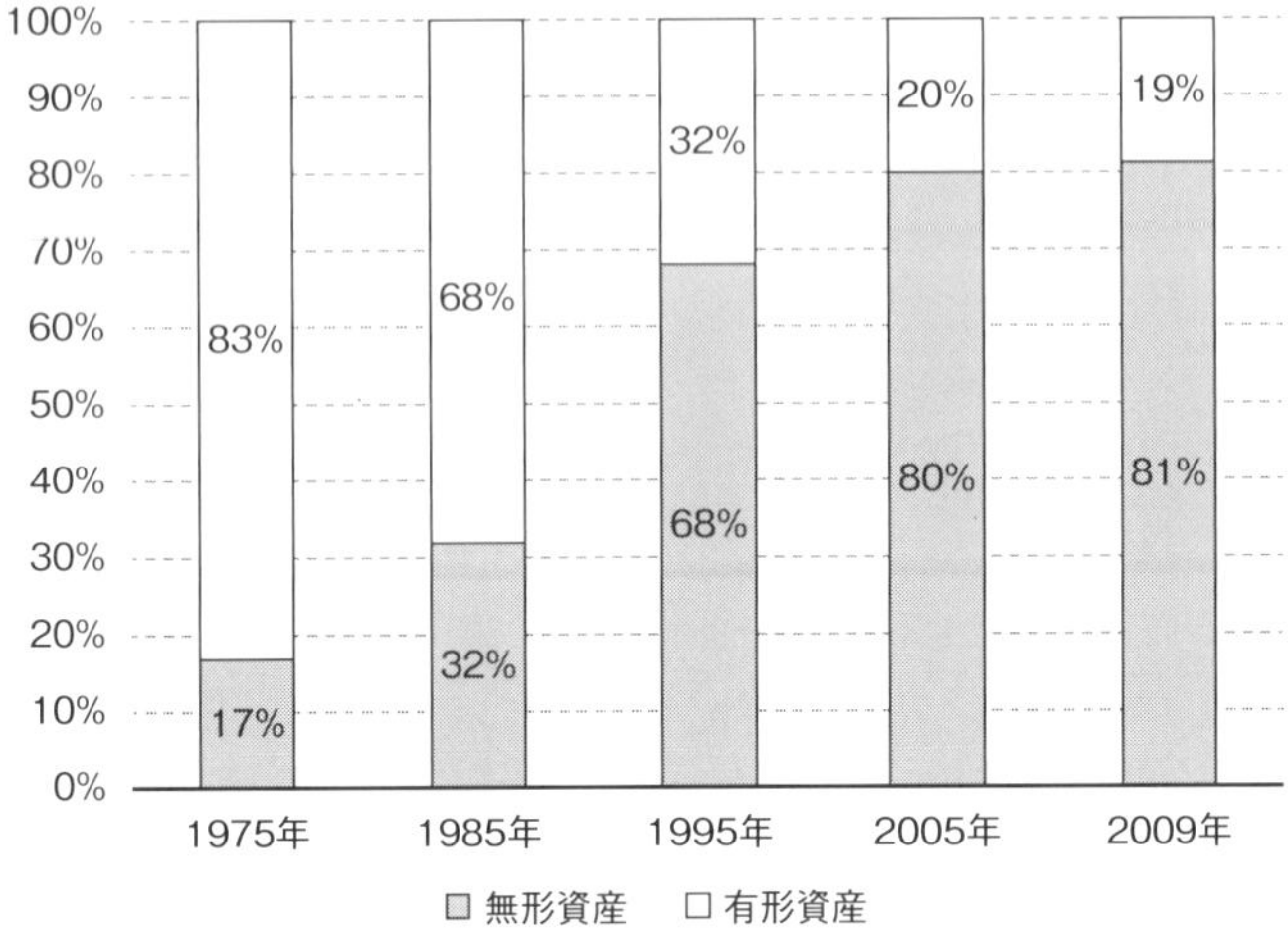

（出所）Ocean Tomo, LLC

2　各務鎌吉の言葉

鎌吉を理解するには、彼が残した言葉を読み解くことが欠かせない。東京海上や鎌吉に関する文献に残された言葉の中から、彼の理念や思想を示している言葉を紹介しよう。

＊　＊　＊　＊　＊　＊　＊　＊

人間として利己心を有する限りやむを得ぬことであるが、保険事業ほど信用に対しては、他のすべてを犠牲にしてもあくまで之を守り通さねばならないという美点を有する事業は他にないと信ずる。信用は会社資産の多寡によるものではなく、社員の人格および行動から生まれる。また、商業上の信用は無形財産であるが、有形財産の蓄積は無形財産から生み出された結果である。

＊　＊　＊　＊　＊　＊　＊　＊

How to say 'NO' nicely

鎌吉が終生大切にした言葉である。断りきれず不本意ながら引き受けた保険契約は大きな損失をもたらす場合が多かった。相手が納得するように穏やかに「ノー」を言える者は、何事も成すことができるのである。厳しさの中にも、相手を思いやる鎌吉の人柄を偲ばせる言葉である。

明晰な頭脳と情に流されない意思決定、会社の金は一銭たりとも無駄にしなかったことから冷徹な人とみられてきた。しかし、その本質は、無私の精神、磨き抜かれた知力、凄まじい意志力が渾然一体となった企業家であった。

【各務鎌吉　年譜】

1868（明治元）年　岐阜県に生まれる。

1888（明治21）年　東京高等商業学校（現・一橋大学）を卒業、京都府立商業学校に赴任。

1890（明治23）年　大阪府立商品陳列所の監事となる。

1891（明治24）年　東京海上保険株式会社に入社。

1894（明治27）年　ロンドンに赴任し東京海上の再建策をまとめる。

1922（大正11）年　明治火災保険会長に就任。

1925（大正14）年　三菱海上火災保険会長、東京海上火災保険会長に就任。

1927（昭和2）年　三菱信託を創設し初代会長に就任。

1929（昭和4）年　日本郵船社長に就任。

1930（昭和5）年　貴族院議員に勅選される。

1937（昭和12）年　日本銀行参与、大蔵省顧問に就任。

1939（昭和14）年　病気のため死去（享年70歳）。

［注］

序　章

1　財務要素とＥＳＧ要素の双方に基づいて投資先を選定する手法。
2　機関投資家が設定した特定の基準を満たさない企業を投資対象から除外する手法。
3　１９７５（昭和50）年当時、企業価値に占める無形資産の割合は17％に過ぎなかった。しかし、２００９（平成21）年になると無形資産の割合は81％に達している。
4　第15回帝国議会（１９０１（明治34）年３月22日）で行った演説の一部。

第１章

1　末岡（２０１１）、１頁。この演説は１９０１（明治34）年３月22日に行われた。
2　末岡（２０００）、１０３頁。
3　神山（１９６０）、68頁。
4　四天流剣術免許皆伝を授けられている。
5　末岡（２０１３）、２頁。
6　刑法官とは現代の警察、検事、裁判所、刑務所の業務を扱った。
7　ボアソナードは民法・刑法等を起草するとともに、多くの法律家を養成した。１８８０年、ボワソナード門下生によって東京法学社が設立された。東京法学校は和仏法律学校と改称し、１９０３年には専門学校令に基づく財団法人和仏法律学校法政大学（現・法政大学）となった。法政大学市ヶ谷キャンパスにあるボアソナードタワーは、ボアソナードの名前に由来している。
8　住友家の総理人（初代総理事）であった叔父広瀬宰平の俸給と同額だった。
9　粗銅を鉛とともに溶かしてから徐々に冷却すると銅は固化する。銅の融点以下で溶け出た銀を含む鉛を灰の上で加熱すると、鉛は灰に吸収され銀だけが残る。これによって銀を採集するとともに、純度の高い精銅を得られる。
10　国内で採掘された鉱石から製錬された粗銅は金銀を含んでいたが、15世紀の日本には銅から金銀を分離する技術が無かった。金銀を分離する技術を持つ明や朝鮮の大陸商人は、日本から安価な粗銅を買い入れて金や銀を取り出す事で差益を得ていた。
11　川田は後に三菱財閥に入り岩崎弥太郎・弥之助を補佐した。彼は鉱山業、造船業など基幹産業への集中投資を推進し三菱財閥の繁栄の礎を築いた。1889年、松方正義の推薦で第3代日本銀行総裁に就任し「日銀の法王」とも呼ばれた。
12 瀬岡（1998）、19頁。
13 神山（1960）、126頁。
14 同前、127頁。
15 竹原（1992）、70頁。
16 末岡（2000）、73頁。
17 同前、77頁。
18 同前、77頁。
19 掘り出した鉱石を焼くことで硫黄成分を飛ばす作業。この工程から亜硫酸ガスが排出される。
20 末岡（2000）、82頁。
21 藤本（1993）、182頁。
22 末岡（2005）、98頁。
23 別子へ赴任した翌年、死者500人余を出した別子大水害（1899年）に遭遇して殉職している。
24 住友林業（1999）、110～111頁。
25 西川（1990）、111頁。
26 総理事に就任する三年前に総理事心得となった。
27 鈴木馬左也時代に銅鉱石の製錬により発生する亜硫酸ガスを中和し、硫酸を回収するという技術革新によって過燐酸石灰（肥料）の製造が可能となり、1913（大正2）年に住友肥料製造所（現・住友化学）が設立された。
28 麻生太吉（1857～1933年）は麻生太郎元首相の曽祖父。筑豊地方において石炭採掘事業で成功し、電力、鉄道、セメントなど多方面に事業を展開した。
29 2012（平成24）年、新日鉄と合併して新日鐵住金となり、住友グループから離脱している。2019（平成31）年、新日鐵住金は日本製鉄に改称された。
30 住友資料館（2014）、202頁。
31 中田錦吉（1865～1926年）は、裁判官を経て住友本店に入社。1922（大正11）年に住友合資総理事となった。自ら制定した定年制（社員55歳、重役60歳）に従い、僅か3年で総理事を退いた。
32 河上謹一（1856～1945年）は、外交官、日銀理事を経て住友本店に入社し、住友銀行の拡大に尽力した。

33 神山（1960）、142〜143頁。
34 1904年2月15日に刊行された『実業の日本』第七巻第四号に掲載された。

第2章
1 馬左也の父種節は、西南戦争の際に旧高鍋藩が西郷軍に参戦することを反対したため、西郷軍に捕らえられ獄死している。
2 上杉鷹山（1751〜1822年）は、10歳で米沢藩主上杉重定の養子となり、17歳で藩主の座に就いた。高鍋藩では鷹山に対する尊敬の念が厚く、馬左也自身も鷹山の生き方を人生の鑑としていたという。
3 吉田茂元首相の『回想十年』（53〜54頁）には、第二次世界大戦末期に左都夫から呼び出され、海軍内にイギリスを通じて和平交渉をする計画があるので、それに協力するよう依頼されたという逸話が掲載されている。
4 鹿児島医学校兼病院（鹿児島大学医学部の前身）は、西郷隆盛らが招聘したイギリス人医師ウィリアム・ウィリス（1837〜1894年）によって、1870年に設立された。
5 早川千吉郎（1863〜1922年）は、大蔵省、日本銀行を経て三井銀行に入社。三井銀行専務理事などを歴任したのち、南満州鉄道（満鉄）社長を務めた。
6 一木喜徳郎（1867〜1944年）は、大日本報徳社社長岡田良一郎の次男。内務省書記官と東京帝国大学法科大学教授を兼務。1914（大正3）年、第2次大隈内閣で文部大臣、内務大臣を務める。実兄は京都帝国大学総長や文部大臣を歴任した岡田良平である。
7 鈴木馬左也伝記編纂会（1961）、53頁。
8 白根専一（1850〜1898年）は、慶應義塾を卒業後、司法省、内務省および大蔵省に勤務。愛媛県知事を経て、西郷従道内務大臣と品川弥二郎内務大臣の下で内務次官を歴任。第2次伊藤内閣で逓信大臣を務めた。
9 品川氏章（1845〜1889年）は、山口県出身で品川弥二郎の養子となる。西南戦争に出征し、その後は工兵局長、東京鎮台軍法会議判士を歴任。1886（明治19）年、歩兵第10旅団長として松山に赴任するが同地で病没した。
10 鈴木馬左也伝記編纂会（1961）、70頁。
11 徳大寺公純（1821〜1883年）は、幕末期に攘夷派の公家として内大臣、右大臣を務めた。明治期に内閣総理大臣を務めた西園寺公望は、住友友純の次兄である。
12 鈴木馬左也伝記編纂会（1961）、72頁。
13 江原（1969）、98頁。

14　伊庭が別子鉱業所支配人兼務のまま総理時心得に就任したのは、１８９７（明治30）年1月である。
15　１８８４（明治17）年に惣開製錬所は完成した。
16　別子鉱山鉄道は新居浜の下部鉄道（惣開～端出場間の約10km）と、海抜１０００ｍの山岳地帯の上部鉄道（石ヶ山丈～角石原間の約５・５km）で構成されていた。
17　詳細について、１９０４年2月に刊行された『実業の日本』第七巻第四号を参照。
18　硝酸を使用して亜硫酸ガスを硫酸に転化する技術が開発され、銅製錬過程で生じる亜硫酸ガスの外部流出を食い止めることが可能となった。
19　鈴木馬左也伝記編纂会（１９６１）、１４０頁。
20　住友資料館（２０１４）、２２２～２２３頁。
21　鈴木馬左也伝記編纂会（１９６１）、１８５頁。
22　住友資料館（２０１４）、１９０頁。
23　鈴木馬左也伝記編纂会（１９６１）、１０８～１０９頁。
24　同前、１３８頁。
25　広瀬（１９８２）、１３９頁。
26　鈴木馬左也伝記編纂会（１９６１）、１８３頁。馬左也は林業事業の公益性のみを重視し、営利事業として収益性をおろそかにしないよう従業員を戒めていた。
27　伊庭（１９０４）、１６５頁。
28　中田錦吉（１８６４～１９２６年）は、東京帝国大学卒業後、司法官を経て、１９００（明治33）年に馬左也の推薦で住友に入社。別子鉱業所支配人、常務理事として馬左也を補佐し、１９２２（大正11）年、馬左也の後任として第４代総理事に就いた。総理事の在任期間は3年弱と短かったが、１９２５（大正14）年に「社員55歳、重役60歳」という定年制を導入し、当時62歳だった中田は定年制施行当日、総理事を辞職している。老人の跋扈を厳しく戒めた伊庭貞剛の理念を定年制という形で組織に定着させようとしたといえよう。
29　小倉正恆（１８７５～１９６１年）は、東京帝国大学卒業後、内務省に入る。内務省の先輩で、当時別子鉱業所支配人の職にあった馬左也の誘いで住友に入社。１９３０（昭和５）年、第6代総理事に就き広瀬、伊庭、鈴木らの事業精神を継承。総理事在任中の１９４１（昭和16）年、四阪島製錬所中和工場の完成によって、１８９３（明治26）年に発生した煙害問題は48年の年月を経て完全解決に至った。総理事退任後、１９４１（昭和16）年には第三次近衛内閣の大蔵大臣を歴任した。

30　鈴木馬左也伝記編纂会（１９６１）、１５３頁。
31　同前、１５７頁。
32　同養成所が母体となって、１９４２（昭和17）年に住友工業学校が設立された。戦後、住友工業高等学校に改称し、１９５６（昭和31）年には尼崎市立商業高等学校と合併して尼崎市立尼崎産業高等学校が発足している。
33　花田仲之助（１８６０〜１９４５年）は、鹿児島県出身の陸軍軍人。陸軍士官学校卒業後、ウラジオストックで諜報活動に従事。陸軍退役後の１９０１（明治34）年、「知恩報徳・感恩報謝」を中核理念とする報徳会を設立した。
34　鷲尾勘解治（１８８１〜１９８１年、別子鉱業所支配人、住友合資会社理事）の具申によって設立。鷲尾は自ら塾長となり青年鉱夫と起居を共にして研鑽に励んだ。「自彊」とは馬左也が自ら名づけたもので、易経の「天行建　君子以自彊不息」（地の運行がすこやかであるように、君子も自ら努め励み怠ることはない）に由来している。
35　鈴木馬左也伝記編纂会（１９６１）、１４０頁。
36　同前、１４２頁。
37　第一次世界大戦の好景気を受けて、住友社内で商事会社設立の機運が高まった。馬左也は主管者会議（大正９年１月）で、「商社設立禁止宣言」を発表。馬左也の決断の背景には、初代の住友政友の遺訓「文殊院旨意書」に、人と物の仲介をする商売を禁ずる記載があることも影響していたと思われる。１９４５（昭和20）年に日本建設産業（住友商事の前身）が設立されるまで住友は自前の商事会社を持たなかった。
38　鈴木馬左也伝記編纂会（１９６１）、２７４頁。
39　同前、３３５頁。
40　１９１９（大正８）年、大阪の臨海工業地帯建設のために大阪北港（住友商事の前身）が設立された。
41　１９２１（大正10）年、住友合資および関係会社の社員と家族のための医療機関として、私立大阪住友病院（一般財団法人住友病院の前身）が設立された。同病院は開設当初から一般市民の診療も行った。
42　鈴木馬左也伝記編纂会（１９６１）、３３７頁。
43　同前、１５３頁。

第３章

1　岡田佐平治（１８１２〜１８７８年）は15歳で庄屋を継ぎ、疲弊した地域社会を立て直すため報徳思想に基づく社会活動を行った。

2　安居院庄七（１７８９～１８６３年）は、現在の神奈川県秦野市に生まれる。商売に失敗し破産した後、二宮尊徳の下で報徳思想を学ぶ。晩年は静岡県浜松市を中心に報徳思想の普及と荒廃した村の復興に取り組んだ。
3　浜松市を中心とした静岡県西部地方は、明治初期まで遠江または遠州と呼ばれていた。
4　自分の経済力の範囲内で生活の限度を定めること。
5　堀内（１９９７）、１３３頁。
6　鈴木藤三郎（１８５５～１９１３年）は、現在の静岡県周智郡森町出身。報徳思想に共感した事業を展開。氷砂糖の製法を独自に考案し、豊田佐吉とともに発明王・特許王と呼ばれた。
7　堀内（１９９８）、44頁。
8　同前、32頁。
9　尊徳は「あらゆる荒廃は心の荒蕪《こうぶ》から起こる」と語った。人の心の中にある田を耕すことによって、やる気を生み出しモチベーションを高めることが大切であると説いた。
10　荻野（１９９９）、24頁。
11　明治政府は紡績業の奨励策として、官営模範工場に次いで輸入紡績機の年賦払い下げによる10カ所の民間紡績工場の設置を計画した。１８８２～５年にかけて、玉島紡績所（岡山）、三重紡績所（三重）、島田紡績所（静岡）、下野紡績所（栃木）などが開業している。
12　千本（１９９８）は、２０００錘紡績所の従業員は１００名程度で貧困士族の子女が多く、紡績会社の設立意図に士族授産という側面があったと指摘している。
13　絹川（１９３８）、２頁。
14　岡田（１９３１）、９４６～９４７頁。
15　岡田良平（１８６４～１９３４年）は、東洋大学学長を務めた後、加藤高明内閣と第一次若槻内閣で文部大臣を務めた。
16　堀内（１９９７）、２４７頁。
17　一木喜徳郎（１８６７～１９４４年）は、法学者として天皇機関説を支持し美濃部達吉らを育てた。枢密院議長在任中に天皇機関説支持者として非難され辞職に追い込まれた。
18　１８７３（明治６）年に結成された啓蒙思想団体。森有礼、西周、中村正直、福沢諭吉らが参加した。
19　静岡学問所は幕府の昌平坂学問所等から中村正直、加藤弘之、津田真一郎らが教授として迎えられた。西周は沼津兵学校の初代教授方頭取を務めた。

20 岡田（１９０９）、１８５頁。
21 平川（２００６）、１７１～１７２頁。
22 福住（１９７３）、１７０頁。
23 財団法人静岡総合研究機構（１９９２）、２０８頁。
24 中川（１９８１）、21～25頁。
25 浜松短期大学教授大野木吉兵衛は、報徳思想の鼓舞は貯蓄による資本の蓄積と結び付き、金融機関の設立や事業経営への意欲を猛烈にかきたてたと指摘している。
26 １９１２（明治45）年、良一郎が掛川信用組合長を辞職した際に残した言葉。現在の島田掛川信用金庫の庫是となっている。

第４章

1 土屋（１９５８）、８頁。
2 翌年、治河協力社に改称。
3 天竜川河口にあった天然の港。江戸時代から明治にかけて商業港として栄えた。東海道線が開通すると物流拠点として価値が失われ、１９０９（明治42）年に廃港となった。
4 １８７８（明治11）年、明治天皇は治河協力社の建物内で休憩し、金原明善夫妻は天竜川の治水に尽力した功によって拝謁を許された。建物は１８９２（明治25）年に焼失し建物跡前面に「玉座迹」が建立された。
5 鈴木（１９７９）、22頁。
6 一般材団法人金原治山治水財団は、治水事業、植林事業、天竜運輸および天竜木材の創設、北海道の開拓、出獄人保護事業などを行ってきた。現在は森林管理と金原明善生家・記念館の管理業務を行っている。
7 国土交通省浜松河川国道事務所（２０１６）、５頁。
8 土屋（１９５８）、16頁。
9 鈴木（１９７９）、44～45頁。
10 品川弥次郎（１８４３～１９００年）は、農商務大輔、内省御料局長、枢密顧問官などを歴任。国内外の林業発展を目的として、１８８２（明治15年）に設立された大日本山林会の初代幹事長を務めた。
11 鈴木（１９７９）、48頁。
12 同前、50頁。

13　川村矯一郎（1852〜1890年）は、立志社の獄に連座し禁固2年の刑に処され静岡監獄に収監された経験を持つ。出所後、明善の支援を受け静岡監獄副典獄を務めた。
14　岡本健三郎（1842〜1885年）は、川村と同じく立志社の獄で投獄された。出所後は実業界で活動し日本郵船理事を務めた。
15　鈴木（1979）、42頁。
16　平野又十郎（1853〜1928年）は、1885（明治18）年に浜松市で西遠銀行（静岡銀行の前身）を設立。金原明善の下で植林や慈善事業に携わった。
17　早矢仕有的（1901〜1837年）は、東京で医師する傍ら慶應義塾で福沢諭吉に学ぶ。1869（明治2）年、丸屋（現・丸善雄松堂）を創業し、書店、薬局、輸入雑貨、出版などを行った。1884（明治17）年、経営していた丸家銀行が破綻するとすべての会社役員を辞任した。
18　鈴木（1981）、141頁。
19　鈴木（1979）、141〜142頁。
20　同前、73頁。
21　同前、77頁。
22　鈴木（1981）、64〜65頁。
23　鈴木（1979）、147頁。
24　土屋（2002）、246頁。ある大富豪の使用人が明善の自宅を訪れた際に、住居があまりにも質素なことに驚いた様子であったことに対する明善の言葉。
25　同前、50頁。
26　同前、251頁。

第5章

1　キリスト教プロテスタントのカルヴァン派の一教派。長老制度を採用したことが名称の起源となった。
2　一柳（1970）、19頁。
3　1874（明治7）年、福音主義に基づく個人寄付による超教派のキリスト教大学として設立された。
4　一柳（1970）では、学生伝導隊運動と表記されている。奥村（2005）によれば、コロラド大学にSVMが誕生したのは1895（明治28）年である。

5 奥村（2005）、44頁。中国内陸伝道団の創設者 F. Howard Taylar 夫人が行った 'Fellowship with Christ in China' と題する講演。

6 同前、72頁。

7 カルヴァン（1509〜1564年）は、宗教改革初期に活躍した思想家。ジュネーヴ大学の創立者である。神の絶対性、聖書の権威などを強調したカルヴァンの思想は、プロテスタントに大きな影響を与えた。

8 ウェーバーによれば、資本主義の精神を構成する中核的要素は、①どこまでも利潤を追求してやまない精神、②利潤の追求をある種の義務として自らに課す倫理感、③目的達成のために必要なら禁欲し、自分の行動を計画化し組織化する合理的な生活態度の三点である。

9 ミッションとは伝道団体の呼称。ヴォーリズは1911（明治44）年、キリスト教無教会派の伝道団体として近江ミッションを組織し、1934（昭和9）年に近江兄弟社に改称。

10 奥村（2005）、60頁。

11 吉田（1923）、38頁。

12 木村（2010）、34〜35頁。

13 吉田（1923）、72頁。

14 吉田悦蔵（1890〜1942年）は、県立商業学校におけるヴォーリズの教え子。近江ミッション創設者の一人であり、終生ヴォーリズの活動を支えた。

15 一柳（1970）、179〜181頁。

16 チェーピンは日本に永住する決意を固め近江ミッションの正団員となったが、1913（大正2）年に結婚のため一時帰国後義母の病気のため渡日を断念している。

17 メンソレータムの輸入販売会社として設立されたのが近江セールズ株式会社である。後年、ハイド夫人からの寄付によって清友園幼稚園園舎が建設され、現在は近江兄弟社学園ハイド記念館となっている。

18 1920（大正9）年、ヴォーリズ合名会社は発展的に解散し、近江セールズ株式会社とヴォーリズ建築事務所が設立された。前者は建築資材とメンソレータムの輸入販売を主な業務とした。

19 1934（昭和9）年2月に近江兄弟社（Omi Brotherhood）と改称され現在に至る。

20 吉田（1923）、89頁。

21 ドイツ人デルランの設計でアメリカ人ワナメーカーから寄贈された。

22 山形（２００８）、１０８頁。19～20世紀のアメリカ伝統的建築様式は、東部がコロニアル・スタイル、中西部がスパニッシュ・スタイルとミッション・スタイルであった。ヴォーリズは依頼主の求めに応じて、伝統的な建築手法を合理的に組み合わせて活用していた。

23 山形（２００２）、１２０～１２１頁。

24 Albert Alexander Hyde（１８４８～１９３５）は、青年時代をヴォーリズの生地レヴンワースで過ごし不動産業で成功する。後にメンソールとペトロレータム（ワセリン）を主成分とするメンソレータムの開発に成功し、メンソレータム社を設立した。

25 奥村（２００５）、１６７頁。さらに同書（１６５頁）によれば、ヴォーリズの妻満喜子の次兄恵三が頭取を務めた加島銀行から資本金に匹敵する借入が可能だったことも、近江セールズの経営にとって大きな支援材料となったと指摘している。

26 奥村（２００５）、１５６頁。

27 近江兄弟社学園学園史編纂委員会（２０１４）「近江兄弟社学園史編纂委員会通信第５号」

28 日経ＢＰ社（１９８７）、65頁。

29 新潟大学理学部数学科卒業後、近江兄弟社学園に教師として赴任。ヴォーリズ記念病院医事課、近江兄弟社管理部長を経て、１９７５年５月社長に就任。

30 日経ＢＰ社（１９８７）、63頁。

31 同前、64頁。

32 本館はツッカー女史の母親にちなんで Anna Denfores Tooker 記念館（通称ツッカー記念館）と名付けられた。

33 １９７１（昭和46）年、ヴォーリズ記念病院と改称し現在に至っている。

34 吉田（１９２３）、序文９頁。

35 ヴォーリズの妻満喜子の次兄恵三は広岡家の婿養子となり、大同生命社長を務めた。恵三は大同生命本社ビル建設に際してヴォーリズとアメリカを視察している（１９２０年４～８月）。同社本社ビルは１９２５年に竣工したが、１９９０年に新本社ビル建設のため取り壊された。ヴォーリズは『失敗者の自叙伝』（２８１～２８２頁）で「大同生命ビルは、当時の日本の代表的建築物の一つとなった。（近江）兄弟社は建築部の広告になったのだから間接的に利益をこうむったわけである。大同生命は、それ以来、各地の支店を建築するにあたって、すべて私たちに、その設計を依頼して下さるようになった」と述べている。

36 ゲオルグ・ケルシェンシュタイナーらが提唱した労作学校における教育。書物中心の教育への反動として、手工的作業を中心に児童生徒の自発的活動を重視する教育。

37　ウィリアム・メレル・ヴォーリズ（2014）、185頁。
38　同前、143頁。

第6章

1　発芽した麦のこと。大麦の麦芽はビールやウイスキーの原料となる。
2　安達幸之助（1824〜1869年）は、大村益次郎に西洋兵学を学び、加賀藩校壮猶館や京都の伏見兵学校で兵学と英学を教えた。1869（明治2）年、大村益次郎が刺客におそわれた際に身代わりとなった。
3　1877（明治10）年、工部大学校に改称された。
4　ヘンリー・ダイアー（1848〜1918年）は、スコットランド出身の技術者および教育者で、日本には1873〜1882年まで滞在した。
5　1451年に創設され、ジェームズ・ワットやアダム・スミスらを輩出した。日本からの留学生では、高峰譲吉のほかニッカウイスキー創業者の竹鶴政孝、男爵芋を開発した川田龍吉男爵、物理学者の田中舘愛橘がいる。工学部はイギリスで最初に設置された。
6　日本酒が貯蔵樽に入る時に空気を清浄にすることで、細菌が入らず防腐できるという仕組み（明治19年　特許第100号）。
7　正式名称は"World's Industrial and Cotton Centennial Exposition"（万国工業兼綿百年期博覧会）で、1884（明治17）年12月〜1885（明治18）年5月まで開催された。
8　渋沢栄一（1840〜1931年）は、徳川幕府に仕え欧州先進諸国の社会経済の内情に通じていた。明治維新後は大蔵省に勤務した後、第一国立銀行の設立に携わり、株式会社組織による企業の創設・育成に力を入れた。「道徳経済合一説」を説き、生涯に約500社の企業創設に関わった。
9　益田孝（1848〜1938年）は、29歳で三井物産の初代社長となり、総合商社という事業を生み出した。また、日本経済新聞の前身である「中外物価新報」を創刊している。
10　1887年イギリス、1888年フランス、ベルギー、1889年アメリカで特許を取得した。
11　小説『我が輩は猫である』には次のよう記述がある。「彼（主人）は胃弱で、皮膚の色が淡黄色を帯びて弾力のない兆候をあらわしている。そのくせに大食を食らう。食った後でタカヂアスターゼを飲む。飲んだ後で書物を広げる」
12　フュルト（1867〜1938年）は、オーストリアの医師、生化学者。
13　エイベル（1857〜1938年）は、アメリカの生化学者。1893年にジョンズ・ホプキンス大学に薬理学部を設立した。

14 上中啓三（1876〜1960年）は、兵庫県西宮市で生まれた。大阪薬学校（大阪大学薬学部の前身）で学び薬剤師になった。帰国後は三共株式会社（現・第一三共）でタカジアスターゼとアドレナリンの製造に従事し監査役を務めて引退した。

15 エイベルが発見したエピネフリンはアドレナリンとは異なる分子構造を持つ物質であり、エイベルの方法ではアドレナリンが抽出できないことも判明している。

16 中山沃「上中啓三のアドレナリン実験ノート」『化学と工業 Vol.63-7 July 2010』558〜559頁。

17 公益社団法人日本化学会は、上中のアドレナリン実験ノートを化学遺産に認定している。「認定化学遺産第002号」（2010年）

18 塩原又策（1877〜1955年）は、1899（明治32）年に三共商店を設立し、タカジアスターゼとアドレナリンの販売権を獲得。1913（大正2）年に三共株式会社を設立し、譲吉を社長に迎えた。1929（昭和4）年、三共社長に就任した。

19 セントルイス万国博覧会は、1904年4月〜12月まで開催された。日本は京都御所をモチーフとしたパビリオン「鳳凰殿」を建てた。日露戦争中の明治政府は建物の解体費用が支出できず、譲吉が解体と移築を肩代わりしている。

20 譲吉がニューヨークで会った豊田佐吉にかけた言葉。

21 高峰譲吉の生誕百年祭記念特別講演で、湯川秀樹は「模倣と独創」と題して講演している。

第7章

1 サミュエル・スマイルズ（1812〜1904年）は、スコットランドで生まれた、医者兼作家。『Self-Help』は1859年に出版された。1870（明治3）年、静岡学問所教授だった中村正直が『西国立志編』という邦題で出版した。

2 臥雲辰致（1842〜1900年）は、臥雲式紡績機（ガラ紡）を発明した。洋式紡績機に比べて設置費用が安価であったため、国内で広く普及した。

3 紡績機が稼働する際にガラガラという音を立てることからガラ紡と呼ばれた。

4 1879（明治12）年、明治政府は2千錘のミュール紡績機10基をイギリスに発注した。翌年からこれらの紡績機を無利息10年年賦で、希望者に払い下げることにした。これが十基紡である。

5 尾州は尾張国の通称。繊維業界では尾州産地と呼ばれ織物の一大産地となっている。

6 2011（平成23）年、日本機械学会によって機械遺産に認定された。

7 トヨタ自動車（2013）『トヨタ自動車75年史』。（https://www.toyota.co.jp/jpn/company/history/75years/）

8 同前。

9　1894（明治27）年、英国人ジェームス・ノースロップは、米ドレイパー社の協力を得て自動織機の開発に成功した。緯糸を補充する方法には、杼（シャトル）を交換する杼換式と、糸の巻かれた木管を交換する管換式がある。佐吉は杼換式、ノースロップは管替式を採用していた。
10　三井物産初代社長の益田孝は高峰譲吉の有力な支援者の一人であった。
11　現在のトヨタ産業技術記念館の場所である。
12　豊田利三郎（1884～1952年）は、豊田佐吉の長女愛子の夫。豊田自動織機製作所の初代社長を務めた。1937（昭和12）年にトヨタ自動車工業が設立されると初代社長に就任した。
13　Connected（コネクティッド）、Autonomous/Automated（自動化）、Shared（シェアリング）、Electric（電動化）の頭文字をつなげた造語。
14　トヨタ自動車『Annual Report 2019』、4頁。（https://global.toyota/pages/global_toyota/ir/library/annual/2019_001_annual_jp.pdf）
15　同前。
16　トヨタ自動車「2020年3月期決算説明会II部（社長メッセージ）」。（https://global.toyota/jp/newsroom/corporate/32486196.html）
17　鐘淵紡績で行われた動力織機の性能試験に失敗した際に語った言葉。
18　中国上海への進出を懸念する声に対して佐吉が語った言葉。

第8章

1　1946（昭和21）年、旧陸軍が払い下げた無線機の発電用小型エンジンを転用して自転車に装着していた。
2　和田（1963）、204頁。
3　浜松史跡調査顕彰会（1977）、248頁。
4　杼（ひ）とはシャトル（shuttle）とも呼ばれ、織物を織るときに経糸の間に緯糸を通すのに使われる道具である。
5　無尽講や頼母子講とも言われる。加入者を集めて定期に掛け金を払い込ませ、抽選や入札により金品を給付する一種の金融形態。
6　実用新案第26199号「杼箱上下箱」出願：明治44年2月7日、登録：大正元年12月18日。
7　スズキ株式会社元取締役会長稲川誠一氏（1925～2016年）から聴取した内容に基づく（2001年4月実施）。
8　特許第88338号（1930年9月15日）

9　鎌倉（1953）、58～59頁。永久社は1923（大正12）8月に産業組合法に基づく「有限責任輸出織物販売利用組合永久社」として設立された。「永久印」は遠州独自商標として海外市場で認知されていた。1925（大正14）年に施行された重要輸出品工業組合法に基づき、「遠州輸出織物工業組合永久社」に改組された。
10　同前、94～95頁。
11　雑誌『東海展望1956年6月号』、82～83頁。
12　伊丹（1984）、48頁。
13　同前、60頁。
14　同前、72頁。
15　鈴木自動車工業（1960）『40年史』、32頁。
16　稲川誠一氏から聴取した内容に基づく（2001年4月実施）。
17　同前。
18　鈴木自動車工業（1960）『40年史』、68～69頁。
19　石田退三（1888～1979年）は、1948（昭和23）年に豊田自動織機製作所の社長に就任。トヨタ自動車工業社長の豊田喜一郎が労働争議の責任を取って辞任したことを受けて、1950（昭和25）年からトヨタ自動車工業社長を兼務した。
20　稲川誠一氏から聴取した内容に基づく（2001年4月実施）。
21　鐘紡に入社しエンジニアの道を歩んでいたが、浜松高等工業学校時代の優秀な成績を買われて道雄の長女とし子の婿養子となり、後継者としてのキャリアを積み上げていた。
22　1955（昭和30）年4月に道路運送車両法施行規則が一部改正され、エンジン型式に関係なく軽三輪車および軽四輪車の排気量は360CCに統一された。
23　道雄は三人の娘に恵まれた。長女の婿が鈴木俊三（第二代社長）、次女の婿が鈴木三郎（取締役）、三女の婿が鈴木實次郎（第三代社長）であり、現会長の鈴木修は鈴木俊三の娘婿である。
24　鈴木道雄は前妻の死亡後、再婚した妻との間に男子が誕生し、鈴木自工の後継者をめぐる内紛を避けて鈴木自工の経営から完全に引退したとの説がある。社長辞任後、道雄は自動車業界の表舞台に立つことなく、浜松市内で家具屋（株式会社鈴屋百貨店）を開業している。
25　稲川誠一氏から聴取した内容に基づく（2001年4月実施）。
26　当時、開発メンバーの一員だった稲川誠一元取締役会長が、自動車事業に取り組む理由を尋ねたことに対する鈴木道雄の回答。

27　三栄書房『モーターファン1956年1月号』、225頁。
28　同前、113頁。
29　同前、226頁

第9章

1　山川均（1880～1958年）は、同志社を中退して社会主義運動に参加。1951（昭和26）年に発足した社会主義協会で大内兵衛（法政大学元総長）と共に代表を務めた。
2　藩士や庶民の教育のために村里に設けられた学校。
3　原邦三郎は閑谷学校時代には生徒代表を務めた秀才であった。死因は脳溢血だったといわれている。
4　二宮尊徳の女婿にあたる富田高慶が執筆した尊徳の伝記。尊徳の思想と業績が詳しく記されている。
5　大原孫三郎傳刊行会（1983）、42頁。
6　同前、49頁。
7　ロバート・オウエン（1771～1858年）は、紡績工場を経営する企業家だったが、新しい工場経営のモデルを追求し、労働時間の短縮や労働環境の改善などに取り組んだ。
8　クルップ社では従業員用の年金や健康保険制度を採用し、病院や購買組合などの福利厚生施設を保有していた。鐘淵紡績社長の武藤山治もクルップ社の福利厚生制度を参考にしていた。
9　倉敷紡績（1988）、75～77頁。
10　過剰設備問題や日露戦争後の不況に対処するため、鐘淵紡績の武藤山治は企業合併の必要性を唱えた。明治後期には紡績会社の合併が相次ぎ、東洋紡績、大日本紡績、鐘淵紡績を中心とする寡占体制が進行した。
11　徳富蘇峰（1863～1957年）は、明治～昭和にかけて活躍したジャーナリスト。雑誌「国民之友」や「国民新聞」を発刊し平民主義を唱えたが、後に皇室中心の国権主義に転換した。
12　河上肇（1879～1946年）は、マルクス主義を研究し、京都帝国大学教授を辞めて共産党に入党した。貧困問題をテーマとした「貧乏物語」を大阪日日新聞に連載した。
13　大原孫三郎傳刊行会（1983）、163頁。
14　同前、161頁。
15　孫三郎の社会活動はISO26000の七つの中核主題（①組織統治、②人権、③労働慣行、④環境、⑤公正な事業慣行、⑥

消費者に関する課題、⑦コミュニティ参画および発展）をほぼすべて網羅している。
16　東大経済学部教授を退官後、1950～59年まで法政大学総長を務めた。大内は総長就任に際して「独立自由な人格を作ること、空理を語らず日本人の生活向上発展のために、たとえ一石一木でも必ず加えるような有用な人物を作る」という教育指針を掲げた。
17　大内（1963）、227～228頁。
18　これは営利事業と公益事業を靴と下駄として表現し、両者のバランスを取ることの難しさを述べたものである。

第10章

1　鶴吉夫人の名前の表記は「葉那」が正式である。
2　同書は国立国会図書館デジタルコレクションに収蔵されている。
3　四方（2016）、85頁。
4　佐藤信淵（1769～1850年）は、東北出身の医師であり、宮崎安貞、大蔵永常と並んで江戸期の三大農学者と評されている。
5　前田正名（1850～1921年）は、フランス留学を経て大蔵省・農商務省に勤務し国内産業の実情を調査して「興業意見」をまとめた。農商務省次官等を歴任した後下野し、全国を行脚して地方産業振興運動や実業団体の組織化を推進した。
6　細井和喜蔵が紡績工場で働く女工たちの過酷な労働実態を克明に記録した著作。
7　川合信水（1867～1962年）は、キリスト教徒として自ら基督心宗を創設して布教活動を行う。1909（明治42）年、波多野鶴吉の招きで教育係として郡是製糸に入社。
8　郡是製糸（1960）91～92頁。
9　留岡幸助（1864～1934年）は、同志社大学を卒業後、京都丹波第一教会の牧師を経験後、少年感化事業に取り組んだ。社会事業を進める中で報徳思想からも多く示唆得ている。
10　詳細については、四方（2016）、163～169頁を参照されたい。
11　四方（2016）、234～235頁。

第11章

1　生命保険の加入時に診査を行う医師のこと。診査医は生命保険会社の職員である「社医」と開業医などの「嘱託医」がある。

2　1892（明治25）年、矢野はいずれも未完に終わったが「保険医学管見録」と「保険料増加」の二編の論文の執筆を試みている。
3　片岡直温（1859〜1934年）は日本生命保険の設立にかかわり、1903（明治35）年から17年間にわたって同社社長を務めた。第一次若槻内閣の蔵相在任中の発言が金融恐慌の発端となった。日本海陸保険会社を設立したが責任準備金の積み立て不足から解散に追い込まれた。
4　1893（明治26）年、安田善次郎は国内初の火災保険会社である東京火災（安田火災、損害保険ジャパンの前身）を傘下に収め、新たに帝国海上を設立していた。
5　共済生命保険合資会社は1894（明治27）年に設立された。
6　生命保険の加入時に顧客から提出される告知書や健康診断書をもとに、病気に罹患するリスク等を審査して保険の引き受けを判断する業務。
7　牧師に万一のことがあった場合に妻子を助けあうために設立した組合から発展した。
8　Amicable Society for a Perpetual Assurance Office
9　Royal Exchange Assurance Corporation と London Assurance Corporation
10　The Society for Equitable Assurance on Lives and Survivorship
11　小泉信吉（1853〜1894年）は、慶應義塾長や横浜正金銀行支配人を務めた。
12　1893（明治26）年、明治生命保険株式会社に改称。
13　1900（明治33）年、共済生命保険株式会社に改組。
14　創業時の明治生命と帝国生命は事業の根拠とする生命表として、1843（天保14）年にイギリスで作成された英国17社表を使用していた。
15　明治14〜20年に至る7年間の日本人口統計を基礎に作成され、日本生命は藤沢氏第2表を基礎に独自の保険料表を完成させている。
16　岡野敬次郎（1865〜1925年）は、司法大臣、農商務大臣、文部大臣を歴任し、東京帝国大学法学部教授、中央大学学長を務めた。
17　矢野恒太記念会編（1957）、50頁。
18　梅謙次郎（1860〜1910年）は、東京帝国大学法科大学長、内閣法制局長官を歴任し、法政大学初代総理を務めた。
19　柳沢吉保の末裔で貴族院議員、東京市会議長などを歴任した知識人。

20　矢野が内閣統計局嘱託として研究した、日本人の死亡率に関する内閣統計局第Ⅰ表を基礎としている。
21　東京朝日新聞は「危険なる保険会社」（1910年5月16日）、「生命保険会社の内幕」（1910年6月5日～7月11日）を掲載した。

第12章

1　神戸商業学校校長を経て、1917（大正6）年に東京海上専務取締役に就任。各務とともに東京海上の経営を支えた。
2　旧幕府の家禄制度を廃止する代償として旧士族に交付された公債。この制度によって士族は利子生活者となり、封建制度の支配層だった武士階級は消滅した。
3　益田孝（1848～1938年）は、三井合名理事長を務め三井財閥の実権を握った企業家。
4　船舶または積荷を担保に資金を借り入れる金銭消費貸借。担保物が海難事故で全損となった場合には元本、利息ともに返済義務を免れるという契約。
5　東京海上火災保険（1979b）、9頁。
6　同前、10頁。
7　Lloyd's Coffee House を本拠地とする海上保険業者は Underwriters of Lloyd's Coffee House といわれる。1871年にはロイズ法（Lloyd's Act）が制定され、法人格を持つロイズ保険組合（Corporation of Lloyd's）に改組された。
8　東京海上火災保険（1979a）、5頁。
9　同前、6頁
10　保険という言葉が定着したのは、1877（明治10）年頃である。
11　圧搾して油とった鰊を乾燥させたもので、魚肥として使用された。
12　1889（明治22）年日本生命保険の創立にかかわり、1904（明治37）年社長に就任。
13　東京海上火災保険（1979a）、194頁。
14　稲垣（1951）、83頁。
15　東京海上火災保険（1979a）、175頁。
16　同前、201～207頁。
17　1939（昭和14）年6月2日付記事

【参考文献】

序　章

川村雅彦（２００４）『ニッセイ基礎研ＲＥＰＯＲＴ86号』ニッセイ基礎研究所

川村雅彦（２０１５）『ＣＳＲ経営パーフェクトガイド』ウィズワークス

コーポレートガバナンス・コードの策定に関する有識者会議（２０１５）「コーポレートガバナンス・コード原案」金融庁

北川哲雄（２０１５）『スチュワードシップとコーポレートガバナンス』東洋経済新報社

経済産業省（２０１６～17）「持続的成長に向けた長期投資（ＥＳＧ・無形資産投資）研究会」配布資料

経済同友会（２００３）『第15回企業白書「市場の進化」と社会的責任経営―企業の信頼構築と持続的な価値創造に向けて―』

国連グローバル・コンパクト（２０１０）「サプライチェーンの持続可能性－継続的改善のための実践的ガイド」

ジーン・ステッド／エドワード・ステッド［柏樹外次郎・小林綾子］（２０１４）『サステナビリティ経営戦略』日本経済新聞社

ニッセイアセットマネジメント（２０１４）『企業価値を高める経営戦略―企業と投資家の共生に向けて』中央経済社

日本サステナブル投資フォーラム『サステナブル投資残高調査 各年版』

マイケル・ポーター／マーク・クラマー（２００８）「競争優位のＣＳＲ戦略」『DAIAMOND ハーバード・ビジネス・レビュー２００８年１月号』ダイヤモンド社

マイケル・ポーター／マーク・クラマー（２０１１）「共通価値の戦略」『DAIAMOND ハーバード・ビジネス・レビュー２０１１年６月号』ダイヤモンド社

マイケル・ポーター（２０１３）「これからの競争戦略」『DAIAMOND ハーバード・ビジネス・レビュー２０１３年３月号』ダイヤモンド社

Carroll, A.B. and A. K. Buchholtz（2011）*Business & Society: Ethics, Sustainability, and Stakeholder Management*. South-Western Pub.

Carroll, A.B. and K. J. Lipartito（eds.）（2012）*Corporate Responsibility: The American Experience*. Cambridge University Press.

Freeman, R.E（1983）*Strategic Management*. Cambridge University Press.

GRI, UNGC, WBCSD（2015）SDG Compass.

The International Integrated Reporting Council（2011）*TOWARDS INTEGRATED REPORTING–Communicating Value in*

the 21st Century. Discussion Paper
IPCC（2007）*Contribution of Working Group I to the Fourth Assessment Report of the Intergovernmental Panel on Climate Change*. Cambridge University Press.
Krosinsky, C., and Prurdon, S.,（2017）*Sustainable Investing–Revolutions in Theory and Pracice*. Routledge.
Laasch,O., and Conaway, R.N.,（2014）*Principles of Responsible Management: Global Sustainability, Responsibility, and Ethics*. Cengage Learning.

第1章

伊庭貞剛（１９０４）「少壮と老成」『実業の日本第七巻第四号』
神岡浪子（１９７１）『資料近代日本の公害』新人物往来社
神山　誠（１９６０）『伊庭貞剛』日月社
木本正次（１９７１）『四阪島（上）（下）』講談社
末岡照啓（１９９０）「明治維新期の住友（一）近代鉱業政策の成立過程と別子稼行権の確立」『住友資料館報第20号』住友資料館
末岡照啓（１９９０）「明治維新期の住友（二）近代鉱業政策の成立過程と別子稼行権の確立」『住友資料館報第21号』住友資料館
末岡照啓（１９９１）「明治二十年別子山上における広瀬宰平演説と住友の事業精神」『住友資料館報第22号』住友資料館
末岡照啓（２０００）「一九世紀、別子銅山の環境対策に挑んだ伊庭貞剛」『住友資料館報第31号』住友資料館
末岡照啓（２００５）『広瀬宰平と伊庭貞剛の軌跡』新居浜市広瀬歴史記念館
末岡照啓（２００８）「近代企業勃興期における住友の動向」『住友資料館報第39号』住友資料館
末岡照啓（２０１１）「住本総理事鈴木馬左也の入社事情と牧野伸顕」『住友資料館報第42号』住友資料館
末岡照啓（２０１３）『伊庭貞剛小伝―環境対策の先駆者』新居浜市広瀬歴史記念館
住友金属鉱山株式会社編・刊（１９９１）『住友別子銅山史』
住友資料館（２０１４）『住友ノ歴史上・下巻』思文閣出版
住友林業株式会社編・刊（１９９９）『住友林業社史』
瀬岡　誠（１９９８）『近代住友の経営理念』有斐閣
武田春人（１９８７）『日本産銅業史』東京大学出版会
竹原文雄（１９９２）「近代における住友の経営」『住友資料館報第23号』住友資料館

田中正造全集編纂会（1977）『田中正造全集第八巻』岩波書店
新居浜市広瀬歴史記念館編・刊（2007）『世界とつながる別子銅山』
西川正治郎（1990）『幽翁』図書出版社
藤本鐵雄（1993）『明治期の別子　そして住友』御茶の水書房
木本正次（1971）『四阪島　公害とその克服の人間記録（上）（下）』講談社
宮本又次（1988）「住友銀行の創立と田辺貞吉のこと」『住友資料館報第18号』住友資料館
山本一雄（2009）「住友本店（下）」『住友資料館報第40号』住友資料館
Donella H. Meadows（1972）『成長の限界―ローマ・クラブ「人類の危機」レポート』ダイヤモンド社

第2章

伊庭貞剛（1904）「少壮と老成」『実業の日本第七巻第四号』
江原萬里（1969）『江原萬里全集第1巻』岩波書店
神岡浪子（1971）『資料近代日本の公害』新人物往来社
木本正次（1971）『四阪島（上）（下）』講談社
末岡照啓（1990）「明治維新期の住友（一）近代鉱業政策の成立過程と別子稼行権の確立」『住友資料館報第20号』住友資料館
末岡照啓（1990）「明治維新期の住友（二）近代鉱業政策の成立過程と別子稼行権の確立」『住友資料館報第21号』住友資料館
末岡照啓（1991）「明治二十年別子山上における広瀬宰平演説と住友の事業精神」『住友資料館報第22号』住友資料館
末岡照啓（2000）「一九世紀、別子銅山の環境対策に挑んだ伊庭貞剛」『住友資料館報第31号』住友資料館
末岡照啓（2005）『広瀬宰平と伊庭貞剛の軌跡』新居浜市広瀬歴史記念館
末岡照啓（2008）「近代企業勃興期における住友の動向」『住友資料館報第39号』住友資料館
末岡照啓（2011）「住本総理事鈴木馬左也の入社事情と牧野伸顕」『住友資料館報第42号』住友資料館
末岡照啓（2013）『伊庭貞剛小伝―環境対策の先駆者』新居浜市広瀬歴史記念館
鈴木馬左也伝記編纂会編・刊（1961）『鈴木馬左也』
住友金属鉱山株式会社編・刊（1991）『住友別子銅山史』
住友史料館編・刊（1992）『住友史料館報第23号』
住友資料館（2014）『住友ノ歴史上・下巻』思文閣出版

住友林業株式会社編・刊（1999）『住友林業社史』
瀬岡　誠（1982）「財閥経営者とキリスト教社会事業家Ⅰ」『国連大学　人間と社会の開発プログラム研究報告』国際連合大学
瀬岡　誠（1998）『近代住友の経営理念』有斐閣
武田春人（1987）『日本産銅業史』東京大学出版会
竹原文雄（1992）「近代における住友の経営」『住友資料館報第23号』住友資料館
新居浜市広瀬歴史記念館編・刊（2007）『世界とつながる別子銅山』
西川正治郎（1990）『幽翁』図書出版社
広瀬宰平（1982）『半世物語』住友修史室
藤本鐵雄（1993）『明治期の別子　そして住友』御茶の水書房

第3章

海野福寿・加藤隆編（1978）『殖産興業と報徳運動』東洋経済新報社
海野福寿（1975）「遠州報徳主義の成立」『駿台史学第37号』駿台史学会
岡田和喜・本間靖夫（1971）「地方産業の発展と地方銀行」『金融経済』財団法人金融経済研究所
岡田良一郎（1898）『淡山論集第一篇』大日本報徳社
岡田良一郎（1909）『淡山論集第三篇』大日本報徳社
岡田良一郎（1881）『報徳富国論（冀北学舎蔵版）』大日本報徳社
岡田良一郎（1931）「活法経済論」『二宮尊徳全集第三十六巻』龍溪書舎
荻野覚（1999）「静岡県における銀行の歴史」『静岡の文化56号』公益財団法人静岡県文化財団
絹川太一（1938）『本邦綿絲紡績史第三巻』原書房
サミュエル・スマイルズ（中村正直訳）（1895）『改正西国立志編　原名自助論』東京博文館蔵版
静岡新聞社編（1996）『草の根の思想　報徳からのメッセージ』静岡新聞社
鈴木五郎（1928）『鈴木藤三郎伝』東洋経済新報社
千本暁子（1998）「明治期紡績業における通勤女工から寄宿女工への転換」『阪南論集社会編第34巻第2号』阪南大学
高橋昌郎（1966）『中村敬宇』吉川弘文館
竹内宏（1996）『静岡産業風土記』静岡新聞社

財団法人静岡総合研究機構編（1992）『静岡県起業家を生み出す風土』静岡新聞社
田中忠治（1933）『豊田佐吉伝』豊田佐吉翁正伝編纂所
中川敬一郎（1981）『比較経営史序説』東京大学出版会
長谷川直哉（2005）『スズキを創った男　鈴木道雄』三重大学出版会
長谷川直哉（2016）『企業家活動でたどるサステイナブル経営史』文眞堂
浜松史跡調査顕彰会編・刊（1954）『浜松発展史』
浜松市役所企画室編・刊（1977）『遠州産業文化史』
原口清・海野福寿（1982）『静岡県の百年—県民百年史』山川出版
平川祐弘（2006）『天ハ自ラ助クルモノヲ助ク—中村正直と西国立志編』名古屋大学出版会
福住正兄（1973）『二宮翁夜話』岩波新書
堀内良（1997）『大日本報徳社小史』大日本報徳社
堀内良（1998）『冀北学舎』大日本報徳社

第4章

川添登・山岡義典編著（1987）『日本の企業家と社会文化事業』東洋経済新報社
国土交通省浜松河川国道事務所（2016）『天竜川　大洪水の記録—遠州天竜川の災害記録』
静岡県近代史研究会編（1999）『近代静岡の先駆者』静岡新聞社
財団法人静岡総合研究機構編（1992）『静岡県起業家を生み出す風土』静岡新聞社
鈴木要太郎（1979）『金原明善—その足跡と郷土』浜松史跡調査顕彰会
鈴木要太郎（1981）『金原明善翁余話』浜松史跡調査顕彰会
鈴木猩太郎（1963）『財団法人静岡県勧善会史』静岡県勧善会
鈴木要太郎（1966）『金原治山治水財団史』金原治山治水財団
土屋喬雄（1958）『金原明善の事歴と指導理念』（財）金原治山治水財団
土屋喬雄（2002）『日本経営理念史』麗澤大学出版会

第5章

一柳米来留（1970）『失敗者の自叙伝』近江兄弟社
ウィリアム・メレル・ヴォーリズ（2014）『神の国の種を蒔こう―キリスト教メッセージ集』新教出版社
奥村直彦（2005）『ヴォーリズ評伝―日本で隣人愛を実践したアメリカ人』新宿書房
奥村直彦（2006）『改訂版W・メレル・ヴォーリズ―近江に「神の国」を』日本キリスト教団出版局
木村晟（2010）『帰天していよいよ光彩を放つ勇者のスピリット―平和の使者W・メレル・ヴォーリズの信仰と生涯』
　聖母文庫
木村晟（2012）『すべては主の御手に委ねて―ヴォーリズと満喜子の信仰と自由』聖母文庫
木村晟（2012）『近江兄弟社学園をつくった女性　一柳満喜子』港の人
土屋喬雄（2002）『日本経営理念史』麗澤大学出版会
中川敬一郎・由井常彦（1969）『財界人思想全集第1巻経営哲学・経営理念　明治・大正編』ダイヤモンド社
日経BP社（1987）『日経ビジネス』（1987年12月7日号）
平松隆円（2010）『メレル・ヴォーリズと一柳満喜子―愛が架ける橋』水曜社
山形政昭（2008）『ヴォーリズ建築の100年　恵みの場所をつくる』創元社
山形政昭（2002）『ヴォーリズの西洋館―日本近代住宅の先駆』淡交社
吉田悦蔵（1923）『近江の兄弟』近江兄弟社

第6章

荒井寿光（1998）『特許はベンチャー・ビジネスを支援する』発明協会
飯沼和正・菅野富夫（2000）『高峰譲吉の生涯』朝日新聞社
飯沼信子（1993）『高峰譲吉とその妻』新人物往来社
石井正（2005）『知的財産の歴史と現代―経済・技術・特許の交差する領域へ歴史からのアプローチ』発明協会
上山明博（2004）『発明立国ニッポンの肖像』文藝春秋
三共株式会社（1960）『三共六十年史』
三共株式会社（2000）『三共百年史』
関　権（2003）『近代日本のイノベーション―特許と経済発展』風行社

中山沃（2010）「上中啓三のアドレナリン実験ノート」『化学と工業 Vol.63-7July 2010』日本化学会
真鍋繁樹（1999）『堂々たる夢』講談社
山下愛子（2000）『高峰譲吉伝「アドレナリン発見100年記念出版」』雄松堂
山嶋哲盛（2001）『日本科学の先駆者高峰譲吉』岩波書店

第7章

荒井寿光（1998）『特許はベンチャー・ビジネスを支援する』発明協会
石井正（2005）『知的財産の歴史と現代―経済・技術・特許の交差する領域へ歴史からのアプローチ』発明協会
上山明博（2004）『発明立国ニッポンの肖像』文藝春秋
楫西《かじにし》光速（1987）『豊田佐吉』吉川弘文館
静岡県湖西市教育委員会・湖西市（1990）『湖西の生んだ偉人豊田佐吉』
関　権（2003）『近代日本のイノベーション―特許と経済発展』風行社
豊田佐吉翁正伝編纂所（1933）『豊田佐吉伝』
トヨタ自動車工業（1958）『トヨタ自動車20年史』
トヨタ自動車（2013）『トヨタ自動車75年史』
平川祐弘（2006）『天ハ自ラ助クルモノヲ助ク―中村正直と『西国立志編』』名古屋大学出版会
細川幹夫（2002）『トヨタ成長のカギ―創業期の人間関係』近代文芸社
毎日新聞社（1971）『生きる豊田佐吉―トヨタグループの成長の秘密』
和田和夫・由井常彦（2002）『豊田喜一郎伝』名古屋大学出版会

第8章

天野久樹（1993）『浜松オートバイ物語』郷土出版社
伊丹敬之（1984）『新・経営戦略の理論』日本経済新聞社
稲川誠一（1992）「わが青春17」『静岡新聞1992年4月25日記事』
尾崎正久（1966）『国産日本自動車史』自研社
鎌倉秀春（1953）『遠州織物の推移を語る』静岡県織維協会

小磯勝直（1980）『軽自動車誕生の記録』社団法人全国軽自動車協会連合会
小型自動車新聞社編・刊（1958）『躍進する小型自動車業界の歩み』
小関和夫（1993）『国産二輪車物語』三樹書房
小関和夫（1997）『スズキストーリー1955～1997』三樹書房
白水　胖（1964）『理想の戦士　鈴木道雄』産業研究所
鈴木自動車工業株式会社（1960）『40年史』
鈴木自動車工業株式会社（1970）『50年史』
鈴木自動車工業株式会社（1990）『70年史』
スズキ株式会社編（2002）『歴史写真集スズキとともに』
全国軽自動車協会連合会（1979）『小型・軽自動車三十年の歩み』
富塚　清（2001）『日本のオートバイの歴史』三樹書房
トヨタ自動車工業（1958）『トヨタ自動車20年史』
長谷川直哉（2005）『スズキを創った男　鈴木道雄』三重大学出版会
浜松史跡調査顕彰会編・刊（1977）『遠州産業文化史』
浜松商工会議所編・刊（1971）『遠州機械金属工業発展史』
モーターマガジン社（2011）『不朽の日本車102年史』
和田　宏（1963）『築き上げた道程』中部経済新聞社

第9章

間　宏編（1970）『財界人思想全集第5　財界人の労働観』ダイヤモンド社
井上太郎（1998）『大原總一郎　へこたれない理想主義者』中央公論新社
大内兵衛（1963）『高い山　人物アルバム』岩波書店
大津寄勝典（2004）『大原孫三郎の経営展開と社会貢献』日本図書センター
大原孫三郎傳刊行会（1983）『大原孫三郎傳』
兼田麗子（2003）『福祉実践にかけた先駆者たち：留岡幸助と大原孫三郎』藤原書店
兼田麗子（2009）『大原孫三郎の社会文化貢献』成文堂

川添登・山岡義典編著（1987）『日本の企業家と社会文化事業』東洋経済新報社
倉敷紡績株式会社（1953）『回顧六十五年』
倉敷紡績株式会社（1988）『倉敷紡績百年史』
土屋喬雄（2002）『日本経営理念史』麗澤大学出版会
日本取締役教会編（2008）『明治に学ぶ企業倫理～資本主義の原点にCSRを探る』生産性出版

第10章

阿部武司・中村尚史編（2010）『講座・日本経営史2　産業革命と企業経営』ミネルヴァ書房
郡是製糸株式会社（1960）『郡是製糸株式会社六十年史』
グンゼ株式会社（1997）『グンゼ100年史』
四方洋（1997）『宥座の器』あやべ市民新聞社
四方洋（2016）『増補版　宥座の器』あやべ市民新聞社
中村隆英（1973）『日本経済の建設者』日本経済新聞社
村島渚（1940）『波多野鶴吉翁伝』
A・ガーシェンクロン（2005）（絵所秀紀・峯陽一・雨宮昭彦・鈴木義一訳）『後発工業国の経済史―キャッチアップ型工業化論』ミネルヴァ書房

第11章

稲宮又吉（1962）『矢野恒太』（一人一業伝）時事通信社
小林惟司（1991）『保険思想家列伝』保険毎日新聞社
小林惟司（2005）『保険思想と経営理念』千倉書房
財団法人生命保険文化研究所（1990）『生命保険新実務講座第1巻総説』有斐閣
第一生命編（1958）『第一生命五十五年史』
第一生命編（1972）『第一生命七十年史』
第一生命編（1982）『相互主義の由来記（附ゴータ物語）』
日本保険新聞社編（1968）『日本保険業史』日本保険新聞社

福沢諭吉・吉田賢輔（2008）『西洋旅案内（リプリント日本近代文学）』国文学研究資料館
保険評論社編（1973）『日本保険名鑑』日本保険評論社
保険研究所編（1982）『日本保険業史（総説編）（会社編上・下）』保険研究所
保険研究所編『インシュアランス生命保険統計号』（各年度）
矢野恒太（1927）『日本国勢図会（昭和二年版）』日本評論社
矢野恒太（1928）「成功を欲する者は此道を行け」『実業之日本』第31巻第7号
矢野恒太（1929）「生命保険」『社会経済体系第5巻産業』日本評論社
矢野恒太記念会編（1957）『矢野恒太伝』矢野恒太記念会
矢野恒太（1965）『一言集』矢野恒太記念会
山下友信監修（1988）『相互会社法の現代的課題』矢野恒太記念会

第12章

稲垣末三郎（1951）『「各務氏の手記」と「滞英中の報告及び意見書」』東京海上火災保険
岩井良太郎（1955）『各務鎌吉伝　加藤武男伝』（日本財界人物伝全集第九巻）東洋書館
宇野木忠（1940）『各務鎌吉』昭和書房
小暮雅一（2010）『保険の数学―生保・損保・年金』保険毎日新聞社
小島英記（2006）『男の晩節』日本経済新聞社
小林惟司（1991）『保険思想家列伝』保険毎日新聞社
小林惟司（2005）『保険思想と経営理念』千倉書房
鈴木祥枝（1949）『各務鎌吉君を偲ぶ』各務記念財団
東京海上火災保険（1964）『東京海上八十年史』
東京海上火災保険（1979a）『東京海上火災保険株式会社百年史』
東京海上火災保険（1979b）『東京海上の100年』
日本保険新聞社編（1968）『日本保険業史』日本保険新聞社
長谷川直哉（2013）『企業家活動でたどる日本の金融事業史』文眞堂
福澤桃介（1990）『財界人物我観』（経済人叢書）図書出版社

福澤諭吉・吉田賢輔（２００８）『西洋旅案内（リプリント日本近代文学）』国文学研究資料館
保険研究所編（１９８２）『日本保険業史（総説編）（会社編上・下）』保険研究所
保険研究所編『インシュアランス損害保険統計号』（各年度）
保険評論社編（１９７３）『日本保険名鑑』日本保険評論社
ＴＩＭＥ編集部（１９９７）『ＴＩＭＥでみる日本の素顔』洋販出版

あとがき

ここ数年、ＥＳＧ（環境、社会、企業統治）を重視した投資が世界的なムーブメントとなり、企業が長期的に成長するためにはＳＤＧｓの観点が欠かせないという考え方が一段と浸透してきた。議論をけん引してきたのは国連と、それに呼応した年金基金などの機関投資家である。投資家の間で、短期的な利益追求を改め、長期的に投資先企業の成長を支援するという理念が広がり、売上高や利益といった財務情報だけでは測れない非財務情報（ＥＳＧ情報）を重要視する流れが出来上がってきた。

本書序章でも述べたように「ビリーフ・ドリブン（信念に基づく行動）」消費者の割合が年々高まっており、価値観の多様性や個性を重視するミレニアル世代にとって、企業に対する信頼や共感の有無が購買意欲を左右するようになりつつある。パーパスを明示し社会問題に対して積極的に取り組むことが、ステークホルダーの共感を勝ち取ることにつながる時代となった。

ＳＤＧｓが掲げる17項目のなかで、持続可能な社会を実現するための「１丁目１番地」が脱炭素社会の実現であろう。資源とエネルギーを大量に消費する、20世紀型ビジネスモデルからの脱却が求められている。多くの企業はまだ躊躇しているかもしれないが、脱炭素経営は「できる・できない」の問題ではなく「する・しない」の選択肢しかない。ここで重要なのが経営者の決断である。リーダーシップを発揮し実行に移せるかどうか。ステークホルダーにとって経営者の資質を見極める評価ポイントにもなる。

自ら別子銅山に赴き煙害解決の陣頭指揮をとった住友財閥の伊庭貞剛や鈴木馬左也が、わが国CSR経営の第一人者と評価される一方、足尾銅山の鉱毒問題の解決に遅れをとった古河市兵衛がいまだに鉱毒王と称されている。このケースは企業トップの決断と行動が企業評価において如何に大切であるかを物語っている。

しかし、社会問題は複雑化し、企業だけでは解決できない課題が多くなってしまった。そこで注目されているのが、マルチステークホルダー・パートナーシップである。SDGsの目標17もパートナーシップの重要性を説いている。企業がその強みを生かしてSDGsに貢献するには、変革の起点となる外部組織との連携を通じて、新しい仕組みを作り上げることが必要なのである。

東証上場企業は約3700社あるが、そのうちESG情報を開示する非財務報告書を発行している企業は1000社ほどである。SDGsに本格的に取り組んでいるのは、上場企業の3割程度に過ぎない。恐らく、どこから手をつければいいのか戸惑っている経営者は少なくないだろう。

最近、『逆・タイムマシン経営論』（日経BP）というビジネス書が話題になっている。近過去に遡り同時代性の罠から抜け出すことで、本質が見えてくるという主張である。本書のアプローチも同書の方法論に近いが、SDGsというフィルターを通して、明治～昭和にかけて活躍した企業家たちの本質を読み解こうと試みたのである。

ＳＤＧｓは個々の事業部マターではなく、全社的に取り組むべき課題である。いまやＣＳＲ部門は多くの企業が設けているが、ＳＤＧｓや脱炭素に取り組むには経営構造やビジネスモデルをゼロベースで見直すことが必要になるため、ＣＥＯを中心とする経営層の果たすべき役割が一段と大きくなる。過去の成功体験を踏襲していく予定調和の時代は終わった。トップマネジメントの決断とリーダーシップが、長期的な企業の成長軌道を左右する時代が到来したのである。本書で取り上げた企業家たちの決断と行動は、不連続な社会を生き抜くための大いなるヒントを提供してくれるのではないだろうか。

本書の出版にあたって、法政大学人間環境学会から出版助成を頂いたことを感謝申し上げる。編集作業では文眞堂の前野弘太氏にたいへんお世話になった。いつもながら同氏のご尽力に心からお礼申し上げたい。

最後にいつも私の健康を気遣ってくれる妻・素子と歴史好きな息子・直紀への感謝を込めて本書を捧げたい。

２０２１年３月

神奈川の自宅にて　**長谷川直哉**

人名索引

事項索引

【著者略歴】

長谷川《はせがわ》　直哉《なおや》

法政大学人間環境学部および同大学院公共政策研究科教授。博士（経営学）

早稲田大学大学院法学研究科修士課程、横浜国立大学大学院国際社会科学研究科博士後期課程修了。安田火災海上保険（株）（現・損害保険ジャパン）、（公財）国際金融情報センター、安田火災グローバル投信投資顧問（株）（現・ＳＯＭＰＯセットマネジメント）などの勤務を経て、２００６年国立大学法人山梨大学准教授、２０１１年より現職。専門は責任投資、サステナビリティ経営、ビジネスヒストリーなど。サッポロホールディングス（株）サステナビリティ・シニアアドバイザー、岡部（株）社外取締役、環境経営学会副会長、日本不動産鑑定士協会連合会有識者会議委員などを歴任。日本証券アナリスト協会認定アナリスト（ＣＭＡ）。主要著書に *Sustainable Management of Japanese Entrepreneurs in Pre-War Period from the Perspective of SDGs and ESG*（Palgrave Macmillan 2020）、『企業家に学ぶＥＳＧ経営―不連続な社会を生き抜く経営構想力―』（文眞堂、２０１９）、『統合思考とＥＳＧ投資―長期的な企業価値創出メカニズムを求めて』（文眞堂、２０１８）、『価値共創時代の戦略的パートナーシップ』（文眞堂、２０１７）、『企業家活動でたどるサステイナブル経営史―ＣＳＲ経営の先駆者に学ぶ―』（文眞堂、２０１６）、『環境経営学の扉―社会科学からのアプローチ―』（文眞堂、２００８）、『スズキを創った男 鈴木道雄』（三重大学出版会、２００５年）がある。

SDGsとパーパスで読み解く責任経営の系譜

二〇二一年五月二五日　第一版第一刷発行

検印省略

著　者　長谷川　直哉

発行者　前野　隆

発行所　株式会社　文　眞　堂

〒162-0041　東京都新宿区早稲田鶴巻町五三三

電　話　〇三―三二〇二―八四八〇番

FAX　〇三―三二〇三―二六三八番

http://www.bunshin-do.co.jp/

振　替　〇〇一二〇―二―九六四三七番

組版・製作　美研プリンティング

ISBN978-4-8309-5127-5　C3034